GESCHICHTE BELGIENS

Christoph Driessen

Geschichte Belgiens

Die gespaltene Nation

Verlag Friedrich Pustet
Regensburg

Meinem Vater gewidmet

Bibliografische Information der Deutschen Nationalbibliothek
Die Deutsche Nationalbibliothek verzeichnet diese Publikation in der Deutschen Nationalbibliografie; detaillierte bibliografische Daten sind im Internet über http://dnb.dnb.de abrufbar.

3., aktualisierte Auflage 2023

ISBN 978-3-7917-2975-6

Umschlaggestaltung und Layout: Martin Veicht, Regensburg
Satz: Vollnhals Fotosatz, Neustadt a. d. Donau
Druck und Bindung: Friedrich Pustet, Regensburg
Printed in Germany 2023

eISBN 978-3-7917-6241-8 (epub)

Unser gesamtes Programm finden Sie unter
www.verlag-pustet.de

Inhalt

EINLEITUNG

Der unterschätzte Nachbar

Von allen Nachbarländern Deutschlands ist Belgien wahrscheinlich das unbekannteste und mit Sicherheit das am meisten unterschätzte. Viel mehr, als dass dort ein Sprachenstreit zwischen Wallonen und Flamen tobt, gehört nicht zum Allgemeinwissen. Von Brüssel hört man zwar oft, aber dies kaum je im Zusammenhang mit Belgien. Das Land ist auch kein bevorzugtes Reiseziel der Deutschen, obwohl es auf sehr kleinem Raum denkbar viel zu bieten hat: von den Strandpromenaden Ostendes bis zum Gebirge der Ardennen und von der Millionenstadt Brüssel bis zu den schwarzen Märchenwäldern des Hohen Venn.

Die belgische Geschichte ist erst recht *Terra incognita*. Man liest darüber nur sehr selten etwas, und wenn, dann ist es mit hoher Wahrscheinlichkeit falsch. „Der Spiegel“ zum Beispiel beschrieb Belgien 2016 als „dieses künstliche Gebilde, das irgendwann im 19. Jahrhundert aus einem Betriebsunfall der Geschichte entstanden ist, aus einer Rangelei großer Mächte [...] Ein Gebilde, das optimistisch zusammenfügte, was ohne gemeinsame Geschichte war: das flämische Flandern, das frankophone Wallonien und Ostbelgien, in dem 76 000 Menschen Deutsch sprechen.“

An diesem Text stimmt gar nichts. Belgien entstand nicht aus einer Rangelei der Großmächte, im Gegenteil: Alle Großmächte bis auf Frankreich wollten, dass Belgien mit den Niederlanden in einem gemeinsamen Königreich vereint blieb. Erst als sich dies aufgrund des erfolgreichen Verlaufs der belgischen Revolution als unmöglich erwies, lenkten sie widerstrebend ein. Zu diesem Zeitpunkt, 1830/31, verband Flandern und Wallonien eine jahrhundertelange gemeinsame Geschichte. Unter wechselnden Bezeichnungen hatten die südlichen Niederlande seit vielen Generationen einen festen Platz auf der europäischen Landkarte. Belgien ist ein Land mit einem jungen Staat, aber einer langen Geschichte. Im Mittelalter war es neben Oberitalien die reichste und fortschrittlichste Region Europas. Und immer wurde hier sowohl Niederländisch als auch Französisch gesprochen. Das deutschsprachige Ostbelgien gab es 1830 allerdings noch nicht: Dieses Gebiet gehörte zum Königreich Preußen und kam erst nach dem Ersten Weltkrieg zu Belgien.

Das Beispiel aus dem „Spiegel“ ist keine Ausnahme. Immer wieder ist in deutschen Medien zu lesen, Belgien sei ein „Kunstgebilde“ – die gemeinsame Vorgeschichte von Flamen und Wallonen ist schlicht nicht bekannt. Eine deutschsprachige Geschichte Belgiens kann vor diesem Hintergrund nicht schaden. Es ist einigermaßen erstaunlich, dass es sie bisher noch nicht gab, denn zum einen ist Belgien eben doch ein direkter Nachbar Deutschlands mit zahlreichen politischen, wirtschaftlichen und kulturellen Verbindungen, und zum anderen sagt der belgische Schriftsteller Pierre Mertens zu Recht: „Wir haben eine großartige Geschichte voller Tragik und Dramatik, voller Stolz und Schande.“ Auch sei das Land „ein Laboratorium Europas, eine Metapher Europas. Alle Widersprüche und Gegensätze, die man in Europa findet, findet man auch in Belgien.“

Diese Geschichte möglichst verständlich und fair und dabei vielleicht auch noch unterhaltsam zu erzählen, ist der Anspruch dieses Buches.

Köln, im September 2018 | Christoph Driessen

Vorwort zur 3. Auflage

Belgien ist ein unbekannter Nachbar – aber keiner, für den sich in Deutschland niemand interessiert. Diese Erkenntnis darf man wohl daraus ableiten, dass nunmehr schon die 3. Auflage der *Geschichte Belgiens* in Druck gehen kann. „Endlich kann ich auch meinem Bekanntenkreis in Deutschland ein Buch vorlegen, das mir komplizierte Erklärungen erspart“, schrieb mir eine flämische Brüsselerin. „Vielleicht wird Antwerpen jetzt nicht mehr so oft in Holland vermutet.“ Wenn dieser Band weiterhin einen kleinen Beitrag dazu leisten kann, das Interesse an Belgien zu wecken, freut mich das sehr.

Köln, im Januar 2023 | Christoph Driessen

KAPITEL 1

Weltmarkt des Mittelalters – Eine große Vergangenheit

Schnittstelle der Kulturen. Die Anfänge in Antike und Frühmittelalter

In „Asterix bei den Belgiern" müssen die Einwohner des unbesiegbaren gallischen Dorfes konstatieren, dass die von einem Feldzug in Belgien zurückgekehrten Römer den Aufenthalt bei ihnen geradezu als Erholungsurlaub empfinden. „Julius Cäsar hat gesagt, dass von allen gallischen Stämmen die Belgier am tapfersten sind", eröffnet Asterix seinem Häuptling Majestix. Der macht sich daraufhin schnurstracks auf den Weg nach Norden, um den Belgiern zu zeigen, dass Cäsar sich geirrt haben muss. Dort angekommen, gibt ihm der belgische Chef Stellartoix die herablassende Empfehlung: „Bleib mit deinen Manneken hinter der Linie, wo's unchefährlich ist, ja?"

Wie so oft hat auch dieser Asterix-Plot einen wahren Kern. Gleich zu Beginn von „De Bello Gallico" stellt Cäsar klar: „Gallien ist in seiner Gesamtheit in drei Teile geteilt. Einen bewohnen die Belger, den anderen die Aquitaner und den dritten jene, die in ihrer eigenen Sprache Kelten, in unserer Sprache Gallier heißen. Sie alle unterscheiden sich in Sprache, Einrichtungen und Gesetzen voneinander. [...] Die tapfersten von ihnen sind die Belger."

Das Siedlungsgebiet der Belger erstreckte sich zu Cäsars Zeit (100–44 v. Chr.) in etwa von der Seine bis zum Rhein. Sowohl Cäsar als auch – ein Jahrhundert später – Tacitus berichten, dass die Belger von sich sagten, sie seien Kelten germanischen Ursprungs. Angenommen wird, dass sich zwischen 900 und 500 vor Christus, in der Eisenzeit, sowohl keltische als auch germanische Stämme im Gebiet des heutigen Belgien ansiedelten. Kelten und Germanen sprachen unterschiedliche Sprachen: die Kelten Keltisch, was heute noch im Bretonischen und Walisischen fortlebt, die Germanen eine Art Urgermanisch, die Vorläufer-Sprache des Deutschen, Niederländischen und Englischen.

Von 58 bis 50 vor Christus unterwarf Julius Cäsar ganz Gallien einschließlich der von den Belgern bewohnten Gebiete und verleibte sie dem römischen

Imperium ein. Dabei rottete er die Belger großenteils aus (weshalb es höchst zweifelhaft war, dass sich die Belgier des 19. Jahrhunderts als Nachfahren der antiken Belger betrachteten). Die Bezeichnung *Belger* verschwand allmählich, doch als man sehr viel später, im 16. Jahrhundert, die Antike wiederentdeckte, erlebte der Begriff eine Renaissance: Das gesamte Gebiet der heutigen Benelux-Staaten wurde damals oft als *Belgica* bezeichnet. *Belgien* war ein Synonym für *Niederlande*. Als die Bewohner der südlichen Niederlande 1830 ihre Unabhängigkeit erklärten und einen Namen für ihr Land brauchten, griffen sie auf diese Bezeichnung zurück. Sie bedienten sich bei Julius Cäsar und nannten ihr neues Land Belgien.

Das von Cäsar eroberte Gallien wurde in drei Provinzen eingeteilt: Gallia Aquitania im Südwesten, Gallia Lugdunensis in der Mitte und Gallia Belgica im Norden. Diese Provinz reichte von der belgischen Nordseeküste bis zum Genfer See. Hauptstadt war Reims.

Das Leben in Gallien veränderte sich nach der Eroberung durch Cäsar völlig: Die römische Zivilisation hielt Einzug, und Gallien wurde ein wesentlicher Bestandteil des Imperiums. Die Gallier übernahmen weitgehend die römische Lebensform, es entstanden Städte – auf dem Gebiet des heutigen Belgien etwa Tongeren, Tournai und Arlon –, Aquädukte, Amphitheater, Badeanstalten und alles, was zum römischen Leben dazugehörte. Im späteren Belgien war die gallo-römische Kultur allerdings weniger ausgeprägt als im Gebiet des heutigen Frankreich. Dort verbreitete sich im Laufe der Zeit ein keltisch und germanisch beeinflusstes Vulgärlatein, aus dem sich das Französische entwickeln sollte. Die Sprachgrenze verlief in etwa entlang der römischen Heerstraße Via Belgica, die die Stadt *Colonia Claudia Ara Agrippinensium* – das heutige Köln – mit *Gesoriacum* – dem heutigen Boulogne-sur-Mer am Ärmelkanal – verband. Südlich davon wurde vor allem Vulgärlatein gesprochen, nördlich davon viel weniger. Faszinierend ist: Ungefähr entlang dieser Linie verläuft noch heute die belgische Sprachgrenze.

Die nächste Zäsur fiel in das Jahr 406: Der germanische Stamm der Franken überquerte den Rhein und eroberte Gallien. Dennoch setzte sich die Sprache der Franken dort nicht durch, das Vulgärlatein blieb erhalten. Dies wird unter anderem damit erklärt, dass Latein ein hohes Prestige besaß und die Franken außerdem das römische Verwaltungssystem übernahmen. Nur ganz im Norden Galliens, im heutigen Flandern, schoben die Franken die germanische Sprachgrenze in das eroberte Land vor, weil sich die gallo-römische Kultur dort nie so stark ausgebreitet hatte wie im Süden. So kommt es also, dass mitten durch das heutige Belgien die Grenze zwischen den germanischen und den romanischen Sprachen verläuft. Belgien liegt auf der Schnittstelle der beiden Kulturen.

Im Jahr 843 wurde das Erbe Karls des Großen im Vertrag von Verdun unter seinen Enkeln in drei Teile zerschnitten: das Westfrankenreich Karls des Kahlen, aus dem später Frankreich hervorging, das Ostfrankenreich Ludwigs des Deutschen, Ursprung des späteren Deutschland, und dazwischen ein von der Nordsee bis zum Mittelmeer reichendes Mittelreich Lothars I. Dieses Reich hatte keinen Bestand und wurde schon bald zwischen dem West- und dem Ostfrankenreich aufgeteilt. Das Gebiet des späteren Belgien lag auch hierbei genau auf der Grenze, so dass später ein Teil zum Königreich Frankreich gehörte und der andere zum Heiligen Römischen Reich. Der Fluss Schelde markierte die Grenze zwischen diesen beiden Teilen.

Ebenfalls ins 9. Jahrhundert fallen die Anfänge der Grafschaft Flandern. Heute wird mit diesem Begriff der niederländischsprachige Teil Belgiens bezeichnet. Die historische Grafschaft Flandern stand jedoch für etwas anderes. Sie erstreckte sich tief in das heutige Nordfrankreich hinein, bedeutende flandrische Städte waren zum Beispiel Lille und Douai. Dementsprechend wurde in Teilen Flanderns kein Niederländisch gesprochen (oder vielmehr keine Vorläufersprachen des Niederländischen), sondern Französisch. Im Frühmittelalter war Flandern ein schwer zugängliches Sumpfgebiet mit einer ausgefransten Küste, die deutlich weiter östlich verlief als heute. Keimzelle der Grafschaft Flandern waren Brügge und Gent, Siedlungen, die sich rund um die Reste römischer Verteidigungsanlagen entwickelten. Der Name leitet sich ab von *pagus Flandrensis*, der ursprünglichen Bezeichnung für die Gegend um Brügge. *Pagus* war ein römischer Distrikt, *Flandrensis* ist wohl von einem germanischen Wort für Flut, Strömung, Schlamm abgeleitet, also eine passende Umschreibung für das morastige Gebiet.

Aber auch Gent spielte von Anfang an eine wichtige Rolle. Der erste bekannte Graf von Flandern, Balduin I. mit dem Beinamen Eisenarm († 879), scheint zunächst Graf von Gent gewesen zu sein. 863 heiratete er die Tochter des westfränkischen Königs Karl des Kahlen und wurde daraufhin von diesem auch als Graf von *pagus Flandrensis* eingesetzt. Seine Nachfolger wussten dieses Gebiet kontinuierlich zu vergrößern. Zunächst wurde dafür die Bezeichnung *Flandrae* verwendet, in der zweiten Hälfte des 10. Jahrhunderts dann der Singular *Flandria*.

Als die Expansion der Grafen von Flandern in südlicher Richtung zunehmend auf Widerstand stieß, wandten sie sich nach Osten. So kam es, dass die Grafschaft eine geteilte Lehnshoheit hatte: Der größere, westlich der Schelde gelegene Teil unterstand der französischen Krone und hieß deshalb Kron-Flandern, der kleinere Teil östlich der Schelde, das sog. Reichsflandern, gehörte zum Heiligen Römischen Reich. Flandern war also ganz buchstäblich ein Gebiet auf der Grenze zwischen Frankreich und Deutschland. Erst 1529 verzichtete der französische König offiziell auf seine Ansprüche auf Flandern.

Faktisch haben die Grafen von Flandern aus ihrem Herrschaftsgebiet nach und nach einen eigenen Mini-Staat geschaffen, in dem weder der König von Frankreich noch der deutsche Kaiser viel zu sagen hatten. Sie taten das, indem sie dem Gebiet zum Beispiel ein einheitliches Recht aufzwangen, fast immer verhüllt in feierliche Verträge mit einzelnen Städten, in denen sie gelobten, deren Privilegien zu achten. Die Grafen schufen Anfänge einer zentralen Verwaltung, indem sie Beamte einstellten, sie sprachen Recht und ernannten in den Städten Schöffen, die ihnen dann wieder Loyalität schuldeten. Weil sie bald ein sehr reiches Gebiet regierten, verfügten sie über größere finanzielle Einkünfte als die meisten anderen Fürsten und deshalb über mehr Ansehen. All dies trug dazu bei, aus Flandern eine feste Größe zu machen. Die Grafen gründeten zudem neue Städte – darunter Ypern und Lille –, bauten Kanäle und riefen Messen ins Leben, die zum wirtschaftlichen Aufschwung beitrugen.

Wie bereits erwähnt, wurden in der Region seit jeher zwei Sprachen gesprochen: Das Herzland rund um Brügge und Gent sprach Niederländisch, der Süden Französisch. Auch der Hof des Grafen parlierte auf Französisch, ebenso der obere Klerus. Der Erzbischof von Reims, Fulko der Ehrwürdige, beschrieb das Niederländische um das Jahr 900 als eine „barbarische und wilde Sprache". Sowohl in Frankreich als auch in England waren Flamen gleichbedeutend mit Barbaren.

Auf ähnliche Weise wie die Grafschaft Flandern entstand auch das östlich und nördlich davon gelegene Herzogtum Brabant. Der merkwürdige Name setzt sich wohl zusammen aus *braec* = Morast und *bant* = Landstrich. Er hat also in etwa die gleiche Bedeutung wie *Flandern*, nämlich Sumpfgebiet.

Auch hier gelang es einer Grafendynastie, ihr Territorium durch Heirat, Krieg, Terror und Glück immer weiter auszubreiten. Keimzelle war Löwen, dann kamen Brüssel und später die Markgrafschaft Antwerpen hinzu. Zum Dank dafür, dass Graf Gottfried III. sich 1183/84 als Kreuzfahrer bei der Verteidigung von Jerusalem gegen Sultan Saladin ausgezeichnet hatte, erhob Kaiser Friedrich Barbarossa Brabant zum Herzogtum. Es gehörte nicht zu Frankreich, sondern war der westlichste Teil des Heiligen Römischen Reiches und umfasste die heutigen belgischen Provinzen Wallonisch-Brabant, Flämisch-Brabant, Antwerpen und Brüssel sowie die heutige niederländische Provinz Nord-Brabant.

Ein anderes langlebiges Herrschaftsgebilde, das seine Selbständigkeit sogar bis zur Annexion durch die Franzosen 1795 verteidigen konnte, war das Fürstbistum Lüttich. Sein Territorium war ein Flickenteppich von teilweise unverbundenen Enklaven. Es gehörte später weder zu Burgund noch zu den habsburgischen oder spanischen Niederlanden der Frühen Neuzeit, sondern war ein selbständiger Teil des Heiligen Römischen Reiches. Weitere Einheiten, die heute ganz oder teilweise zu Belgien zählen, waren die Grafschaften Hennegau und Namur, die Herzogtümer Luxemburg (das im 19. Jahrhundert geteilt werden sollte) und Limburg sowie die Herrlichkeit Mechelen. Dass diese Gebiete später einmal ein Land bilden sollten, war zu dieser Zeit noch nicht abzusehen. Im Gegenteil, man könnte manchen Grund finden, der dagegen sprach: Einige Gebiete gehörten zum Heiligen Römischen Reich, andere waren ein französisches Lehen, einige waren ausgesprochen städtisch geprägt, andere ländlich. Eine der wenigen Gemeinsamkeiten dieser sonst so unterschiedlichen Gebiete war ihre Zweisprachigkeit. Mit Ausnahme von Namur und des dünn besiedelten Luxemburg wurden alle sowohl von Französisch- als auch von Niederländischsprachlern bewohnt. Letztere wurden auf diese Weise mit der französischen Kultur konfrontiert und Erstere umgekehrt mit Einflüssen aus dem niederländisch-germanischen Raum. Dieser Austausch dürfte wesentlich dazu beigetragen haben, dass die Gebiete an Maas und Schelde enge Handelskontakte sowohl nach Frankreich als auch in die deutschen Länder unterhielten. Man darf dabei allerdings nie vergessen, dass der Alltag im Mittelalter von Dialekten beherrscht wurde. Noch im Jahr 1549 klagten Gemeindemitglieder im limburgischen Venlo darüber, dass sie das Niederländisch ihres aus Brabant stammenden Priesters nicht verstehen könnten, dabei kam dieser aus einem Ort, der gerade einmal 60 km entfernt war.

Das vergleichsweise kleine Gebiet zwischen Nordsee und Ardennen war also seit seinen frühesten Anfängen durch enorme Vielfalt gekennzeichnet. Es war ein Grenzland, das ebenso von Frankreich wie vom deutschen Raum beeinflusst war. Seit Menschengedenken wurden dort unterschiedliche Sprachen gesprochen. Dass im heutigen Belgien Flamen und Wallonen in einem Staat zusammenleben, ist also nichts „Unnatürliches“ oder „Künstliches“, wie immer wieder behauptet wird, sondern vielmehr das hervorstechendste Merkmal dieser Region seit frühesten Tagen.

Porträt: Ambiorix

Ein belgischer Asterix

1861 besuchte der belgische Kronprinz, der spätere König Leopold II., die Walhalla bei Regensburg, eine *Hall of Fame* des 19. Jahrhunderts. Leopold war beeindruckt: So etwas könnte auch der junge belgische Staat gebrauchen, notierte er in sein Tagebuch. Ein solcher Tempel müsse alle Großen vereinen, „die unsere Provinzen hervorgebracht haben, von Ambiorix, der die Römer aufhielt, bis auf den heutigen Tag“. Aus Kostengründen wurde das Projekt nie verwirklicht, doch Ambiorix bekam sein eigenes Denkmal auf dem Marktplatz von Tongeren, Belgiens ältester Stadt in der Provinz Limburg. Im Beisein Leopolds wurde es 1866 enthüllt. Ein örtlicher Schmied soll für die muskulöse Figur Modell gestanden haben. Heutige Betrachter fühlen sich durch den Flügelhelm und den buschigen Schnäuzer unwillkürlich an Asterix erinnert.

Ambiorix ist der bekannteste „Belgier“ der Antike. Allerdings stellten die vorliegenden Informationen für patriotische Belgier auch ein Problem dar, denn im Grunde sind sie für Ambiorix wenig schmeichel-

Ambiorix, der Belger. 1866 errichtete Statue auf dem Marktplatz von Tongeren.

haft. Cäsar berichtet, dass ein Teil des römischen Heers im Jahr 54 v. Chr. im Gebiet des Stamms der Eburonen irgendwo zwischen Rhein und Maas überwinterte. Cäsar zufolge warnte Ambiorix die Römer, dass alle Winterlager angegriffen werden sollten. Er rief den Kommandanten Quintus Titurius Sabinus auf, das befestigte Lager sofort zu verlassen und sich zu den anderen Heeresteilen zu begeben, wofür er ihm freies Geleit zusicherte. Wie sich zeigte, war das Ganze ein Hinterhalt: Die Römer wurden von den Eburonen angegriffen und niedergemetzelt. Einem römischen Geschichtsschreiber zufolge bedeutete die Niederlage für Cäsar einen solchen Schock, dass er schwor, seine Haare nicht eher wieder schneiden zu lassen, als bis er sich dafür gerächt hatte. Eben das tat er umgehend - vom Volk der Eburonen blieb kaum jemand übrig. Abgesehen davon dass Ambiorix seinem Volk also einen Bärendienst erwiesen hat, ist er der Schilderung zufolge auch noch ein wortbrüchiger Verräter. Die späteren Verteidiger seines Heldenstatus verlegten sich deshalb darauf, entweder die Verlässlichkeit von Cäsars Bericht in Zweifel zu ziehen oder aber Ambiorix' Vorgehen als intelligente List hinzustellen. Gedichte und Theaterstücke verherrlichten seine Taten, der Historiker Louis Hymans rühmte ihn als „Sinnbild von Tapferkeit und Selbstaufopferung für das Vaterland". Diese Verehrung konnte Ambiorix nur deshalb zuteil werden, weil er genau dem Nationalmythos entsprach, der sich im 19. Jahrhundert in Belgien herausgebildet hatte: Demnach waren die Belgier seit den Tagen von Julius Cäsar fortwährend von fremden Mächten unterdrückt worden, bis sie in der Revolution von 1830 „nach achtzehn Jahrhunderten des Leidens und Streitens" ihre Freiheit wiedergewannen. So entstand 1800 Jahre nach dem Tod des historischen Ambiorix eine Gestalt, die nur unwesentlich weniger fiktiv war als zum Beispiel - Asterix.

Leoparden gegen Lilien. Die Grafschaft Flandern

18. Mai 1302. Tiefe Nacht. Über den schwarzen Grachten von Brügge liegt eine trügerische Ruhe. Trügerisch deshalb, weil in den Stiegen, Höfen und Durchgängen der Handwerkerviertel niemand an Schlaf denkt. So geräuschlos wie möglich rüsten sich die Männer mit allem aus, was als Waffe zu gebrauchen ist: Spieße, Äxte, Fleischermesser … Einige, die zur Bürgermiliz gehören, verfügen auch über Schwerter. Die Männer haben es auf die Besatzungssoldaten abgesehen: Der französische König Philipp IV. (1268–1314) – Beiname der Schöne – hat Flandern besetzt und seinem Reich einverleibt. Der Graf von Flandern, Guido von Dampierre (um 1226–1305), ist sein Gefangener und kann nichts mehr ausrichten. Guido hatte sich zuvor von der französischen Krone losgesagt und mit dem englischen König Eduard I. verbündet. Die Patrizier in Brügge und anderen flandrischen Städten unterstützten dagegen Philipps Bemühungen, Flandern zu

annektieren. Guido betrachten sie als Gegner, weil er ihnen ihre Privilegien streitig macht und auch Bürger aus anderen als den reichsten, alteingesessenen Familien an der Stadtregierung beteiligen will. Um das zu verhindern, ist den Patriziern jedes Mittel recht – sogar die Einverleibung Flanderns durch Frankreich. Daher auch ihr Beiname *Leliaerts* – Lilien: Es ist eine Anspielung auf diese Blume im französischen Königswappen. Ihre Gegner werden *liebaerds* genannt, was Leoparden bedeutet und auf das Wappentier von Flandern, den Löwen, anspielt. Später wird auch die Bezeichnung *clauwaerds* populär werden, nach den Klauen des Löwen. Die Handwerker und einfachen Bürger von Brügge zählen fast alle zu den *liebaerds,* nicht so sehr, weil sie nun alle eingefleischte flämische Patrioten sind, sondern weil ihnen der König hohe Steuern abverlangt. Die Personifizierung der als ungerecht empfundenen Fremdherrschaft ist der von König Philipp als Gouverneur von Flandern angestellte Edelmann Jacques de Châtillon. Er will nicht begreifen, dass man die flandrischen Städte nicht regieren kann wie französische. Denn erstens sind sie – von Paris einmal abgesehen – viel, viel größer, und zweitens ist ihre Bevölkerung aufgrund der alles beherrschenden Tuchindustrie ganz anders strukturiert. In den flandrischen Städten herrschen gewaltige soziale Gegensätze: An der Spitze stehen die märchenhaft reichen Patrizier, die Masse der Bevölkerung aber besteht aus einem vorindustriellen Arbeiterproletariat. Immer wieder erschüttern soziale Unruhen den gesellschaftlichen Frieden. Die Handwerker und Arbeiter sind gut organisiert, denn die Tuchproduktion erfordert unterschiedlichste Arbeitsgänge, was zur Bildung vieler verschiedener Zünfte geführt hat: Spinner, Weber, Walker, Färber, Scherer … Alle haben ihre eigene Vertretung. Meist liegen sie miteinander über Kreuz, aber allen gemeinsam ist der Hass auf den König und die Patrizier. Sie sind sogar bereit, dafür zu den Waffen zu greifen. Der letzte Gewaltausbruch liegt erst zweieinhalb Wochen zurück. Unter Führung des Fleischers Jan Breydel und des Webers Pieter de Coninck haben einfache Brügger am 1. Mai die nahe gelegene Burg Male erstürmt und die dort stationierte französische Garnison niedergemetzelt. Anschließend sind Breydel und de Coninck geflohen.

Die französischen Soldaten in Brügge ahnen nicht, welche Gefahr ihnen droht. Alles liegt in tiefem Schlaf, als die Aufständischen durch die Gassen huschen. Plötzlich Lärm: Türen und Fenster werden aufgebrochen, schon stehen die Angreifer in den Quartieren der Soldaten. Es geht alles so schnell, dass keine Zeit bleibt, sich zu verteidigen. Wenn nicht sofort klar ist, ob man wirklich einen Franzosen vor sich hat, verlangen die Brügger ganz einfach, ihre Parole *schilt en vriend* (Schild und Freund) nachzusprechen. Es sind Wörter, an deren Aussprache sich besonders gut feststellen lässt, ob man einen *native speaker* vor sich hat. Ein französischer Akzent – *eskild* statt *schilt* – bedeutet in diesem Fall das

Todesurteil. Wer es schafft, nach draußen zu fliehen, ist noch lange nicht gerettet: Frauen werfen Bänke und Sättel aus den Fenstern.

Als die Glocken der Liebfrauenkirche zur Frühmette läuten, sind mindestens 120 Franzosen tot und 85 Ritter gefangen – für sie können hohe Lösegelder erpresst werden. Die meisten, unter ihnen der verhasste Gouverneur de Châtillon, schaffen es allerdings, sich in Sicherheit zu bringen. Das Massaker bleibt als „Brügger Frühmette" in Erinnerung.

Die Antwort von König Philipp lässt nicht lange auf sich warten: Er entsendet ein gewaltiges Ritterheer. Sobald seine Truppen den Teil Flanderns erreicht haben, in dem kein Französisch mehr gesprochen wird, beginnen sie damit, die Bevölkerung zu tyrannisieren – zumindest vermerkt das der zeitgenössische Verfasser der „Annalen von Gent". Die Aufständischen aus Brügge, unterstützt von Bauern aus der Umgebung und Gleichgesinnten aus Ypern und Gent, stellen in aller Eile eine eigene Streitmacht auf. Am 11. Juli 1302 stehen sich die beiden ungleichen Armeen bei Kortrijk in Westflandern gegenüber. Auf der einen Seite hat sich unter zahllosen Wappenbannern ein hervorragend ausgerüstetes Heer von Panzerreitern formiert, die Crème de la Crème des französischen Adels. 2700 Edelleute in Ganzkörperrüstung hoch zu Ross, befehligt vom ruhmbedeckten Grafen Robert von Artois, seines Zeichens Kreuzritter, Eroberer von Pamplona und vorübergehend Regent des Königreichs Neapel. Unterstützt werden die Ritter von etwa 4000 Fußsoldaten, unter ihnen 1000 Armbrustschützen. Und auf der anderen Seite? Da zählt man lediglich 350 Reiter, dafür aber 10 000 Fußsoldaten. Ihre Ausrüstung ist der ihrer Gegner weit unterlegen: Sie tragen einfache Stangenwaffen mit dem Beinamen *Goedendag*, da sich damit recht nachdrücklich an die Ritterhelme anklopfen lässt. Den „Annalen von Gent" zufolge zählt die gesamte Armee der Flamen nicht mehr als zehn Ritter. Diese beginnen den Tag mit einer geradezu revolutionären Geste: Sie steigen vom Pferd und schützen ihren Kopf nur mit dem gleichen offenen Helm, wie ihn das Gros ihrer Streitmacht trägt. Zudem schlagen sie vor aller Augen etwa 30 Anführer des gemeinen Volks zu Rittern, darunter Metzger, Weber und Tuchwalker. Auch Pieter de Coninck und seine beiden Söhne werden auf diese Weise erhoben. Die Botschaft: Jeder hat an diesem Tag die Chance, ein Ritter zu werden. Gleichzeitig machen die flandrischen Kommandanten aber auch deutlich, dass jeder Fluchtversuch mit dem Tod bestraft wird. Das Gelände eignet sich sowieso nicht zum Ausreißen: An drei Seiten wird es entweder von Bächen oder von den Stadtmauern von Kortrijk umschlossen. Und gegenüber steht das feindliche Ritterheer.

Gegen Mittag beginnt die Schlacht mit dem Vorrücken der Franzosen. Überall surrt und zischt es in der Luft – das sind die Pfeile der Armbrustschützen. Die Flamen können sie jedoch meist mit ihren Schilden abwehren. Schließlich reiten die Ritter auf die flandrischen Linien zu, wobei sie über zwei Bäche hinwegsetzen müssen, keine Kleinigkeit mit ihren schweren Metallpanzern. Aber dies ist eben Flandern, ein Land voller Wasserläufe und Moraste, ungewohnt für die hohen Herren aus dem Süden. Einmal auf der anderen Seite, preschen sie auf die flandrischen Fußsoldaten zu. Bisher hat dieser Anblick meist ausgereicht, um den Gegner in Panik zu versetzen und auseinanderzutreiben. Doch die flandrischen Helme, Schilde, Lanzen und Spieße bewegen sich nicht. Zwar wird die Mauer nun an mehreren Stellen von den Reitern durchbrochen, doch insgesamt hält sie stand. Und die Flamen schlagen zurück. Ihre bevorzugte Kampfmethode ist alles andere als ritterlich, aber dafür sehr effektiv: Sie verletzen die Pferde mit ihren *Goedendags* so stark, dass sie stürzen. Danach sind die Panzerritter so hilflos wie ein auf den Rücken gefallener Käfer. Auch ihrem Oberbefehlshaber ergeht es so. „Ich bin der Graf von Artois", sagt er zu den ihn umringenden Flamen. Er ist sich sicher, gefangen genommen zu werden, denn für ihn kann man ein astronomisch hohes Lösegeld erpressen. Doch von solchen ritterlichen Bräuchen wissen die Handwerker aus den flandrischen Städten nichts. Sie haben den Befehl, keine Gefangenen zu machen. „Hier ist kein Edelmann, der Eure Sprache versteht", ist ihre Antwort – jedenfalls behauptet das eine zeitgenössische Chronik. Der Graf wird totgeschlagen.

Verzweifelt versuchen die Franzosen, sich zu einer neuen Angriffswelle zu formieren, doch sie finden nicht den Raum dafür, weil sie die beiden Bäche im Rücken haben. Als die Abendsonne das Schlachtfeld bescheint, liegen dort etwa 1250 tote Ritter aus Frankreich, unter ihnen 60 Herzöge, Prinzen und Grafen. Auch der verhasste Gouverneur Jacques de Châtillon lebt nicht mehr. Die Nachricht, dass ein Ritterheer von Fußsoldaten besiegt worden ist, ist so sensationell, dass bei ihrem Eintreffen in Rom sieben Tage später Papst Bonifatius VIII. geweckt wird. In Paris schwirrt unterdessen das Gerücht umher, die Flamen hätten Philipp IV. abgesetzt und stattdessen einen Weber als König Peter inthronisiert. Ohne Zweifel geht dies auf den Namen des Rebellenführers Pieter de Coninck – übersetzt: Peter der König – zurück. Auf dem Schlachtfeld finden die Flamen die Sporen der gefallenen französischen Ritter: Metallspitzen an den Schuhen zum „Anspornen" der Pferde. Weil sie diese Sporen als Trophäen aufbewahren, erhält die Schlacht später den klangvollen Namen *Guldensporenslag* – die Schlacht der Goldenen Sporen.

Die Bedeutung der Schlacht für den gesamten niederländischen Raum ist kaum zu überschätzen: Flandern gewann dadurch seine Selbständigkeit zurück anstatt dauerhaft in Frankreich aufzugehen. Zudem setzten sich einfache Arbeiter und Handwerker gegen Patrizier, Adlige und den mächtigsten König der

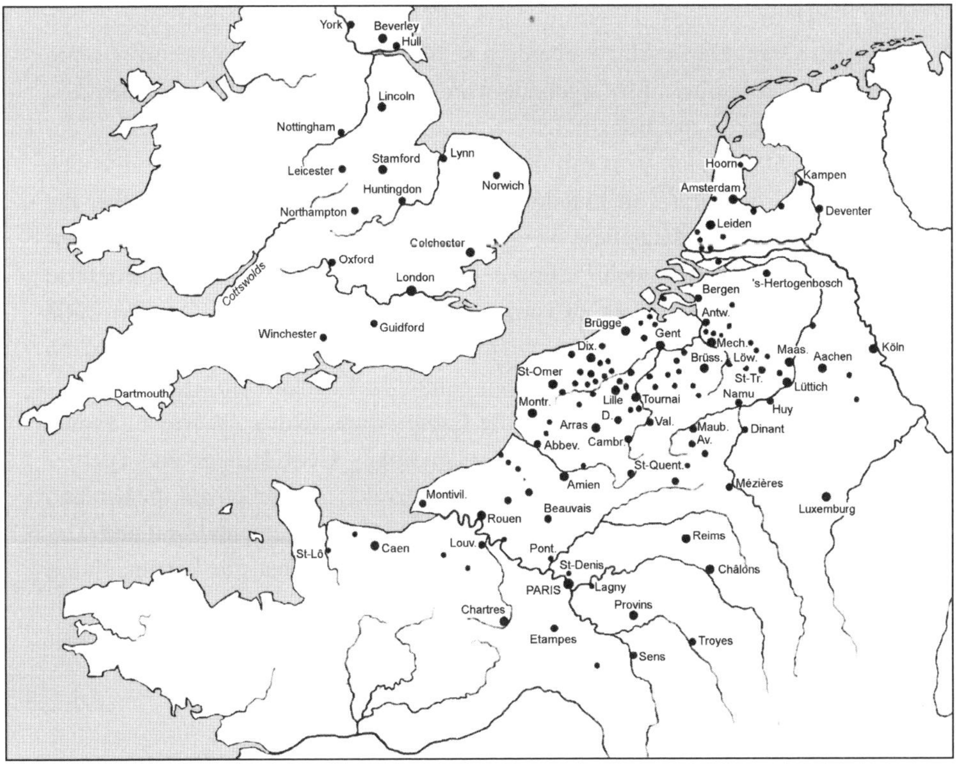

Das Land der Städte. Ballung des Textilgewerbes in der Grafschaft Flandern.

Christenheit durch. Wenige Tage nach der Schlacht wurden die Patrizier-Regierungen in Gent und Ypern ebenso gestürzt wie zuvor schon jene in Brügge. Dies bedeutete nicht weniger als eine politische und soziale Revolution. Fortan besaßen das Bürgertum und die Handwerkerzünfte in den Stadtregierungen aller drei großen flandrischen Städte immer ein erhebliches Mitspracherecht. Die weitgehendsten Rechte hatten die Zünfte in Brügge, das die Rebellion angeführt hatte. Eine so frühe Emanzipierung des Bürgertums und des einfachen Volks ist in der europäischen Geschichte einzigartig. Zudem strahlten die Geschehnisse in Flandern auf benachbarte Gebiete aus: Auch in Lüttich, Mechelen und in den Städten von Brabant kamen die Handwerker in Aufstand und forderten Mitsprache. Als Folge davon wurde etwa Lüttich ab 1303 von einem Stadtrat regiert, der zur Hälfte aus Handwerkern bestand.

Philipp der Schöne fand sich mit seiner Niederlage allerdings nicht ab und errang 1304 militärische Erfolge gegen die Flamen auf dem Land und zur See. Der Nachfolger des mittlerweile gestorbenen Guido von Dampierre, Robert III.

von Flandern, schloss daraufhin 1305 mit Philipp den Friedensvertrag von Athis-sur-Orge. Darin erhielt Flandern seine Selbständigkeit als französisches Lehen offiziell zurück. Im Gegenzug wurde vor allem Brügge zu gigantischen Strafzahlungen an die französische Krone verpflichtet. Als Pfand erhielt der König den Süden Flanderns mit den Städten Lille und Douai. Nun zeigte sich jedoch, dass der Graf von Flandern keine wirkliche Kontrolle mehr über die großen Städte hatte, denn diese weigerten sich schlicht, den Vertrag anzuerkennen. Daraufhin erklärte sich Philipp der Schöne 1312 im Vertrag von Pontoise dazu bereit, die Bußen stark zu verringern, wofür der Graf von Flandern Lille und Douai dauerhaft an Frankreich abtreten musste. Endgültig war dies dann aber doch nicht: 1369 kehrten sie noch einmal zu Flandern zurück. Die Ereignisse hatten deutlich gemacht, dass die flandrischen Städte fast wie autonome Republiken agierten. Die Macht der Großen Drei – Gent, Brügge und Ypern – zeigte sich auch darin, dass sie ihren Einflussbereich allmählich auf ihr Umland ausdehnten, ähnlich wie die norditalienischen Städte Florenz und Mailand. Dadurch konnten sie sich bis zu einem gewissen Grad selbst mit Lebensmitteln versorgen. Allerdings erreichten sie nie ganz den Status unabhängiger Stadtstaaten, dazu war der Einfluss der flandrischen Grafen und später der burgundischen Herzöge trotz aller Einschränkungen zu groß.

Stichwort: Die Schlacht der Goldenen Sporen

Wie man Geschichte instrumentalisiert

Als die Deutschen 1914 in Belgien einfielen, wollte König Albert I. seine Untertanen an ein glorreiches Ereignis aus ihrer Geschichte erinnern, damit sie daraus Mut schöpfen konnten. Es fiel ihm aber keines ein, das sowohl Flamen als auch Wallonen ansprach. Deshalb appellierte er: „Flamen, gedenkt der Schlacht der Goldenen Sporen! Wallonen, gedenkt der 600 Franchimonteser!“ Letztere hatten 1468 trotz starker Unterlegenheit einen Verzweiflungsangriff auf das Lager des burgundischen Herzogs Karl des Kühnen ausgeführt, der gegen Lüttich vorrückte, um die in seinen Augen ungehorsame Stadt zu bestrafen. Die Schlacht der Goldenen Sporen wiederum gilt als größter Sieg, den die Flamen je errungen haben. Sie ist ein perfektes Beispiel dafür, wie historische Ereignisse im Nachhinein verdreht und politisch instrumentalisiert werden können. Die Umdeutung erfolgte zunächst vor dem Hintergrund der belgischen Staatengründung. Der Antwerpener Maler Nicaise de Keyser schuf 1836 ein viel bewundertes Monumentalgemälde der Schlacht, in der die Zeitgenossen ihren erst wenige Jahre zurückliegenden Freiheitskampf gegen die Niederlande wiedererkannten. Noch weit einflussreicher war das 1838 erschienene Buch zur Schlacht, „Der Löwe von Flandern“ von Hendrik Conscience. Dieser historische Roman war so ungeheuer populär, dass Conscience als „der Mann, der das

Volk lesen lehrte", bekannt wurde. Der Fleischer Jan Breydel, der in Consciences Erzählung die flandrischen Handwerker in die Schlacht führt, stieg dadurch Jahrhunderte nach seinem Tod zum Volkshelden auf und bekam 1887 zusammen mit seinem Mitstreiter Pieter de Coninck ein Denkmal auf dem Grote Markt in Brügge. Conscience wollte mit seinem Werk eigentlich den Patriotismus aller Belgier stärken. Im Laufe der Zeit entwickelte sich die Schlacht jedoch zum Narrativ der flämischen Nationalisten. Ihr Jahrestag am 11. Juli wurde 1973 sogar der offizielle Feiertag von Flandern. In diesem Kontext gilt die Schlacht als Höhepunkt eines jahrhundertelangen flämischen Widerstandskampfes gegen die übermächtigen französischen Fremdherrscher mitsamt ihrer Sprache. In Wahrheit waren die Fronten im Jahr 1302 weit weniger übersichtlich: Keineswegs alle Flamen waren Feinde des französischen Königs – die großen Patrizierfamilien unterstützten ihn. Umgekehrt kämpften auch französischsprachige Flamen gegen Frankreich. Ursache des Konflikts war ein Feudalstreit zwischen dem König von Frankreich und dem Grafen von Flandern, der aber kein Niederländisch sprach, sondern Französisch. Dazu kamen soziale Auseinandersetzungen innerhalb der flandrischen Städte. Fragen von Sprache und Nation spielten eine untergeordnete Rolle. Von ähnlich großer Bedeutung wie die Schlacht der Goldenen Sporen war im Übrigen die Schlacht von Worringen im Jahr 1288: Ihr Ausgang – ein unerwartet deutlicher Sieg über den Erzbischof von Köln – sicherte den Fortbestand Brabants als unabhängiges Herzogtum. Da sich diese Schlacht aber nicht in den Kontext des heutigen Sprachenstreits einbetten lässt, ist sie in Belgien kaum bekannt.

Außerdem herrschten innerhalb der Stadtmauern oft chaotische Zustände. Immer wieder kam es zu Aufständen und blutigen Fehden unter den führenden Familien, vergleichbar mit heutigen Rachefeldzügen zwischen Mafia-Clans. Unter diesen Umständen gelang es mitunter einzelnen Bürgern, die Regierung einer Stadt zu übernehmen und große Politik zu machen. Der berühmteste von ihnen war Jacob van Artevelde, der zum Herrscher von Gent aufstieg, als solcher ganz Flandern dominierte und eine Rebellion sowohl gegen Graf Ludwig I. als auch gegen den französischen König anzettelte. Die Mentalität der städtischen Gesellschaft spiegelt sich auch in dem zu van Arteveldes Zeit in der Gegend von Gent entstandenen Tierepos „*Van den vos Reynaerde*" (Vom Fuchs Reineke): Anpassungsvermögen, List und Einfallsreichtum triumphieren hier über althergebrachte Ideale wie Ritterlichkeit und Aufrichtigkeit.

Die Städte brachten ihre Macht in einer eigenen Architektur zum Ausdruck: Neben den Türmen der Kathedralen und Kirchen wuchsen Belfriede empor, massige, wehrhafte Glockentürme, in denen die wichtigsten Urkunden des städtischen Gemeinwesens aufbewahrt wurden. Die 134 m lange Tuchhalle von Ypern mit einem 70 m hohen Belfried, erbaut im 13. Jahrhundert, war eines der ersten Profanbauwerke der Gotik und blieb für immer eines der größten. Mit dem Riesenbau wollte die Stadt offensichtlich kompensieren, dass sie von den „Großen Drei“ nur die kleinste war.

Auch im Herzogtum Brabant errangen einige Städte ein hohes Maß an Selbstständigkeit, allerdings war die Entwicklung dort nicht so stürmisch wie in Flandern. Ein Meilenstein war 1312 die Charta von Kortenberg, die als Vorläufer einer Verfassung betrachtet werden kann. Sie regelte die Rechtsprechung, garantierte die Privilegien und Freiheiten der Städte, schränkte die Befugnis der Herzöge zur Erhebung von Steuern ein und begründete ein Beratungsgremium mit Abgesandten der Städte. Herzog Johann II. unterschrieb die Charta auf seinem Sterbebett. Heute wird sie als die früheste Urkunde betrachtet, die auf dem europäischen Festland die Rechte der Bürger festschrieb. In England war ein Jahrhundert früher – 1215 – schon die Magna Charta besiegelt worden, die allerdings nur die Rechte des Adels verbriefte, während sich die Charta von Kortenberg ausdrücklich auf alle „Leute, reiche und arme“, bezog.

1356 wurden diese Rechte in der *Blijde Incomst* noch weiter ausgebaut. *Bljide Incomst* – auf Französisch *Joyeuse Entrée* – bedeutet wörtlich übersetzt *Froher Einzug* und bezeichnet eine Tradition, bei der ein neu angetretener Herzog in eine Stadt einzog und von der Bevölkerung als rechtmäßiger Herrscher anerkannt wurde. Im Gegenzug garantierte der Herzog die Freiheiten und Privilegien der Stadt. Als 1356 Johanna, die Herzogin von Brabant und Limburg, nach Löwen kam – zu dieser Zeit mit 20 000 Einwohnern die größte Stadt von Brabant –, wurde bei dieser Gelegenheit zusätzlich eine Charta unterzeichnet, die die fürstliche Macht noch einmal deutlich beschnitt. Johanna musste sich dazu bereitfinden, weil ihre Ansprüche auf das Herzogtum umstritten waren. Im heraufziehenden Brabanter Erbfolgekrieg wollte sie sich der Unterstützung der Städte und des Adels versichern. Die Charta, die sog. *Blijde Incomst van Brabant*, bestimmte, dass der Fürst ohne Zustimmung der Städte keinen Krieg führen und keine Steuern erheben durfte. Für den Fall dass sich die Herzogin – und ihre Nachfolger – nicht an die Regelungen halten sollten, wurde den Untertanen ein Widerstandsrecht zugestanden. Diese Ungehorsamkeitsklausel machte nachhaltigen Eindruck: Noch im 16. Jahrhundert beriefen sich darauf die Rebellen im niederländischen Freiheitskampf gegen den König von Spanien.

Die Geschäfte des Herrn van der Buerse. Industrie und Handel

Die „Arnolfini-Hochzeit“ ist eines der berühmtesten Bilder der Welt – und gleichzeitig eines der rätselhaftesten. So stimmen die Experten weder darin überein, dass es eine Hochzeit darstellt, noch dass ein Arnolfini abgebildet ist.

Porträt: Jacob van Artevelde

Bürger von Gent

Im Jahr 1337 befand sich Gent in einer verzweifelten Situation. Zwischen England und Frankreich kriselte es – es war der Beginn eines Konflikts, den man später den Hundertjährigen Krieg nennen sollte. Flandern war dabei dem König von Frankreich als seinem Lehnsherrn verpflichtet. Die Folge: Gent und die flandrischen Städte bekamen keine Wolle mehr aus England. Ohne Wolle kein Tuch, ohne Tuch kein Brot – Flandern hungerte. In dieser kritischen Lage kam es am 28. Dezember 1337 zu einem Volksauflauf auf einem morastigen Feld vor den Stadttoren. Dabei muss ein Mann eine Rede gehalten haben, die die Bevölkerung elektrisierte, denn sechs Tage später wurde die Stadtregierung ausgetauscht – und fortan stand an ihrer Spitze der Bürger Jacob van Artevelde (um 1290–1345). Dieser Mann vollbrachte Dinge, die man vorher für unmöglich gehalten hätte: Er bewegte die tödlich verfeindeten Zünfte der Weber und Tuchwalker dazu, friedlich zusammenzuarbeiten. Weder vor ihm noch nach ihm hat das irgendwer geschafft. Das gleiche Kunststück gelang ihm im Hinblick auf Gents große Rivalen Brügge und Ypern: Die drei Städte schlossen sich zusammen, um gemeinsam für ihre Interessen einzutreten – ein Ende des Wollboykotts. Van Artevelde vollzog dazu einen radikalen Bruch in der Außenpolitik: Am 26. Januar 1340 erkannten die flandrischen Städte auf dem Genter Marktplatz den anwesenden englischen Monarchen Eduard III. als König von Frankreich an. Das zahlte sich umgehend aus: Eduard beendete den Wollboykott, Flandern konnte wieder an die Arbeit gehen. Durch das Städtebündnis mit Gent an der Spitze wurde van Artevelde zum De-facto-Herrscher von ganz Flandern. Auf Augenhöhe verhandelte er fortan mit Königen – ohne dabei vorzugeben, mehr zu sein, als er war. Wenn er an Eduard schrieb, unterzeichnete er als „Bürger von Gent". Das Bündnis mit England brachte allerdings auch Nachteile, da Flandern ebenso von Getreide-Importen aus Frankreich abhängig war. Als 1345 auch noch der Friede zwischen den verfeindeten Zünften zerbrach, löste sich van Arteveldes Machtbasis auf: Seine Position gründete schließlich nicht auf hoher Geburt, sondern ausschließlich auf Erfolg. In einer Gasse hinter seinem Haus wurde er von einer aufgebrachten Menge erschlagen. Sein Sohn Philipp van Artevelde (1340–1382) konnte 1381/82 noch einmal eine ähnlich beherrschende Position in Gent erobern, wurde jedoch in einer Schlacht gegen die Franzosen getötet. Danach fiel Jacob van Artevelde lange der Vergessenheit anheim, doch im 19. Jahrhundert erlebte er ein Comeback. Der junge belgische Staat hatte ein akutes Bedürfnis an Nationalhelden, und der kämpferische Flame schien für diese Rolle bestens geeignet. 1863 erhielt der „weise Mann von Gent" auf dem Marktplatz seiner Heimatstadt ein kolossales Standbild. „Er hatte schon die belgische Nation im Sinn und gab sein Leben dafür, diesen Traum zu verwirklichen", behauptete der Bürgermeister bei der Enthüllung. In den Folgejahren wurde van Artevelde auch noch zur Symbolfigur der flämischen Sozialisten, die in ihm ihren eigenen Kampf für die Rechte der Arbeiter wiedererkennen wollten.

Meine Frau, mein Haus, mein Hund. Die „Arnolfini-Hochzeit" von Jan van Eyck.

Einigkeit besteht nur in drei Punkten: Es ist ein Werk des Malers Jan van Eyck, es entstand 1434, und es zeigt ein Bürgerpaar aus Brügge.

Das erste, was man wahrnimmt, wenn man sich in der National Gallery in London zu dem 80 x 60 cm großen Bild vorgearbeitet hat, ist die feierliche Ruhe und Würde, die es ausstrahlt. Als nächstes erstaunen die leuchtenden Farben und die Plastizität der beiden Figuren, die Tiefenwirkung des Zimmers, die Präzision winzigster Details, nur vergleichbar mit heutigen hochauflösenden Fotografien. Obwohl Ölfarben um 1430 noch nicht lange in Gebrauch waren, wusste van Eyck auf virtuose Weise damit umzugehen. Er entwarf täuschend echt aussehende Oberflächen und Lichteffekte. Man glaubt, den weichen Pelzmantel des Mannes fühlen und den schweren Stoff des Frauenkleids über den Fußboden gleiten zu hören. Wenn diese Kunst selbst einen modernen Betrachter noch gefangen nimmt, wie muss das Bild erst auf einen Menschen des 15. Jahrhunderts gewirkt haben? Bis heute wird gerätselt, wie van Eyck solche fotorealistischen Bilder zustande bringen konnte und ob er eventuell Projektionsvorrichtungen als Hilfsmittel benutzt hat. Viele prunkvolle Details unterstreichen den Reichtum des Paars: Auf der Fensterbank und auf einem Tisch liegen erlesene Zitrusfrüchte aus Südeuropa, der Teppich auf dem Boden ist aus dem Orient importiert, die Fenster sind aus Glas, noch dazu aus farbigem wie in der Kirche. Auch ein Messingleuchter war ein absolutes Luxusobjekt: Er erlaubte es seinem Besitzer, die Nacht zum Tage machen und den Einbruch der Dämmerung zu ignorieren. Ein Spiegel, wie er hinten an der Wand hängt, war für die meisten Menschen ebenfalls unerschwinglich: Sie sahen ihr Gesicht zeitlebens höchstens im Wasser.

Gleichzeitig ist jedoch offensichtlich, dass hier kein königliches oder auch nur adliges Paar dargestellt ist. Die Schleppe der Frau ruht auf Holzdielen, nicht auf Marmorplatten. Und die Pantinen, die der Mann abgestreift hat, beweisen, dass er sich draußen zu Fuß bewegt – nicht auf einem Pferd, in einer Kutsche oder in einer Sänfte. Die Pantinen trägt er, damit seine weichen Lederschuhe im Straßendreck nicht schmutzig werden. Nein, es sind keine Aristokraten, die sich hier verewigen lassen, es sind Bürger. Und das ist eine Premiere: Die „Arnolfini-Hochzeit“ ist das erste Bürgerporträt überhaupt. Mehr noch: Es ist das Abbild einer frühen bürgerlichen Konsumgesellschaft, die über Handelsbeziehungen mit weit entfernten Teilen der Welt in Verbindung steht. Ein solches Bild konnte im 15. Jahrhundert nur an einem Ort der Welt entstehen – in der von Bürgern beherrschten Stadt Brügge, der wichtigsten Handelsmetropole Nordeuropas.

Brügge war jahrhundertelang die reichste Stadt der Grafschaft Flandern, und Flandern wiederum war so reich und mächtig, dass es noch lange als Synonym für die südlichen Niederlande – das heutige Belgien – verwendet wurde, so wie man Holland oft mit den nördlichen Niederlanden gleichsetzt. Flandern war die am stärksten urbanisierte Landschaft des Mittelalters; mehr als ein Drittel der Bevölkerung lebte dort in Städten. Damit übertraf es sogar Oberitalien, wo die Städte viel weiter auseinander lagen. Die flandrischen Städte erreichten für die damalige Zeit riesige Ausmaße. Die gewaltigste von allen war Gent, die größte Stadt nördlich der Alpen nach Paris (dessen Einwohnerzahl sich um die 90 000 bewegte). Gent war größer als London, größer als Köln. Köln, die größte deutsche Stadt, kam auf 40 000 Einwohner. Gent hatte mindestens 64 000. Östlich des Rheins gab es überhaupt nichts mehr, was sich in irgendeiner Weise mit diesen Metropolen messen konnte. Noch Kaiser Karl V. (1500–1558) soll gesagt haben: *„Je mettrai Paris dans mon Gand“* – „Ich könnte ganz Paris in mein Gent stecken.“ Der Satz spielt mit dem gleichlautenden Wort *gand* – Handschuh – so dass er auch heißen könnte: „Ich könnte ganz Paris in meinen Handschuh stecken.“ Brügge besaß um 1300 mindestens 46 000 Einwohner, Saint-Omer 35 000, Atrecht (Arras), Douai und Lille jeweils 30 000. Das Domkapitel von Ypern schätzte die Einwohnerzahl dieser Stadt im Jahr 1258 auf 40 000. Flandern zählte darüber hinaus noch mehrere Dutzend kleinere Städte, von denen einige wie Kortrijk, Sluis, Béthune und Hesdin zwischen 5000 und 10 000 Einwohner stark waren.

Die Wirtschaftskraft der flandrischen Städte beruhte ganz überwiegend auf der Tuchindustrie. Die Grundlage dafür war das Vorhandensein großer Mengen von Schafwolle. Die sandigen Böden des Landes wurden als Weiden genutzt. Schon Cäsar erwähnte, dass die meisten hier lebenden Stämme Schafherden besäßen, und bereits zu römischer Zeit wurde flandrisches Tuch in weit entfernte Teile des Imperiums exportiert. Die in Flandern erzeugte Wolle reichte allerdings bald nicht mehr aus, so dass in großem Stil aus England importiert werden musste. Die englische Wollzufuhr war so wichtig, dass England die flandrische Wirtschaft durch einen Exportstopp lahmlegen konnte. Von Frankreich wiederum war Flandern für seine Lebensmittelversorgung abhängig. Die Verarbeitung der Wolle erfolgte in den Städten im Rahmen einer geradezu frühkapitalistischen Arbeitsteilung: Die Webermeister beherrschten das Produktionsmittel, den Webstuhl, und die Arbeiter verkauften ihre Arbeitskraft gegen Stücklohn. Das flandrische Tuch wurde sowohl als Massengut als auch als Luxusprodukt hergestellt. Über Messen, Jahrmärkte und den Seehandel fand es Verbreitung bis nach Italien und Russland.

In den meisten Städten waren bis zu zwei Drittel der arbeitenden Bevölkerung in der Textilindustrie beschäftigt. Diese Abhängigkeit hatte Nachteile: Wenn England aus politischen Gründen einen Exportstopp für Wolle erließ, gerieten die flandrischen Städte sofort in eine Krise. Ihren Höhepunkt erlebte die Tuchindustrie im 13. Jahrhundert, danach setzte ein Niedergang ein. In Ypern, das fast vollständig auf die Tuchindustrie ausgerichtet war, zog der Rückgang einen massiven Einwohnerschwund von 40 000 auf weniger als 10 000 um die Mitte des 15. Jahrhunderts nach sich. Gent konnte den Verlust durch ein Monopol für den Getreidehandel teilweise auffangen.

Brügge bewältigte die Herausforderung am besten, da es einen unschätzbaren Vorteil hatte: den Zugang zur See. Die heute weit landeinwärts gelegene Stadt befand sich ursprünglich direkt am Meer. Die See zog sich jedoch allmählich zurück, und es entstand ein Gebiet, das, ähnlich dem heutigen Wattenmeer, stark von den Gezeiten geprägt war. Durch eine Sturmflut im Oktober 1134 wurde der Meeresarm Zwin noch einmal so weit vertieft, dass eine Fahrrinne für seegängige Schiffe entstand. Sie konnten nun bis weit ins Landesinnere segeln. Das letzte Stück wurde durch die Kanalisierung des Flüsschens Reie überbrückt. Später setzte allmählich eine Versandung ein, so dass Brügge für die großen Hansekoggen nicht mehr erreichbar war. Anders als in der Fachliteratur oft zu lesen ist, blieb seine Position davon aber lange unbeeinträchtigt. Der Güterverkehr wurde nun über die günstig gelegenen Vorhäfen Damme und Sluis abgewickelt, wobei die eigentlichen Geschäfte aber weiterhin in Brügge getätigt wurden. Erst Ende des 15. Jahrhunderts, als die ausländischen Kaufleute zunehmend nach Antwerpen abwanderten, neigte sich Brügges große Zeit langsam dem Ende zu, doch blieb die Stadt auch im 16. Jahrhundert noch ein wichtiger und wohlhabender Handelsplatz. Brügge verdankte seine Stellung als Weltmarkt des Mittelalters der Kombination aus seinem Zugang zum Meer und der Verfügbarkeit des gefragten Exportartikels Tuch. Dies lockte ausländische Kaufleute an. So richtete die Hanse in Brügge eines ihrer Hauptkontore ein. Ebenso waren die oberitalienischen Handelsmetropolen Venedig, Genua, Florenz, Mailand und Lucca mit Kaufmannskolonien vertreten. Dazu kamen Engländer, Spanier und Portugiesen. Diese Nationen tauschten in Brügge ihre Waren: aus dem Norden Massengüter wie Holz, Teer und Getreide, aber auch Luxusartikel wie Pelze, und aus dem Süden Salz, Wein, Früchte, später auch Madeirazucker und afrikanisches Elfenbein.

Brügge wurde zum Schnittpunkt nördlicher und südlicher Handelsströme. Ein exotisches Bild muss sich geboten haben, wenn einmal im Jahr eine große Galeerenflotte der norditalienischen Städte die Brügger Häfen anlief. „Eine große und sehr wohlhabende Stadt und einer der größten Märkte der Welt", urteilte 1438 der kastilische Reisende Pero Tafur. „Man sagt, dass zwei Städte miteinander um die kommerzielle Vorherrschaft ringen: Brügge im Westen und Venedig im Osten. Mir scheint jedoch – und viele stimmen darin mit mir überein –, dass das Wirtschaftsleben in Brügge viel reger ist." Tafur fand dort „alles, was die ganze Welt erzeugt. Ich sah dort Orangen und Zitronen aus Kastilien, die gerade erst von den Bäumen gepflückt zu sein schienen, Obst und Wein aus Griechenland in so reichhaltiger Menge wie in diesem Land selbst. Ich sah Spezereien und Gewürze aus Alexandria und der gesamten Levante, ebenso, als wäre man gerade dort; Pelze vom Schwarzen Meer, als wären sie in der Region hergestellt worden. Hier war ganz Italien mit seinem Brokat, seiner Seide und seinen Rüstungen und allem, was dort gemacht wird, und so gibt es keinen Teil der Welt, dessen Erzeugnisse hier nicht in ihrer vollendeten Form zu finden sind."

Stichwort: Brügge

Grundgereinigte Geschichte

Brügge ist Belgiens Weltwunder: eine der größten Städte des Mittelalters – in Bernstein konserviert. So scheint es zumindest. Tatsächlich ist das heutige, auf den ersten Blick lückenlos mittelalterliche Stadtbild wesentlich ein Werk des 19. Jahrhunderts. Natürlich, es gibt jede Menge echt mittelalterliche Sakral- und Profanbauten, denn im 17. und 18. Jahrhundert war die Stadt arm, und Armut ist der beste Denkmalschützer. Aber selbst an einem solchen Ort wird hin und wieder etwas abgerissen und ersetzt. Dass man in Brügge früher als andernorts das touristische Potenzial des alten Baubestands erkannte, lag daran, dass die Stadt schon in der ersten Hälfte des 19. Jahrhunderts touristisch erschlossen wurde. Sie lag genau an der Route, die englische Reisende auf ihrem Weg zum romantischen Mittelrhein nahmen. Sie machten dabei meist auf dem Schlachtfeld von Waterloo Station, und da war Brügge nicht weit. Um 1900 wurde die Bekanntheit der Stadt durch den Erfolgsroman „Bruges-la-Mort" – deutsch: „Das tote Brügge" – noch einmal massiv gesteigert. Der belgische Schriftsteller Georges Rodenbach (1855–1898) verankerte damit einen Dekadenzmythos in den Köpfen des europäischen Fin-de-Siècle-Publikums. „Ein Hauch des Todes wehte ihn von den geschlossenen Häusern an", heißt es da. „Diese abendliche und herbstliche Einsamkeit, wo der Wind die letzten Blätter davonfegte, ließ ihn mehr denn je den Wunsch empfinden, seinem Leben ein Ende zu machen." Ähnlich wie Venedig wurde das entvölkerte und versandete Brügge zum Sinnbild verfallener Größe. Parallel zu dieser Entwicklung baute die Stadtverwaltung den historischen Kern zur mittelalterlichen Zeitkapsel aus. Von 1877 an förderte die Stadt die Restaurierung gotischer Fassaden und den Neubau historisierender Häuser im Brügger Giebelstil. Spuren neuzeitlicher Bebauung wurden konsequent ausgewischt. Dieser Umbau der Stadt zu einem historischen Disneyland avant la lettre ist eng mit dem Namen des Stadtbaumeisters Louis Delacenserie (1838–1909) verbunden. Er bemühte sich bei Restaurierungen darum, die Gebäude noch mittelalterlicher aussehen zu lassen, als sie im ursprünglichen Zustand gewesen waren. Gleichzeitig hatte er kein Problem damit, hinter den Kulissen moderne Techniken wie Metallkonstruktionen einzusetzen. So kam Brügge im letzten Viertel des 19. Jahrhunderts zu seinem wunderbar geschlossenen Stadtbild. Ende des 20. Jahrhunderts wurde die Kernstadt erneut saniert, um sich 2002 als europäische Kulturhauptstadt präsentieren zu können. Das Ergebnis dieser Bemühungen ist eine Art grundgereinigtes Mittelalter. Alles strahlt, glänzt und blinkt. Stilvoll und teuer, aber auch blendend schön sieht es aus. Und genau das scheint den Besuchern aus aller Welt noch viel besser zu gefallen. Brügge ist heute belebter, als es in seiner großen Zeit je gewesen sein kann. Auf Rodenbachs „erkalteten Adern der Kanäle" lärmen die immer größer werdenden Rundfahrboote, an den einst „geschwärzten Treppengiebeln" prangen die Namen bekannter Feinschmeckerlokale, in den „toten Straßen und gewundenen Gassen" schieben sich die Touristen zur nächsten Chocolaterie. Im „toten Brügge" blüht das Leben. Und vor allem das Geschäft.

Um die Kommunikation zwischen Einheimischen und auswärtigen Kaufleuten zu erleichtern, stellte ein Schulmeister aus Brügge in der Mitte des 14. Jahrhunderts das erste niederländisch-französische Wörterbuch zusammen, das *Livre des Metiers* (Buch der Gewerbe), das in der Folgezeit immer wieder aktualisiert wurde. 1483 brachte der englische Drucker William Caxton in Brügge eine französisch-englische Version heraus. Die von Brügge aus operierenden Kaufleute benötigten für ihre teils riskanten Unternehmungen mehr Geld als sie selbst hatten. So entwickelte sich in der Stadt ein blühendes Bankwesen nach italienischem Vorbild. Es waren italienische Bankiers, die diesen Wirtschaftszweig beherrschten. Brügge war die nördlichste Stadt, in der große Bankhäuser wie die Medici Niederlassungen unterhielten. Wie wichtig die Kreditanstalten für dieses frühkapitalistische System waren, ergibt sich aus der großen Zahl von Konten: Zwischen circa 1350 und 1375 führte etwa der Bankier Ruweel in Brügge 82 davon. Hochgerechnet auf die damals 15 bis 16 Bankiers wären das insgesamt etwa 1200 Bankkonten.

Während Brügge im Bankwesen übernahm, was Italien vorgegeben hatte, leistete es auf einem anderen Gebiet Pionierarbeit: Es ist die Geburtsstätte der Börse. Sowohl die Sache an sich als auch das Wort *Börse* haben sich von Brügge aus verbreitet. Der Kaufmann Robrecht *van der Buerse* I. (ca. 1256–1320) unterhielt dort ein Gästehaus, in dem vor allem Kaufleute abstiegen. Sie konnten bei ihm übernachten, essen und trinken und im Keller ihre Waren deponieren. Doch was noch wichtiger war: Sie hatten auch die Möglichkeit, sich untereinander auszutauschen. Wie standen die Preise, welches Geschäft konnte lohnend sein, welcher Händler war vertrauenswürdig? So entstand ein Umschlagplatz für Wirtschaftsnachrichten. Zudem genoss van der Buerse bald so viel Vertrauen, dass er zwischen den Kaufleuten vermittelte oder sie gegenüber Dritten vertrat. Es ist absolut legitim, in seinem Gasthaus die Keimzelle der heutigen Börsen zu sehen.

Stichwort: Beginen

Leben als selbstbestimmte Städterin

Zu den bezauberndsten Orten in Belgien zählen die vielen Beginenhöfe, verwunschene Oasen mit kleinen Häusern, Gassen und Brücken, die meist von einer Mauer oder einer Gracht eingefasst sind. Jeder dieser Höfe bildete eine Stadt in der Stadt – ein Refugium der Frauen. Über den Beginenhof von Gent schrieb Mitte des 19. Jahrhunderts Theodor Fontane: „Das ruhige Gent hat einen Fleck, der der allerruhigste ist – den Beginenhof. Wie bezeichn' ich ihn? Kloster, Asyl, Spital – von allen dreien ist er etwas, ohne eines ausschließlich zu sein. Er wäre ein Kloster – aber die Eintretenden leisten kein Gelübde; er wäre ein Asyl – aber der Eintritt ist an Bedingungen (...) geknüpft; er wäre ein Spital – aber Jugend und Schönheit wohnen in ihm neben der Hinfälligkeit des Alters. So müssen wir's denn umschreiben, was es mit dem Beginenhof auf sich hat: es ist eine Frauengemeinde, die zwanglos, unter Arbeit, Gebet, Waisen- und Krankenpflege ihre Tage verbringt." Die Beginen waren die einzige Bewegung des Mittelalters, die von Frauen für Frauen geschaffen und nicht von Männern beaufsichtigt wurde. Frauen aller gesellschaftlichen Schichten und Altersklassen hatten dort die Möglichkeit, ein religiöses und zugleich selbstbestimmtes Leben zu führen und ihren Unterhalt selbst zu verdienen. Dabei legten die Beginen kein Gelübde ab, sondern durften die Gemeinschaft jederzeit wieder verlassen und dann ihren persönlichen Besitz mitnehmen. Nonnenorden dagegen konnten nur eine begrenzte Zahl von Mitgliedern aufnehmen, weil sie sich ausschließlich über die Einkünfte aus ihren Besitzungen finanzierten. Die Beginen boten eine Alternative. Die frühesten Gemeinschaften, die sich nachweisen lassen, entstanden zu Beginn des 13. Jahrhunderts im Fürstbistum Lüttich. Von dort breitete sich das Beginentum zunächst nach Flandern und Brabant und dann über ganz West- und Mitteleuropa aus. Insgesamt entstanden im Gebiet des heutigen Belgien mindestens 300 Gemeinschaften, die weitaus meisten davon zwischen 1230 und 1330. Der größte Hof befand sich in Mechelen mit 1500 bis 1900 Beginen um das Jahr 1500. Die Beginen machten dort 6,5 % der Bevölkerung aus. Viele Beginen waren Migrantinnen aus ländlichen Gebieten, denen die Aufnahme in die städtische Frauengemeinschaft ein Höchstmaß an Freiheit garantierte. Kennzeichnend war einerseits der Wunsch nach Absonderung in einer religiösen Gemeinschaft und andererseits die Bereitschaft, durch eine berufliche Tätigkeit doch am gesellschaftlichen Leben teilzunehmen. Die meisten Beginen arbeiteten tagsüber außerhalb ihres Hofes, der für Besucher geöffnet war. Verglichen mit Klöstern, bedeutete dies eine wesentlich größere Offenheit. Die Beginen verrichteten vielfältige, oft karitative Tätigkeiten, so arbeiteten sie als Lehrerinnen, versorgten Kranke und Aussätzige, richteten Leichen für das Begräbnis her, pflanzten Gemüse an und hüteten Tiere. Die meisten Beginen in den flandrischen Städten scheinen jedoch in der Textilindustrie beschäftigt gewesen zu sein. Sie wurden zu einer ernstzunehmenden Konkurrenz für andere Beschäftigte, denn sie arbeiteten billiger, weil sie einfacher lebten und keine Familien durchbringen mussten. Dies mag einen Teil der Anfeindungen erklären, denen sie durchweg ausgesetzt waren, vor allem nachdem die flandrische Textilindustrie nach 1300 ihren Höhepunkt überschritten hatte. Häufig wurde den Beginen zum Beispiel nachgesagt, sie seien nur auf freien oder gar lesbischen Sex aus. Noch gefährlicher war der Vorwurf der Ketzerei, der schließlich dazu führte, dass die Beginen-Gemeinschaften zunehmend unter Druck gerieten und sich auflösten.

Durch seinen Erfolg geriet van der Buerse in Konflikt mit den eingesessenen Maklern, gewerbsmäßigen Vermittlern von Handelsabschlüssen. Auswärtige Händler konnten ihre Waren in den niederländischen Handelsstädten meist nur mithilfe einheimischer Makler anbieten. Auch dieser Begriff – niederländisch *makelaar* – ging später auf das Börsenwesen über und wurde ins Deutsche übernommen. 1303 setzten die Makler durch, dass Gastwirte, die auch Geschäfte einfädelten, der Makler-Gilde beitreten mussten.

Van der Buerses Nachfahren führten seine Arbeit so konsequent fort, dass sich der kleine Platz vor der Herberge im 14. Jahrhundert zum kommerziellen und finanziellen Zentrum Brügges entwickelte. Täglich zu festgelegten Stunden kamen dort die Kaufleute zusammen. Diese Handelszeiten wurden bereits durch Glocken eingeläutet und beendet. Das Börsengeschehen spielte sich nun nicht mehr im Haus der van der Buerses ab, sondern auf dem Platz davor. Bei schlechtem Wetter stellten sich die Händler unter Vordächern unter. Was lag näher für die Vertreter der norditalienischen Handelsstädte Venedig, Florenz und Genua, als an eben diesem Platz ihre Niederlassungen anzusiedeln? Bald ging man auch dazu über, dort die Wechselkurse für die Vielzahl von unterschiedlichen lokalen Münzen und Währungen zu notieren. Wie dies genau geschah, ist unbekannt, da das Verfahren nie schriftlich fixiert wurde. Fest steht hingegen, dass städtische Ordnungshüter den Handel bewachten und zum Beispiel Bettler vertrieben. Die van der Buerses wurden durch all das immer reicher und bekleideten zunehmend öffentliche Ämter wie das des Bürgermeisters. So ging ihr Name schließlich auch auf den Platz über, der *Beursplein* genannt wurde. Es war also naheliegend, das erste eigens als Börse errichtete Gebäude der Welt, die 1531 eröffnete Effektenbörse von Antwerpen, ebenfalls als *beurs* zu bezeichnen. Ihr wichtigster Bestandteil war eine den Vordächern nachempfundene überdeckte Säulengalerie, die später von den Börsen in Amsterdam und London übernommen wurde.

Die neuen Methoden zur Geldvermehrung stießen von Anfang an auch auf Kritik. Ein verblüffend modern wirkendes Beispiel dafür ist der Stich „Der Kampf zwischen Spartöpfen und Schatztruhen" von Pieter Bruegel aus der Mitte des 16. Jahrhunderts. Der Kapitalismus wird hier als Krieg aller gegen alle dargestellt, die Habgier triumphiert.

Atlantis an der Nordsee. Die burgundischen Niederlande

Es hat in der Geschichte so manches Reich gegeben, das für einige Zeit den Neid all seiner Nachbarn erregte und dann unterging. Ein solcher Staat war Burgund. Sein Aufstieg und Fall vollzog sich in unglaublich kurzer Zeit. Um 1470 eine gefürchtete Großmacht, der man zutraute, sich weite Teile Europas unterwerfen zu können, war der burgundische Staat 60 Jahre später schon nur noch eine ferne Erinnerung – ein Atlantis an der Nordsee. Sein Name aber klingt heute noch nach. Dabei wird das Bild von Burgund geprägt durch das Epochenwerk des niederländischen Historikers Johan Huizinga, „Herbst des Mittelalters“ (1919). Er beschreibt die burgundische Kultur darin als ein letztes Sich-Aufbäumen der vergehenden ritterlichen Welt. Dies basiert jedoch eher auf Huizingas literarischer Vorstellungskraft als auf tatsächlichen Erkenntnissen. In vielerlei Hinsicht war Burgund der modernste Staat Europas.

Der Begriff *Burgund* wird heute in erster Linie mit Frankreich verbunden, und tatsächlich nahm das Herrschaftsgebilde dort seinen Anfang. Das ursprüngliche Herzogtum Burgund war eine überschaubare Region in Ostfrankreich mit Dijon als Hauptstadt. 1363 belehnte der französische König seinen jüngsten Sohn Philipp (1342–1404) damit. So weit, so unspektakulär. Sechs Jahre später jedoch, 1369, heiratete dieser Philipp mit dem Beinamen der Kühne Margarete, die Erbtochter des Grafen von Flandern. Dieser Graf Ludwig II. ließ sich die Verbindung teuer bezahlen: Er erhielt dafür die Städte Lille und Douai zurück, die 1305 im Vertrag von Athis-sur-Orge an die französische Krone gegangen waren. Aber auch für Philipp bedeutete die Verbindung einen spektakulären Erfolg, denn als sein Schwiegervater Ludwig 1384 starb, wurde er selbst Graf von Flandern. Von nun an war die Grafschaft immer Teil eines größeren Länderkomplexes. Durch Erbschaften erweiterte sich Philipps Herrschaftsgebiet auch noch um das südlich gelegene Artois, die Grafschaft Rethel in Nordfrankreich sowie die Gebiete, die im Westen und im Osten an das Herzogtum Burgund angrenzten: die Grafschaft Nevers und die Freigrafschaft Burgund (Franche-Comté). Dieser Flickenteppich verschiedenster Regionen wurde verwirrenderweise auch wieder Burgund genannt.

Obwohl Flandern der weitaus reichste und bevölkerungsstärkste Teil von Burgund war, blieb der Blick von Philipp auf Paris gerichtet, weil er sich in erster Linie als Mitglied der französischen Königsfamilie Valois verstand. Das gleiche galt für seinen Sohn Johann Ohnefurcht (1371–1419). Doch dessen Sohn Philipp der Gute (1396–1467) tat dann etwas anderes: Er wandte sich von Frankreich ab und konzentrierte sich auf seine eigenen Erblande. Philipp setzte seinen Ehrgeiz in die Erweiterung des burgundischen Herrschaftsverbunds. Es begann damit,

Hüben und drüben. Die Territorien des Herzogtums Burgund im Norden und im Süden zur Zeit Philipps des Guten.

dass er 1421 dem letzten Grafen von Namur, der keine ehelichen Kinder hatte, aber dringend Geld brauchte, das Erbrecht abkaufte. Als der Graf 1429 starb, kam sein Land zu Burgund. 1428 zwang Philipp die Gräfin von Holland, Zeeland und Hennegau, Jakobäa, ihn ebenfalls als ihren Nachfolger einzusetzen. Da ihm das Warten auf ihr Ableben aber zu lange dauerte, entführte er 1433 kurzerhand ihren Ehemann und ließ ihn erst wieder frei, als sie ihm all ihre Länder überschrieb.

Auch in einer anderen fabelhaften Erbsache wurde Philipp verdächtigt, ein wenig nachgeholfen zu haben: 1430 wollte der junge Herzog von Brabant, Philipp von Saint-Pol, heiraten, aber kurz vorher starb er plötzlich. Deshalb hatte er noch keine Erben, und sein Besitz fiel an seinen nächsten Verwandten, der kein anderer war als – Philipp der Gute. So verleibte der sich auch noch Brabant und Limburg ein. 1451 kam außerdem Luxemburg dazu: Diesmal war es wieder ein Kaufgeschäft, denn die Herzogin von Luxemburg, Elisabeth von Görtlitz, hatte hohe Schulden.

Durch diese ständigen Erweiterungen war nun in kurzer Zeit ein Länderkomplex entstanden, der sich vom Wattenmeer bis zum nordwestlichen Alpenkamm und vom Ärmelkanal bis kurz vor Trier erstreckte. Dieses Konglomerat war jedoch nicht zusammenhängend, sondern gliederte sich in einen nördlichen Teil von Holland bis Luxemburg und einen südlichen, der das Ursprungsland, das eigentliche Herzogtum Burgund, und die angrenzenden Territorien umfasste. Dazwischen lag das unabhängige Herzogtum Lothringen. Man sprach von den beiden Teilen Burgunds als *les pays de par deça* oder den *Landen van Herwaerts over* und *les pays de par delà* oder den *Landen van Derwaerts over*: den Ländern von hüben und von drüben oder einfach von hier und von dort. „Hier" war der nördliche, niederländische Teil Burgunds, in dem sich der Herzog überwiegend aufhielt, da dieser Landesteil der weitaus reichere und bedeutendere war. Die Länder von drüben waren nur noch für ein Viertel der herzoglichen Einkünfte gut.

So lag nun in der Mitte zwischen Frankreich, England und dem Heiligen Römischen Reich ein neues Land: Burgund, der Staat Philipps des Guten. *Le grande duc du ponant* nannte man ihn – den großen Herzog des Westens. Sein Herzogtum konnte es an Macht und Reichtum mit den größten Monarchien Europas aufnehmen. Dabei blieb sein Status merkwürdig unklar: Der Norden Burgunds war nach wie vor Teil des Heiligen Römischen Reiches, der Süden französisches Lehen und der Herzog selbst ein Untertan des Königs von Frankreich. Gleichwohl war offenkundig, dass hier fast aus dem Nichts eine völlig unabhängig agierende Großmacht dazugekommen war. Bezeichnenderweise taucht zu dieser Zeit, um die Mitte des 15. Jahrhunderts, in den Protokollen der deutschen Reichstage erstmals der Begriff *Niederlände* auf.

Philipp herrschte in seinem Länderkomplex jedoch keineswegs unumschränkt. Finanziell war er abhängig von den Ständeversammlungen in den jeweiligen Landesteilen. In Anlehnung an die französische Bezeichnung *états* hatte sich dafür der Begriff *Staaten* eingebürgert. In diesen Versammlungen kamen Vertreter der drei Stände Geistlichkeit, Adel und städtisches Patriziat zusammen, um ihre Interessen zu vertreten und über alles zu beraten, was das gesamte Herzogtum bzw. die gesamte Grafschaft betraf. Den Großteil seiner Einkünfte konnte Philipp nur kassieren, wenn die Staaten dem vorher zugestimmt hatten. Dabei traf jede Staatenversammlung ihre eigenen Entscheidungen, und die jeweilige Steuer wurde immer nur für ein Jahr bewilligt. Die Staaten billigten diese Steuern oft nur im Tausch gegen Zugeständnisse von Seiten des Herzogs oder neue Vorrechte. So war die burgundische Politik das Ergebnis eines hochkomplizierten, nie endenden Verhandlungsprozesses, an dem viele hundert Männer beteiligt waren.

Während der langen Regierungszeit Philipps vollzogen sich mehrere Entwicklungen, die ein allmähliches Zusammenwachsen seiner Länder begünstigten. Die wichtigste davon war das erstmalige Zusammentreten einer Allgemeinen Versammlung aller Stände am 9. Januar 1464 in Brügge. Im Rückblick kann man diese *Staten Generaal* – die Generalstaaten – als Vorläufer der heutigen Parlamente in Belgien und den Niederlanden betrachten. Die Erste und die Zweite Kammer des Parlaments in Den Haag werden sogar immer noch als Generalstaaten bezeichnet. Mit diesem Gremium gab es erstmals so etwas wie eine „nationale“ Vertretung der gesamten Niederlande. Dies dürfte auf Dauer wesentlich zum Entstehen eines Zusammengehörigkeitsgefühls beigetragen haben, auch wenn die Mitglieder der Generalstaaten zunächst ausschließlich die Interessen ihrer jeweiligen Heimatbasis berücksichtigten.

In diesem Zusammenhang muss auch die Gründung des Ritterordens zum Goldenen Vlies 1430 zur Feier von Philipps Heirat mit Isabella von Portugal gesehen werden. In den Orden wurden die 24 bedeutendsten Adligen Burgunds aufgenommen, die sich fortan wie Brüder beistehen sollten. Der Orden bildete damit ein Band zwischen Machthabern aus unterschiedlichen Regionen, von denen einige bis dahin kaum etwas miteinander zu tun gehabt hatten.

Ein weiteres verbindendes Element war der Herzog selbst. Er wurde zunehmend nicht mehr als Franzose, sondern als Burgunder wahrgenommen und damit als ein einheimischer Fürst, dem man Loyalität schuldete. Allerdings darf man sich unter dem erwachenden Gemeinschaftsgeist auch wieder nicht zu viel vorstellen: Der Partikularismus der einzelnen Herzogtümer und Grafschaften blieb immer stärker als die gemeinschaftliche Identität. Burgund war zudem mehrsprachig: In den meisten Landesteilen wurde Niederländisch gesprochen –

oder besser: höchst unterschiedliche niederländische Dialekte –, in den an Frankreich angrenzenden Gebieten Französisch. Das galt auch für den herzoglichen Hof. Philipp lernte zwar später Niederländisch, verkehrte mit seinen Untertanen aber praktisch nur auf Französisch, was mitunter Irritationen auslösen konnte. Als die Grafschaft Flandern 1482 im Machtvakuum der Übergangsphase zwischen der burgundischen und der habsburgischen Herrschaft kurzzeitig über weitgehende Autonomie verfügte, führte sie das Niederländische sofort auch am Rechnungshof in Lille als Amtssprache ein, obwohl diese Stadt eindeutig französischsprachig war. In Luxemburg lebte zudem eine deutschsprachige Minderheit. Kirche, Wissenschaft und Hochschulen wiederum kommunizierten auf Latein – der Verkehrssprache der Intellektuellen in ganz Europa.

Von einem Sprachenstreit konnte keine Rede sein, vielmehr tolerierte man die Sprache des anderen als etwas Selbstverständliches. Im ganz überwiegend niederländischsprachigen Herzogtum Brabant war die wallonische Minderheit ebenso akzeptiert wie die flämische Minderheit im französischsprachigen Hennegau oder im Fürstbistum Lüttich. Ein für alle verständliches Hochniederländisch gab es zu dieser Zeit sowieso nicht, vielmehr unterschied sich die Sprache von Region zu Region erheblich. Der überkuppelnde Begriff dafür war *Diets*. Viele Burgunder bewegten sich offenbar souverän zwischen den Sprachräumen hin und her. Als der um 1400 in Tournai geborene Rogier de la Pasture eine Anstellung als Stadtmaler im niederländischsprachigen Brüssel bekam, benannte er sich pragmatisch in Rogier van der Weyden um. Dass burgundische Geschäftsleute ebenso nach Frankreich wie in die deutschen Länder orientiert waren, war ein Schlüssel ihres wirtschaftlichen Erfolgs. Der frankophile Herzog Philipp war selbst das beste Beispiel dafür, denn er machte den Handel mit Deutschland zur Chefsache: 1425 und 1429 verhandelte er in Brügge persönlich mit Hanse-Vertretern aus Lübeck, Köln, Hamburg, Danzig, Stralsund und Riga. 1440 beehrte er Köln – Burgunds wichtigsten Handelspartner – mit einem Staatsbesuch, 1454 verbrachte er mehrere Monate in Deutschland.

In der belgischen Geschichtsschreibung ist die burgundische Periode mitunter als französische Fremdherrschaft bewertet worden, weil die Valois-Herzöge aus Frankreich stammten. Tatsächlich aber standen Philipp der Gute und dann noch viel stärker sein Sohn Karl der Kühne in Konkurrenz zu Frankreich. Die fehlende Krone versuchten sie durch besonderen Glanz zu kompensieren: Ihre Höfe waren von atemberaubender Pracht und stellten die des französischen und des englischen Königs und erst recht des deutschen Kaisers in den Schatten. Die Empfänge, Prozessionen, Bankette und Turniere zeichneten sich durch beispiellosen zeremoniellen, materiellen und personellen Aufwand aus. Umfasste der Hof zu Beginn von Philipps Herrschaft etwa 300 Personen, so waren es zur

Zeit seines Nachfolgers Karl 600. Permanente Schulden trotz enorm hoher Steuereinnahmen waren die Folge.

Da Philipps Herrschaft noch nicht gefestigt war, residierte er nicht an einem Ort, sondern reiste ständig durch das Land. Vor allem Brügge, Brüssel, Dijon, Arras und Lille waren beliebte Aufenthaltsorte. *Portable grandeur* war das Stichwort – anstatt für Schlösser gab Philipp sein Geld lieber für transportable Statusobjekte wie Gemälde, Skulpturen, Buchmalereien und Goldschmiedearbeiten aus. Besonders berühmt waren die flämischen Tapisserien, die Bildteppiche, die das politische Programm des Herzogs verherrlichten. Es handelte sich hierbei quasi um Propagandaplakate, die an den jeweiligen Aufenthaltsorten des Herrschers ohne großen Aufwand neu installiert werden konnten, um ihre Wirkung zu entfalten.

Erst als alter Mann wurde Philipp einigermaßen sesshaft und blieb überwiegend in Brüssel, wo er den Palast auf dem Coudenberg um einen Prunksaal erweiterte. Dieses Bauprojekt blieb aber die Ausnahme. Monumentale Architektur wie Kathedralen, Rathäuser oder Patrizierhäuser und große Kunst wie Altargemälde wurden in der Regel nicht vom Herzog, sondern vom städtischen Bürgertum in Auftrag gegeben. Eben hier liegt der Schlüssel zu Erklärung der kulturellen Blüte Burgunds: Ihre Einzigartigkeit ergab sich aus der Verbindung von französischer ritterlich-höfischer Kultur und niederländischer Bürgerkultur. Am Besten zeigt sich dies in der altniederländischen Malerei, deren herausragende Werke zu den größten Kunstschätzen überhaupt zählen. Einerseits ist da eine ungeheure technische Verfeinerung und Eleganz, bei der der Pinselstrich auch aus nächster Nähe kaum erkennbar ist – das Hofelement –, andererseits ein bis dahin nie gekannter Realismus, der seinen Ursprung in der urbanen Welt des flandrischen und brabantischen Bürgertums hat. Die adlige und die bürgerliche Welt überlappten sich auch in den Biografien der Künstler: Jan van Eyck war Hofmaler Philipps des Guten und als solcher auch für höfische Kleidung und die Ausschmückung von Turnieren zuständig. Daneben übernahm er diplomatische Missionen und gehörte zu der Delegation, die 1428 in Portugal in Philipps Namen um die Hand der Königstochter Isabella anhielt, wobei er die Braut praktischerweise auch gleich porträtierte, damit sich ihr Zukünftiger schon mal ein Bild von ihr machen konnte. Gleichzeitig arbeitete er aber auch für reiche Bürger und Stifter, etwa beim Arnolfini-Doppelporträt und dem Genter Altar.

Andere Kunstgattungen, die in Burgund zu höchster Blüte gelangten, waren Tapisserie, Goldschmiedekunst, Buchmalerei, Skulptur und Musik. Die kulturelle Blüte erstreckte sich im Wesentlichen auf die Zeit von etwa 1420 bis 1470, die lange Regierungszeit Philipps des Guten, als Burgund wirtschaftlich am stärksten prosperierte und nicht in Kriege verwickelt war.

Porträt: Philipp der Gute

Ein Herzog backt sich Belgien

Eine Aura vornehmer Eleganz kennzeichnet das Herrscherporträt, das Rogier van der Weyden von Philipp dem Guten (1396–1467) anfertigte. Die ebenmäßigen Züge des langen schmalen Gesichts strahlen Würde und Kultiviertheit aus, dazu ist der Herzog ganz in Schwarz gekleidet: Ursprünglich als Trauerkleidung nach der Ermordung seines Vaters gedacht, hatte sich diese Tracht zu einem Kennzeichen des burgundischen Hofes entwickelt, die bald vielerorts kopiert wurde. Wie geschönt das offizielle Herrscherbildnis ist, zeigt der Vergleich mit einer Büste: Dort ist das Gesicht ungleichmäßig und von Pockennarben entstellt. Seine Ärzte hatten Philipp außerdem vorgeschrieben, sich den Schädel kahl rasieren zu lassen. Da er nicht der einzige Glatzkopf sein wollte, zwang er alle seine Höflinge, es ihm gleichzutun. Er war ein Meister der politischen Propaganda und beschäftigte zur Verherrlichung seiner selbst Schreiber, Maler, Goldschmiede und Musiker. Um die vielen neuen Untertanen in hinzugewonnenen Territorien wie Brabant und Holland an sich zu binden, reiste er unermüdlich durchs Land und führte perfekt inszenierte Spektakel auf. Dazu gehörten zum Beispiel feierliche Einzüge in die großen Städte, bei denen er öffentlich gelobte, die Privilegien der jeweiligen Stadt zu achten, wofür ihm dann die Bürger im Gegenzug huldigten. Mitunter ersetzte das Drumherum sogar das eigentliche Ereignis: So gab Philipp 1456 in Lille ein Bankett, um seinen Entschluss zu bekräftigen, einen Kreuzzug ins Heilige Land anzuführen. Auf der Tafel stand unter anderem eine essbare Kathedrale, in der sich vier Sänger verbargen, dazu gab es ein Schlossmodell mit 20 Musikern, raffinierte bewegliche Automaten in Gestalt von Löwe, Greif und Einhorn und und und … Zu dem Kreuzzug kam es nie, aber das Fest ist bis heute als ein Höhepunkt burgundischer Prachtentfaltung in Erinnerung geblieben. Die Nachwelt hat Philipp den Beinamen „der Gute“ gegeben, nicht etwa weil er gutherzig gewesen wäre – das war er sicher nicht –, sondern weil seine lange Regierungszeit im Rückblick als die gute alte Zeit erschien. Sie fiel zusammen mit einer Phase des wirtschaftlichen Aufschwungs. Das niederländische Handelsvolumen scheint sich zwischen 1400 und etwa 1480 ungefähr verdoppelt zu haben. Persönlich war Philipp definitiv den schönen Dingen des Lebens zugetan, wofür schon seine 34 namentlich bekannten Mätressen und 26 unehelichen Kinder sprechen. Im Übrigen war er ein Sportsmann, der als Bogenschütze, bei der Jagd und auf dem Tennisplatz brillierte. Heute gilt Philipp als Schlüsselfigur sowohl der niederländischen wie der belgischen Geschichte. Der Humanist und Philosoph Justus Lipsius (1547–1606) hat ihn den *conditor Belgii* genannt, den Begründer Belgiens. In der Tat kann man sagen, dass er der Mann war, der sich Belgien backte, denn er brachte Gebiete zusammen, die vorher wenig miteinander zu tun hatten. Die burgundischen Niederlande waren im Wesentlichen ganz einfach Philipps Idee und wurden in seiner Person zusammengehalten. Wenn der burgundische Staat seinen Tod auch nicht lange überdauert hat, so hat Philipp doch etwas Bleibendes geschaffen: Aus den von ihm zusammengefassten Territorien sind die heutigen Benelux-Staaten hervorgegangen.

Geschönt und nicht geschönt. Philipp der Gute auf der Kopie eines Porträts von Rogier van der Weyden und als Alabasterbüste mit Pockennarben.

Ebenso wie Burgund ausländische Besucher durch seine überspannte Hofkultur und sein märchenhaftes Staatstheater beeindruckte, erstaunte es sie auch durch seine lockeren Sitten. Frauen bewegten sich mit großer Selbstverständlichkeit ohne männliche Begleitung im öffentlichen Raum, und ihre Zimmer blieben nachts unverschlossen, wunderte sich der österreichische Erzherzog Maximilian. In Burgund, so versicherte er, könne man küssen lernen.

Karl der Tollkühne. Burgundische Großmachtpolitik

Karl der Kühne – das ist ein Name, der sich einprägt. Aber interessanterweise heißt der letzte burgundische Herzog nicht überall so. Die Franzosen nennen ihn *Charles le Téméraire*, was man mit Karl der Tollkühne oder Waghalsige übersetzen könnte. Die niederländische Bezeichnung *Karel de Stoute* klingt geradezu komisch, denn *stout* heißt heute *ungezogen*. Im Englischen kennt man ihn als *Charles the Bold*, was dem Kühnen entsprechen würde, aber mitunter wird er auch als *Charles the Rash* bezeichnet, Karl der Hastige. Für einige wenige Jahre hielt er ganz Europa in Atem – und Burgund mit seinem Schwerpunkt im heutigen Belgien war der Dreh- und Angelpunkt europäischer Politik. Aber dann ging es schief. Karl ist das Paradebeispiel eines Herrschers, der sich binnen kürzester Zeit durch übersteigerten Ehrgeiz um ein großes Reich und noch dazu um Kopf und Kragen bringt. Dabei kann man sich fragen, wie das Urteil der Nachwelt ausgefallen wäre, wenn er nicht zu den Verlierern, sondern zu den Gewinnern der Geschichte gehört hätte. Dann würde seine Verbohrtheit heute vermutlich als Entschlossenheit und sein Größenwahn als visionäre Kraft gelten.

Philipp der Gute starb 1467 im damals hohen Alter von fast 71 Jahren. Sein Sohn Karl der Kühne (1433–1477) war bereits Mitte 30, er hatte lange auf diesen Moment gewartet und wollte alles anders machen als sein Vater. Im Gegensatz zu diesem war er ein harter, autoritärer Gewaltmensch mit sehr klaren Zielen: Ausbau der Armee, Eroberung weiterer Gebiete, Zentralisierung der Verwaltung im Inneren, höhere Steuern. Gegen Opposition ging er mit größter Grausamkeit vor: Jeder Widerspruch wurde als Majestätsverbrechen kriminalisiert. Die wallonische Stadt Dinant etwa, die es gewagt hatte, ihn als *charlotel* – Karlchen – zu verspotten, wurde von ihm niedergebrannt; die Gefangenen ließ er ertränken. Das unabhängige Lüttich, das ihm zu lange und zu oft Widerstand geleistet hatte, ließ er 1468 in sieben Wochen zerstören. „Es war schrecklich, nachts den Lärm der einstürzenden und umfallenden Häuser zu hören, denn wir hörten es noch aus einer Entfernung von vier Meilen, als ob wir an Ort und Stelle wären“, heißt es in einem Bericht. Seitdem galt Karl in Europa als Städtefeind. 1473 verleibte er das bis dahin unabhängige Herzogtum Geldern gegen erbitterten Widerstand seinem Reich ein. Meilensteine der Zentralisierung im Inneren waren 1468 die Gründung einer obersten Finanzverwaltung in Mechelen und 1473 eines obersten Gerichts für alle burgundischen Territorien, ebenfalls in Mechelen.

Karl wollte jedoch nicht nur Burgund möglichst als Alleinherrscher regieren – er wollte mehr, viel mehr. Mindestens musste er König von Burgund, besser aber noch deutscher König und Kaiser werden. Letztlich strebte er nicht weniger als die Weltherrschaft an und verglich sich deshalb ständig mit Alexander dem Großen, Cäsar, Hannibal oder Karl dem Großen. Der Erfurter Chronist Konrad Stolle sagte ihm nach, er habe einmal gesagt, es gebe nur drei Herren in der Welt: Gott im Himmel, Luzifer in der Hölle und den Herrn auf Erden – das werde er selbst sein.

1473 kam es in Trier zu einem berühmt gewordenen Fürstentreffen zwischen Karl und Kaiser Friedrich III. Karl wollte die Königskrone und bot dafür

Stichwort: Der Genter Altar

Belgiens Nationalheiligtum

Es muss ein feierlicher Moment gewesen sein, als das Hauptwerk Jan van Eycks am 6. Mai 1432 im Beisein Philipps des Guten eingeweiht wurde. Bis heute steht der Flügelaltar mit insgesamt 20 Bildtafeln in keinem Museum, sondern an seinem ursprünglichen Bestimmungsort in der Genter St. Bavo-Kathedrale. Die hier angewandte Malweise mit ihrer bis in mikroskopische Einzelheiten durchgehaltenen Wirklichkeitstreue war so neuartig und revolutionär, dass der Altar heute als Gründungsakt der neuzeitlichen Malerei gesehen wird. „Ein über köstlich, hoch verständig gemähl“, urteilte Albrecht Dürer 1521. Die Wirkung auf die Zeitgenossen muss man sich ungefähr so vorstellen, als hätte man ihnen plötzlich ein hochauflösendes Foto aus dem 21. Jahrhundert präsentiert. Je näher man an die Gemälde herantritt, desto winzigere Miniaturen werden sichtbar. Rund um den auf der Haupttafel abgebildeten Lebensbrunnen wachsen zum Beispiel auf einem Stück Wiese 42 verschiedene Pflanzenarten, darunter subtropische, wie Jan van Eyck sie als Gesandter Philipps des Guten auf seiner Reise nach Portugal gesehen haben dürfte. Zur stilistischen Meisterschaft kommt die inhaltliche Komplexität in Gestalt eines theologischen Bildprogramms, das bis heute nicht völlig entschlüsselt ist und als eines der großen Rätsel der Kunstgeschichte gilt. Der Altar erschließt dem Betrachter praktisch die gesamte christliche Heilsgeschichte mit der Anbetung des Gotteslamms als Hauptthema. Zum belgischen Nationalsymbol wurde der Altar jedoch nicht allein durch seine Bedeutung als ein Hauptwerk der Malerei, sondern durch seine abenteuerliche Geschichte, in der sich der Nationalmythos Belgiens als einer tapferen und lange Zeit unterdrückten kleinen Nation spiegelt. Im 16. Jahrhundert entging das Werk den in Gent besonders radikalen Bilderstürmern nur deshalb, weil es im Kirchturm versteckt wurde. Unter Napoleon verschleppten französische Soldaten den Altar in den Louvre. Während die Seitentafeln verkauft wurden und über England nach Berlin gelangten, wurden die Mitteltafeln nach dem Zusammenbruch von Napoleons Herrschaft nach Gent zurückgegeben. Nach dem Ersten Weltkrieg musste Deutschland die Seitentafeln gemäß Paragraph 247 des Versailler Vertrags als Entschädigung an Belgien ausliefern, so dass das Bilder-Puzzle erstmals seit mehr als 100 Jahren wieder vollständig war. Im Zweiten Weltkrieg wurden die Tafeln von den Deutschen in einem Salzbergwerk in Österreich deponiert. 1945 kehrte das Werk zurück. Es ist ein Wunder, dass der Altar heute in Gänze und insgesamt sehr gut erhaltenem Zustand in Gent besichtigt werden kann. Nur eine Tafel ging verloren: Die „gerechten Richter“ wurden 1934 gestohlen und werden seitdem von einer Kopie ersetzt. Der Täter war möglicherweise der Börsenmakler Arsène Goedertier, der kurz nach dem Diebstahl an einem Herzinfarkt starb. Auf seinem Sterbebett behauptete er, als einziger Mensch zu wissen, wo sich das Bild befinde. Die Frage, ob das Bild noch existiert und wo es versteckt sein könnte, beschäftigt die belgische Öffentlichkeit bis heute.

seine Tochter Maria (einen männlichen Erben hatte er nicht). Sie sollte Friedrichs Sohn Maximilian heiraten. Um seinen Machtanspruch für jedermann sichtbar zu machen, stattete Karl seinen gesamten Hofstaat für eine astronomische Summe mit 1000 neuen Burgunder-Röcken aus und verbot, zum Schutz vor Regen Mäntel darüber anzuziehen. Er selbst trug einen Mantel, der mit 140 Perlen und 23 persischen Rubinen verziert war, so dass er bei jeder Bewegung funkelte und klimperte, und dazu einen mit schimmernden Goldfäden überzogenen Hut, der bereits wie eine Königskrone aussah. Obendrein schleppte er auf 400 Wagen seinen gesamten Hausschatz an Gold- und Silbergeschirr mit nach Trier. Der Aufzug des Kaisers wirkte im Vergleich dazu ärmlich.

Die angestrebte Erhebung zum König kam dennoch nicht zustande. Zwar hätte der Kaiser seinen Sohn liebend gern mit der steinreichen Maria verheiratet, aber der Preis dafür war ihm zu hoch. Auch die deutschen Kurfürsten – deren Bedeutung Karl wohl völlig unterschätzte – hatten sehr ungute Gefühle hinsichtlich der Ambitionen des stürmischen Burgunders. Kaiser Friedrich stahl sich schließlich am frühen Morgen des 25. November in aller Eile über die Mosel davon und ließ nur unbezahlte Rechnungen zurück.

Es zeigte sich nun, dass Karl keine Strategie hatte, um seine überaus ehrgeizigen Pläne durchzusetzen. Er wollte die Welt erobern – aber wie das geschehen sollte, wusste er nicht. All seine folgenden Handlungen hatten etwas Zufälliges. Er mischte sich in existierende Konflikte ein und versuchte, daraus Vorteile zu ziehen, aber da ein durchdachter Plan fehlte, blieben seine Expansionsversuche sprunghaft und unentschlossen. Dazu kamen ein übersteigertes Selbstbewusstsein und absolute Beratungsresistenz.

Nach dem Misserfolg von Trier versuchte Karl, seine Ansprüche militärisch zu untermauern. Zu diesem Zweck hatte er nach französischem Vorbild ein stehendes Heer aufgebaut, was äußerst kostspielig, aber durchaus zukunftsweisend war. Ein Konflikt im benachbarten Rheinland, die Kölner Stiftsfehde, erschien ihm als passende Gelegenheit, um einzugreifen. Mit einer der größten Armeen der Epoche rückte er ins Rheinland vor und belagerte als Verbündeter des Kölner Erzbischofs Neuss. Dies lief jedoch auf ein Fiasko hinaus: Die Belagerung des gut befestigten Städtchens zog sich ein Jahr hin und verschlang Unsummen. Unterdessen wuchs im ganzen Reich das Gefühl der Bedrohung durch den Herzog, von dem es hieß, dass er in seiner Rüstung schlafen gehe. Der Kaiser und die Reichsstände entsandten ein Heer zur Unterstützung von Neuss, und 1475 musste Karl Verhandlungen aufnehmen und abziehen. Daraufhin söhnte er sich mit dem Kaiser aus und stellte die bereits angedachte Heirat seiner Tochter mit Maximilian erneut in Aussicht – nunmehr ohne jede Gegenleistung. Allerdings kam die Verbindung nicht zustande: Karl konnte es wohl nicht ertragen, sein Reich damit zumindest langfristig an einen anderen Mann – und sei dieser sein Schwiegersohn – abzutreten. Stattdessen schritt er zu neuen Taten und eroberte das zwischen den Ländern von hüben und drüben liegende Herzogtum Lothringen. Damit wurde Burgund zu einem zusammenhängenden Komplex und erreichte seine größte Ausdehnung.

Alsdann gedachte Karl, mit den Schweizern abzurechnen, die während seiner Belagerung von Neuss die Freigrafschaft Burgund angegriffen hatten. Die Eidgenossenschaft war geradezu der staatliche Gegenentwurf zu dem zentralistischen Fürstenstaat, zu dem Karl Burgund umformen wollte. Es war ein Gegner, den er keineswegs als gleichwertig betrachtete. Seine eigene Armee galt als die schlagkräftigste Europas, vor allem weil sie als eine der ersten mit Kanonen ausgerüstet war, die auf zweirädrigen Burgunder-Lafetten transportiert wurden. Dazu kamen Panzerreiter und englische Bogenschützen, erprobt im Hundertjährigen Krieg. Die Eidgenossenschaft – eine locker verbündete Ansammlung von Städten und Regionen mit Bern als treibender Kraft – hatte dem nur leicht bewaffnete Fußtruppen entgegenzusetzen. Ihre stärkste Waffe war die „Igelwand“ aus einer Phalanx von nach außen gerichteten Spießen.

So marschierte Karl nun also gegen die Schweiz – der Konflikt ist unter dem Namen *Burgunderkriege* (1474–1477) in die Geschichte eingegangen. Zunächst belagerte er das Städtchen Grandson. Obwohl er der Garnison von etwa 500 Soldaten nach schweizerischen Quellen freies Geleit zugesichert hatte, ließ er sie nach der Kapitulation allesamt ertränken oder an Bäumen aufhängen, „in solcher Zahl, dass die Äste brachen und auf die Erde fielen mit den halbtoten Männern, die fürchterlich von den Söldnern verstümmelt worden waren“. Dann geschah das Unfassbare: In der darauffolgenden Schlacht von Grandson am 2. März 1476 verlor das hochmoderne burgundische Heer gegen die archaischen Streitkräfte der Eidgenossen. Die Gründe dafür waren vielfältig. Karl führte ein Söldnerheer aus französisch- und niederländischsprachigen Burgundern, Engländern und Italienern, die Schweizer boten dagegen ein Volksheer auf. Ihre Kämpfer waren hoch motivierte junge Männer, die ihre Heimat verteidigten und sich zudem reiche Beute versprachen. Außerdem waren die schweizerischen Truppen sehr flexibel und kannten das Gelände besser. Entscheidend war dann ein Zufall: Gerade als Karl den Befehl gegeben hatte, seine schwerfällige Artillerie zu drehen und neu auszurichten, traf ein frisches Kontingent von Eidgenossen ein. Markerschütternde Hornrufe ertönten, das burgundische Heer geriet in Panik – und schon war alles auf der Flucht. Die gesamte Artillerie und das Feldlager mit all seinen mitgeführten Schätzen musste der „Wüthrich aus Burgund“ zurücklassen. Die ungeheure „Burgunderbeute“, die den Eidgenossen dadurch in die Hände fiel, wurde später sprichwörtlich. Allein Karls Hut war mit so vielen Juwelen besetzt, dass ihn die Basler 1504 zusammen mit zwei anderen Schmuckstücken für 47 000 Gulden an Jakob Fugger den Reichen verkaufen konnten. Ein Junge fand einen Diamanten, dessen Wert auf 20 000 Gulden geschätzt wurde – er selbst bekam ganze zehn. Auch auf seinen handlichen Klappthron musste Karl fortan verzichten.

Für einen Egozentriker wie ihn kam es natürlich nicht infrage, die Niederlage zu akzeptieren oder auch nur innezuhalten. Um die Schmach von Grandson zu tilgen, ließ er in Windeseile neue Geschütze gießen und dafür sogar Geschirr und Kirchenglocken einschmelzen. Dann wandte er sich erneut gegen die Schweiz und begann eine Belagerung der Stadt Murten. Deren Einwohner leisteten jedoch entschlossen Widerstand, weil sie die grausame Behandlung von Grandson vor Augen hatten.

Durch das eidgenössische Bündnissystem aktiviert, schlossen sich die Streitkräfte der Kantone erneut zusammen und unternahmen einen Überraschungsangriff auf das burgundische Heer. Diesmal war es eine Fehleinschätzung von Karl selbst, die sein Schicksal besiegelte: Obwohl Späherberichte darauf hindeuteten, dass die Eidgenossen kurz davor standen, loszuschlagen, glaubte er es besser zu wissen und behauptete, der Feind sei noch nicht so weit. Der Angriff kam dann aber doch, und diesmal waren die Schweizer weit in der Überzahl. Vermutlich standen 12 000 Burgundern bis zu 25 000 Eidgenossen gegenüber. Noch ehe Karl auch nur seine Rüstung angelegt hatte – offenbar behielt er sie zum Schlafen doch nicht an –, war die Schlacht schon verloren, weil es sein Heer nicht mehr schaffte, sich zu formieren. Einige Burgunder wurden noch in ihren Zelten getötet. Hatte Karl in der Schlacht von Grandson enorme Materialverluste hinnehmen müssen, aber nur eine geringe Zahl von Toten zu beklagen gehabt, so wurde diesmal ein großer Teil seiner Soldaten abgeschlachtet. Die Schlacht bei Murten am 22. Juni 1476 gilt denn auch als eine der entscheidendsten Niederlagen des Mittelalters. Sie bedeutete fast schon das Ende der burgundischen Großmachtstellung; der Profiteur seines Niedergangs sollte Frankreich werden, das dadurch langfristig zur europäischen Vormacht aufsteigen konnte.

Karls katastrophale Niederlage wirkte sich dermaßen verheerend auf seinen Ruf aus, dass sich Lothringen sofort wieder von Burgund lossagte. Mitten im Winter begann der Herzog daraufhin eine Belagerung der lothringischen Hauptstadt Nancy, was auf militärischen Selbstmord hinauslief. Allein an Heiligabend sollen 400 Burgunder erfroren sein. Schließlich kam ein lothringisch-schweizerisches Heer der belagerten Stadt zu Hilfe und vernichtete den demoralisierten Rest seiner Streitkräfte am 5. Januar 1477. Im Schlachtgetümmel oder auf der Flucht traf Karl auf eine Horde Söldner, die ihn nicht erkannte und kurzen Prozess mit ihm machte. Nackt und von Wölfen oder wilden Hunden angefressen, wurde seine Leiche Tage später auf einem zugefrorenen Weiher gefunden. Nur anhand einiger Narben und seiner langen Fingernägel konnte sein Leibarzt ihn identifizieren. So endete der Mann, der so gern Karl der Große gewesen wäre.

Brügge und Gent gegen den Rest der Welt. Der Untergang Burgunds

Der plötzliche Tod des Herrschers löste sofort eine Existenzkrise des burgundischen Staates aus. Der französische König Ludwig XI. hatte nur auf eine solche Gelegenheit gewartet. Von allen schönen Beinamen, die den Fürsten jener Epoche gegeben wurden, hat er den passendsten: *l'araignée universelle* – die allgegenwärtige Spinne, denn wie eine Spinne konnte er geduldig auf den passenden Moment lauern und dann zuschlagen.

Jetzt war es so weit. Kurzerhand besetzte er die südlichen Teile Burgunds, die Länder von drüben. Er vertrat den Standpunkt, dass diese Gebiete aufgrund des fehlenden männlichen Erben Karls als „heimgefallenes Lehen" an die französische Krone zurückgehen mussten. So wurde das burgundische Reich ein Reich ohne Burgund – jenes Herzogtum im Süden, das dem Länderkomplex einst seinen Namen gegeben hatte. Und damit nicht genug: Ludwig wollte sich auch den Rest einverleiben, entweder durch eine Heirat des französischen Thronfolgers, des Dauphin, mit Maria von Burgund oder – falls daraus nichts werden sollte – durch Eroberung. Die burgundischen Streitkräfte waren nach Karls militärischen Abenteuern praktisch nicht mehr existent. Die Generalstaaten wiederum nutzten die Gunst der Stunde, indem sie die Macht an sich rissen und der 19 Jahre alten Maria ihre Bedingungen diktierten. Am 11. Februar 1477 unterzeichnete sie notgedrungen das Große Privileg, eine Art Verfassung für die burgundischen Niederlande: Es verlieh den Generalstaaten das Recht, künftig aus eigenem Antrieb zusammenzukommen und nicht erst durch Einberufung des Fürsten. Außerdem verpflichtete sich Maria, Kriege nur noch mit Genehmigung der Generalstaaten zu führen. Die von ihrem Vater eingeleiteten Schritte zu einer weiteren Zentralisierung wurden rückgängig gemacht. Das Herzogtum Geldern erklärte sich wieder für unabhängig. Der Kanzler Karls des Kühnen, Willem Hugonet, wurde des Hochverrats für schuldig befunden und auf dem Genter Marktplatz enthauptet.

In dieser Krisensituation setzte Maria von Burgund ihre Hoffnungen auf den österreichischen Erzherzog Maximilian. Er müsse so schnell wie möglich

Traumhochzeit. Maximilian von Habsburg und Maria von Burgund. Zeitgenössische Zeichnung.

nach Burgund kommen und sie heiraten, flehte sie – und wurde erhört. Fahnen, Blumen, Transparente und riesige Teppiche zierten Gent, als der Kaisersohn am 18. August 1477 im Silberharnisch seinen Einzug hielt. Noch nie zuvor hatte der 18-Jährige eine auch nur annähernd so große Stadt betreten. Der lange Weg von Wien nach Burgund muss ihm wie eine Zeitreise in die Zukunft erschienen sein: von einem rückständigen, armen Agrarland in eine reiche und verstädterte Welt von Handel und Industrie. Dieses Reich mit jährlichen Steuereinnahmen von mehr als einer Million Gulden hatte sich ihn nun zum Herrscher erkoren – es war wie im Märchen. Durch Maximilians Hochzeit mit Maria von Burgund fielen die Niederlande den Habsburgern zu. Der Teil, der später Belgien wurde, sollte sie mehr als 300 Jahre lang nicht mehr loswerden.

Maria hatte Maximilian geholt, um den burgundischen Gesamtstaat zu erhalten oder besser gesagt zurückzuerobern. Das bedeutete Krieg mit dem König von Frankreich, der sich natürlich weigerte, die Länder von drüben wieder herauszurücken. Da Maximilian ein armer Fürst war, musste der Burgundische Erbfolgekrieg (1477–1493) ausschließlich von den Niederlanden finanziert werden. Dies führte dazu, dass die Popularität des Habsburgers rasend schnell abnahm. Das von Ludwig der Spinne gezielt gestreute Gerücht, dass Maximilian die Niederlande aussauge und die eingenommenen Steuergelder nach Österreich pumpe, verfing. Die Situation eskalierte, als Maria von Burgund 1482 nach einem Reitunfall starb. Ihr Tod war eine persönliche wie auch politische Katastrophe für Maximilian – was Ludwig sofort erkannte: Der von mehreren Schlaganfällen gezeichnete Monarch soll vor Freude noch einmal von seinem Krankenbett aufgesprungen sein, als er vom Tod Marias erfuhr. Er wusste, dass nur sie als „natürliche Herzogin" beim Volk anerkannt war, nicht aber der „Ausländer" Maximilian.

Tatsächlich wollten die Niederländer ihn nun so schnell wie möglich wieder loswerden. Gent – wie bei jeder Rebellion auch diesmal vorneweg – griff sich vorsorglich die beiden Kinder Maximilians und Marias: den drei Jahre alten Philipp, später „der Schöne“ genannt, und die zwei Jahre alte Margarete von Österreich. In den Augen der Generalstaaten war Philipp nunmehr der neue Herzog von Burgund. Bis zu seiner Volljährigkeit wollten sie selbst die Regentschaft übernehmen und mit Frankreich unverzüglich Frieden schließen.

Maximilian war begreiflicherweise fassungslos über die Entführung seiner Kinder und reagierte mit Strafgerichten. Die Folge war ein offener Krieg zwischen ihm und den flandrischen Städten. Der Konflikt zog sich jahrelang hin und führte zu einer Verwüstung weiter Landstriche. Zu einem unerhörten Ereignis kam es 1488: Nachdem Maximilian – mittlerweile deutscher König – schon geglaubt hatte, die aufständischen Städte unterworfen zu haben, rissen in Gent und Brügge wieder die unteren Stände die Herrschaft an sich. Gent erklärte, dass es sich jetzt Frankreich anschließen wolle. Der französische König sicherte den Bürgern prompt den Status einer unabhängigen Stadtrepublik unter seinem Schutz zu und erklärte Maximilian seiner Herrschaft über Flandern verlustig. Maximilian erschien daraufhin in Brügge, um von dort aus gegen Gent vorzugehen. Die Zünfte in Brügge stachelten jedoch das einfache Volk auf und fuhren schweres Geschütz auf. Ehe Maximilian sich's versah, waren seine Landsknechte entwaffnet. Er selbst wurde im Haus Kranenburg am Grote Markt festgesetzt. 16 Wochen, von Anfang Februar bis Mitte Mai 1488, sollte er dort gefangen bleiben. In dieser Zeit lag sein Leben in der Hand der aufständischen Bürger. Der Anführer der Genter Rebellen, Jan van Coppenolle, kam selbst nach Brügge und verschärfte die Haftbedingungen. Maximilian wurde von seinen Beratern isoliert. Ein Armbrustschütze versuchte, ihm Angst zu machen, indem er vom gegenüberliegenden Fenster auf ihn zielte. Durch seine vergitterten Fenster musste der König mit ansehen, wie seine Berater gefoltert und schließlich enthauptet wurden, unter ihnen der bei der Stadtbevölkerung verhasste Brügger Schöffe Pieter Lanchals (= Langhals). Einer im 19. Jahrhundert entstandenen Legende zufolge soll Brügge später von Maximilian dazu verdammt worden sein, zur Strafe ewig 52 Langhälse in Gestalt von Schwänen auf den Kanälen im Zentrum der Stadt zu halten; sie sind dort heute noch reichlich vertreten.

Maximilian rechnete mit dem Schlimmsten. Die Forderung der Rebellen, er müsse seine Herrschaft über die Niederlande aufgeben und nach Österreich zurückkehren, lehnte er jedoch ab. Sein Vater, der 73 Jahre alte Kaiser Friedrich III., ließ unterdessen ein Reichsheer ausrücken. Der Papst bereitete einen Kirchenbann vor, England und Portugal drohten, Spanien ließ seine Flotte auslaufen – es war ein wenig wie „Brügge und Gent gegen den Rest der Welt". Aber auch das konnte die beiden flandrischen Städte nicht schrecken. Erst nachdem sie Maximilian alle möglichen Zugeständnisse abgepresst hatten, ließen sie ihn am 16. Mai 1488 frei. Er hielt sich danach an keines der von ihm gegebenen Versprechen. Es sollte noch vier Jahre dauern, bis er die Rebellion mit massiven Strafexpeditionen erstickt hatte. Das von Maria gewährte Große Privileg wurde von ihm kassiert und 1493 auch von den Generalstaaten für nichtig erklärt. Der Burgundische Erbfolgekrieg endete im selben Jahr mit dem Vertrag von Senlis, in dem Frankreich das Artois, die Grafschaften Charolais und Noyers und sogar die Freigrafschaft Burgund an die Niederlande abtreten musste. Die Grenze des Heiligen Römischen Reiches erreichte damit ihren am weitesten nach Westen vorgeschobenen Verlauf.

1493 übertrug Maximilian die Regierung der Niederlande seinem nunmehr 16 Jahre alten Sohn Philipp dem Schönen. Damit begann nach den Verheerungen des Krieges eine neue Blütezeit, denn Philipp war ganz im Sinne der Staatenversammlungen um Frieden mit Frankreich bemüht. Von der Politik seines Vaters setzte er sich ab und betonte dadurch die Eigenständigkeit der Niederlande. 1496 heiratete er Johanna von Kastilien. Zunächst schien diese keine Aussicht zu haben, die Krone ihrer Eltern zu erben, doch dann starben hintereinander alle anderen Thronfolger, so dass sie 1504 beim Tod ihrer Mutter Königin von Kastilien wurde. Philipp der Schöne konnte durchsetzen, dass er ebenfalls als König von Kastilien anerkannt wurde. Dies war die Grundlage dafür, dass die Habsburger neben ihren österreichischen Besitzungen auch noch zum Herrscherhaus Spaniens und damit zur mächtigsten Dynastie Europas aufstiegen.

Mit einer riesigen Maultierkolonne transportierte Philipp den Luxus seiner burgundischen Hofhaltung über die Pyrenäen. Die Prunk liebenden, ausschweifenden *flamencos* (Flamen) machten sich im ländlich geprägten Kastilien sofort unbeliebt. Philipp starb schon 1506 im Alter von 28 Jahren. Seine Frau Johanna war nun Alleinherrscherin, doch wurde sie umgehend für unzurechnungsfähig erklärt, was ihr den Beinamen „die Wahnsinnige" einbrachte. Die Herrschaft fiel nun an ihren ältesten Sohn, der im Jahr 1500 noch in den Niederlanden, in Gent, zur Welt gekommen war. Sein Name war Karl, nach seinem Urgroßvater Karl dem Kühnen. Schon bald zeichnete sich ab, dass dieser Karl einmal eine beispiellose Ämter- und Machtfülle in seiner Person vereinigen würde, als Herrscher über die Niederlande, Spanien und Österreich und möglicher deutscher Kaiser. Mit Karls Regierungsantritt 1515 – bis dahin wurde er von seiner Tante Margarete von Österreich vertreten – gingen die Niederlande in diesem habsburgischen Länderkomplex auf. Einen Hof gab es bald

Porträt: Maria von Burgund

Die Märchenbraut

Die Verbindung des späteren deutschen Kaisers Maximilian I. (1459–1519) mit Herzogin Maria von Burgund (1457–1482) ist als „Jahrhundertliebe“ in die Geschichte eingegangen und wird wohl immer Stoff für romantische Romane und Filme liefern. Als sich die beiden jungen Menschen – er 18, sie 20 – am Abend des 18. August 1477 im Genter Stadtschloss zum ersten Mal gegenübertraten, sollen sie sich sofort Hals über Kopf ineinander verliebt haben; schon am nächsten Tag folgte die Heirat. Zwar konnten sie sich zunächst nur auf Lateinisch verständigen, da sie kein Deutsch sprach und er kaum Französisch, doch dies stand ihrer Beziehung nicht im Wege. „Ich hab ein schöns, froms, tugenhafftigs weib“, schwärmte Maximilian in einem Brief. „Von leib klein und schneeweis; ein prauns haar, ein kleins naßl, ein kleins heuptel und antlitz, praun und grabe augen gemischt, schön und lauter.“ Die ersten Wochen in Burgund erlebte Maximilian wohl wie im Rausch: die schöne junge Frau, dazu Städte, Schlösser, Turniere und Maskenfeste, wie er sie noch gesehen hatte. Bei all dem darf man allerdings nicht aus den Augen verlieren, dass die Ehe aus rein politischen Gründen geschlossen wurde. Daran erinnerte Maria ihren Prinzen sogar beim Ringwechsel in der Kirche, indem sie feierlich gelobte, sich daran zu halten, „was zwischen deinem und meinem Vater in Bezug auf meine Länder und Provinzen vereinbart worden ist“. Maria hatte Maximilian in höchster Not nach Burgund gerufen. Sie war den Generalstaaten geradezu ausgeliefert, da nur diese ihr die Steuern bewilligen konnten, die sie benötigte, um Burgund gegen den König von Frankreich zu verteidigen. Für Maximilian wiederum war die Herzogin von Burgund eine Märchenbraut – was allerdings keineswegs bedeutete, dass er ihr treu blieb: Er hatte zahlreiche uneheliche Kinder. Es gibt eine wunderbare zeitgenössische Schilderung davon, wie Maria 1481 zusammen mit einigen Freundinnen in Brügge inmitten zahlloser Bürger auf den zugefrorenen Kanälen Schlittschuh läuft; Maximilian hatte sie diese Kunst nie richtig beibringen können. Die hochadeligen Damen brechen in herzhaftes Lachen aus, als sich mehrere junge Männer gleichzeitig lang legen. Die Sonne sinkt immer tiefer, aber Maria kann einfach kein Ende finden, bis sie schließlich auch stürzt und sich dabei ziemlich weh tut. Dieser Teil der Schilderung mag schon nicht mehr ganz der historischen Wahrheit entsprechen, sondern ist möglicherweise als Hinweis auf ihr tragisches Ende im Jahr darauf zu verstehen: Da stürzte sie erneut, diesmal vom Pferd, und erlag drei Wochen später in Brügge ihren inneren Verletzungen. *„La dame est mort“*, tönte es in den Straßen. Tausende zogen an ihrem Sarg vorbei und erwiesen ihr die letzte Ehre, bevor sie am 3. April 1482 im Chor der Liebfrauenkirche in Brügge beigesetzt wurde. Das prunkvolle Grab befindet sich neben dem ihres Vaters, Karls des Kühnen. Maximilians Schmerz über den Verlust seiner Frau war einer Legende zufolge so groß, dass er später einen Magier bat, Kontakt mit ihr im Jenseits aufzunehmen. Er habe sie „gar lieb gehabt“, schrieb er noch als alter Mann in seinen Memoiren.

nicht mehr, weil sich der Fürst permanent außerhalb der Niederlande aufhielt. Als Schlusspunkt der burgundischen Zeit kann der Damenfrieden von Cambrai aus dem Jahr 1529 gelten: Er wurde so genannt, weil er von Margarete von Österreich als Bevollmächtigter Karls und Louise von Savoyen als Vertreterin des französischen Königs Franz I. ausgehandelt wurde. Nach schweren militärischen Niederlagen verzichtete Frankreich in diesem Friedensvertrag auf seine Lehnshoheit über Flandern.

Es ist eine Ironie der Geschichte, dass sich die Flamen jahrhundertelang einer Einverleibung durch Frankreich widersetzt hatten, nur um im Augenblick ihres Triumphs in einem spanisch dominierten Habsburgerreich aufzugehen. Bis heute allerdings bezeichnen die Niederländer die Belgier als Burgunder und sagen ihnen burgundische Lebensart nach. Sie meinen damit, dass man in Flandern und Brabant zu leben versteht, dass dort Genießer zuhause sind. In diesem Sinne sind die Belgier bis auf den heutigen Tag Burgunder geblieben.

KAPITEL 2

Unter fernen Herren – Die Frühe Neuzeit

Invasion der Schneemänner. Die habsburgischen Niederlande

Brüssel, im Januar 1511. Auf dem Coudenberg thront der Palast der Herzöge von Brabant, ein riesiger Gebäudekomplex, umgeben von den Herrenhäusern der Hochadeligen. Das ist das eine Machtzentrum. Das andere befindet sich in der Unterstadt am *Grote Markt*, später auch *Grand-Place* genannt: Es ist das Rathaus mit seinem eleganten spitzen Turm. Oben im Palast spricht man Französisch, unten in der Stadt Niederländisch.

Brüssel ist tief verschneit in diesem Winter. Alles wirkt fremd und verwandelt. Und dann geschieht etwas geradezu Märchenhaftes. Überall in der Stadt tauchen Schneemänner auf. Sie stehen auf dem Coudenberg, auf dem Grote Markt und im Hurenviertel an der Stadtmauer. An die 50 Schneemann-Gruppen mit insgesamt 110 Figuren bevölkern die Stadt. Einige bleiben mehr als drei Wochen lang stehen, denn es dauert bis zum 12. Februar, ehe Tauwetter einsetzt. Bis dahin gucken sich die Brüsseler die Augen aus dem Kopf – mehrfach wird in diesen Wochen über Arbeitsversäumnis geklagt. Ein Vorläufer des Manneken Pis aus Schnee pinkelt einem Mann in den geöffneten Mund. Ein Mann und eine Frau liegen in einem Springbrunnen, „*al naect*“ (ganz nackt), und betreiben in aller Öffentlichkeit die Liebe. Ebenfalls nackt sind Adam und Eva, die schöne Bathseba, die mitten in Eis und Schnee ein Bad nehmen will. In der Nähe des Brüsseler Beginenhofs *Den Wijngaerd* hält eine Begine einem Wilden Mann – berüchtigt für seine nie versiegende Begierde – einen Topf hin: Sie will Sex. An der Stadtmauer bietet sich eine Prostituierte mit einem Hund zwischen den Beinen an: nackt auch sie, mit gewaltigem Hintern und rund geformten Brüsten. Vor dem Rathaus wachen eine Magd, ein Löwe und die Heiligen Drei Könige. Am Fluss Senne reckt der Schutzheilige von Brüssel, St. Michael, sein Schwert in die Höhe. Aber es gibt auch eine Kuh, ein Schwein, einen Elefanten und vor dem herzoglichen Palast ein Einhorn. Ein doppelgesichtiger Riese erhebt sich aus der weißen Watte, ein Zentaur, Trolle und ein Meermann.

All diese Schneeskulpturen sind natürlich nicht von Kindern erbaut worden, dafür sind sie viel zu kunstvoll, frech und raffiniert. Hinter den Figuren stecken Erwachsene – stolze Renaissance-Menschen, die damit ihre umfassende Bildung und ihr unabhängiges Denken ausstellen. Das Schneeskulpturen-Festival ist Ausdruck einer selbstbewussten städtischen Gesellschaft. Es steht für etwas Neues.

Die Geschichte der habsburgischen Niederlande ist die Geschichte einer Konfrontation zwischen einem Fürsten und den regionalen Eliten seines Herrschaftsgebiets. Der Fürst wollte die Macht in seiner Hand zentralisieren und die verschiedenen Territorien zu *einem* Staat zusammenschweißen, und die Eliten wollten das nicht. Sie verteidigten ihren Anteil an der Macht und damit zugleich die Eigenständigkeit ihrer Region. Zur Zeit der Brüsseler Schneemann-Invasion konnte noch niemand ahnen, welche Ausmaße diese Auseinandersetzung im Laufe des Jahrhunderts noch annehmen würde.

Die habsburgischen Niederlande entsprachen ungefähr den heutigen Benelux-Staaten plus einem Stück von Nordfrankreich. Man muss sich aber davor hüten, die heutige Einteilung in Nord und Süd – Niederlande und Belgien – auf die damaligen Territorien zu übertragen. Wenn schon, dann wäre eher eine Unterscheidung in West und Ost sinnvoll. Der Osten wurde vom Adel beherrscht, der Westen auch von Bürgern und Patriziern. Der Osten war landwirtschaftlich geprägt, der Westen eine Städtelandschaft. Antwerpen war gar die bedeutendste und reichste Handelsmetropole Europas. In den 1560er-Jahren zählte sie 100 000 Einwohner. Bis zu 2500 Schiffe mit insgesamt etwa 250 000 Tonnen Ladung steuerten Antwerpen im Jahr an. Das war das Vierfache des Londoner Schiffsverkehrs und das Zwölffache der Amerikaflotte, die jährlich in Sevilla ankam. Antwerpen war der wichtigste Umschlagplatz für englische Tuche ebenso wie für Wein und Metalle aus dem Heiligen Römischen Reich Deutscher Nation. Gleichzeitig entwickelte sich die Stadt zum Verteiler-Zentrum für die Waren der Kolonialmächte Spanien und Portugal. 1501 legte das erste portugiesische Schiff mit Pfeffer und Muskatnüssen am Scheldekai an, 1508 eröffnete eine Filiale der Lissaboner Zentralbehörde für den Überseehandel, *Casa da India*, und 1540 kamen bereits mehr als 300 portugiesische Schiffe nach Antwerpen. Es mag zunächst überraschen, dass Lissabon die Rolle des großen Verteilers nicht selbst spielen konnte, doch lag Portugal zu weit von den Hauptabsatzmärkten für Pfeffer und andere Spezereien entfernt: Neun von zehn Abnehmern lebten im Norden Europas, vor allem im dicht bevölkerten Frankreich und im späteren Deutschland. Antwerpen, Ausgangspunkt großer Handelsstraßen nach Paris sowie Nürnberg und Augsburg, war näher am Kunden. Es profitierte davon, dass ein Großteil der asiatischen Gewürze nun nicht mehr über den Landweg und die Mittelmeer-Route nach Europa gelangte, sondern über den Atlantik. Die portugiesischen Kaufleute fanden in Antwerpen auch gleich das aus deutschen Bergwerken angelieferte Silber, mit dem sie die Spezereien in Asien bezahlten.

Ähnlich die Spanier: Zum Aufbau eines Kolonialreiches, wie es die Welt noch nicht gesehen hatte, waren ungeheure Mengen an Holz, Teer, Weizen, Roggen und Stoff erforderlich. All das bekamen sie in Antwerpen, wo sie umgekehrt ihre Kolonialprodukte wie Zucker, Silber und Farbhölzer verkaufen konnten. So verdankte Antwerpen seinen Rang als frühmoderne Weltstadt dem Umstand, dass es der bevorzugte Standort auswärtiger Kaufleute war. Eine eigene Handelsflotte von Bedeutung besaß die Stadt dagegen nicht. Der französische Historiker Fernand Braudel hat einmal gesagt, die Stadt habe sich ihre Vormachtstellung nicht erkämpft, „sie ist eines schönen Tages an der Spitze der Welt erwacht".

Insgesamt zählten die Niederlande zur Habsburgerzeit etwa drei Millionen Einwohner, was ungefähr der Bevölkerungszahl von England und Wales entsprach. Sie waren also kein kleines Land, wobei man sie im Grunde kaum als *ein* Land betrachten konnte. Im Plural *die Niederlande* ist die Unterschiedlichkeit bereits enthalten. Bei Karls Regierungsantritt 1515 fielen noch nicht einmal alle niederländischen Gebiete in seinen Herrschaftsbereich. Die Provinzen im Nordosten waren noch unabhängig. Es war sein erklärtes Ziel, dies zu ändern und alle Provinzen unter sich zu vereinen. Die erste Gelegenheit dazu bot sich, als der Bischof von Utrecht, Heinrich von der Pfalz, mit Unruhen zu kämpfen hatte. Karl stellte für ihn die Ordnung wieder her, und dafür übertrug ihm Heinrich 1528 die weltliche Herrschaft im Bistum Utrecht. Danach folgten auch Overijssel, Drenthe, Groningen und Friesland. Geldern hielt noch aus, doch 1543 eroberte Karl das widerspenstige Herzogtum schließlich mit einer erdrückenden Übermacht und beendete seine Selbstständigkeit. Nunmehr sprach man von den 17 Provinzen, wobei diese Zahl eher symbolisch war: Zu den Niederlanden zählten vier Herzogtümer, sieben Grafschaften und zehn Herrlichkeiten. Die Bezeichnung *Provinzen* erinnerte an das römische Reich, das unter Karl V. in neuer Form wiedererstanden schien. Ein Gebiet, das weiterhin außerhalb des habsburgischen Herrschaftsbereichs blieb, war das Fürstbistum Lüttich.

1548 wurden die 17 Provinzen im Burgundischen Vertrag (Vertrag von Augsburg) weitgehend aus dem Heiligen Römischen Reich herausgelöst. Wenn sie auch formal weiter dazugehörten, unterlagen sie fortan doch nicht mehr der Gesetzgebung und Rechtsprechung des Reiches. Nachdem im Damenfrieden von Cambrai 1529 bereits die Ablösung von Frankreich vollzogen worden war, nabelten sich die Niederlande nun auch vom deutschen Reichsverband ab, wobei dieser Prozess erst mit dem Westfälischen Frieden von 1648 seinen

Abschluss finden sollte. Diesem Emanzipationsprozess stand jedoch das Aufgehen im Habsburgerreich gegenüber, und damit war ein durchaus schmerzhafter Bedeutungsverlust verbunden: In Burgund hatten die Niederlande den unbestrittenen Mittelpunkt gebildet, jetzt waren sie nurmehr eines von mehreren wichtigen Gebieten. Immerhin betrachteten die Niederländer Kaiser Karl noch als einen der ihren, als „natürlichen Erbprinzen", weil er in Gent geboren und in Mechelen aufgewachsen war. Wie wichtig ihm das selbst war, zeigt sich darin, dass er 1522 für den Fall seines Todes verfügte, ebenso wie seine burgundischen Vorfahren in Dijon begraben zu werden – obwohl diese Stadt seit der Einverleibung des ursprünglichen Herzogtums Burgund zu Frankreich gehörte. 1520 versicherte er in Brüssel, während seines vorangegangenen Aufenthalts in Spanien sei sein Herz „immer hüben" – also in den Niederlanden – gewesen. Anfangs fühlten sich gerade die Spanier von den „Burgundern" – also den Niederländern – dominiert, da diese Karls Hofstaat beherrschten. Seinen ehemaligen Lehrer Adrian von Utrecht, den späteren Papst Hadrian VI., setzte Karl sogar als Statthalter in Spanien ein, als er selbst ins Reich aufbrach, um dort Kaiser zu werden. Von nun an war er aber kaum noch mit den Niederlanden befasst und hielt sich dort nicht mehr auf. Seine Eroberungen in Italien und die politische Lage im Reich nahmen ihn völlig in Anspruch. Allmählich verschob sich das Entscheidungszentrum nach Spanien. Dort, in der Klostereinöde von Yuste, sollte Karl auch seine letzten Jahre verbringen. Begraben liegt er nicht in Dijon, sondern im Escorial bei Madrid.

Die Zugehörigkeit zu einem europäischen Großreich, dessen iberischer Teil zudem an einem überseeischen Imperium baute, eröffnete einzelnen Niederländern ungeahnte Möglichkeiten. So war der erste Missionar der Neuen Welt ein Flame: Pieter van der Moere oder auch Peter van Gent (um 1480–1572), ein Franziskanermönch aus einem Kloster in Gent, fuhr 1523 von Sevilla nach Mexiko, das die Spanier zwei Jahre zuvor von den Azteken erobert hatten. Er blieb dort fast 50 Jahre. Bekannt geworden als Pedro de Gante, lernte er die Sprache der Azteken. Zudem verwendete er bei der Missionierung einen selbst entwickelten Bilder-Katechismus. Er gründete Schulen, Kirchen und Hospitäler und nahm die Bevölkerung gegen Übergriffe der Konquistadoren in Schutz. In Briefen an Kaiser Karl, mit dem er in direktem Kontakt stand, prangerte er die Ausbeutung der Einheimischen an.

Karl V. setzte in den Niederlanden die Zentralisierungspolitik der burgundischen Herzöge fort. Als Herrscher eines Großreichs hatte er fortwährend Geld nötig, um seine Kriege zu finanzieren – und die weit reichende Autonomie seiner wohlhabendsten Territorien war dabei sehr hinderlich. Sein Bestreben ging deshalb dahin, die Sonderrechte der Provinzen und Städte einzuschränken und die

Zentralregierung zu stärken. Da er selbst außer Landes war, ließ er sich in Brüssel von einem Landvogt oder Generalstatthalter vertreten. Der Große Rat, das wichtigsten Beratungsorgan des Generalstatthalters, wurde professionalisiert, indem er ihn aufteilte in einen Rat für Justizangelegenheiten, einen für Finanzen und einen für allgemeine Belange. Anstatt ausschließlich mit Adligen, wie zuvor üblich, wurden diese Gremien mehr und mehr mit Experten, wie Juristen und anderen studierten Fachbeamten, besetzt. Die niederländischen Adligen betrachteten diese Reformen als einen Angriff auf ihre althergebrachten Rechte.

Wie schon sein Großvater Maximilian hatte auch Karl mit dem Eigensinn der niederländischen Städte zu kämpfen. Die härteste Auseinandersetzung ergab sich ausgerechnet mit seiner Geburtsstadt Gent, die sich 1537 weigerte, ihren Steueranteil für seinen Krieg gegen Frankreich zu entrichten. Zunächst ermahnte der Kaiser die Stadt schriftlich: „Mehr als alle anderen habt ihr die Pflicht, eurem Fürsten beizustehen, weil ich selbst Genter bin", schrieb er. Als das nicht half, rückte er 1540 mit einer großen Truppenmacht aus Spanien an, ließ die Anführer des Aufstands hinrichten und zog alle Privilegien und Freiheiten ein. Im Zentrum von Gent ließ er eine Zitadelle mit permanenter spanischer Garnison errichten. Nur im Hemd und mit einem Strick um den Hals mussten die Genter ihn um Vergebung bitten – eine solche Demütigung hatten sie noch niemals erlitten. Und doch: Der Begriff *stroppendrager* – Strickträger – entwickelte sich in Gent zu einem Ehrennamen und Synonym für Widerstand gegen Tyrannei. Während der Genter Festwochen ziehen bis heute jedes Jahr Bürgerinnen und Bürger in diesem Aufzug durch die Straßen und bekennen sich zu Freiheit und Toleranz. Der Aufstand in Gent zeigte letztlich, wie gering die Durchsetzungskraft des „Weltenherrschers" Karl in den Niederlanden war. Er musste schon persönlich und mit drastischen Mitteln eingreifen, um das Primat der Zentralregierung in seiner eigenen Heimatstadt herzustellen. Bei nächster Gelegenheit waren neue Konflikte zu erwarten.

Porträt: Anna Bijns

Expertin in Liebesfragen

Frauen hatten im 16. Jahrhundert eher wenig zu sagen, ganz besonders solche, die weder adlig noch reich waren. Die Antwerpenerin Anna Bijns (1493–1575) war nur eine einfache Volksschullehrerin, die Tochter eines Schneiders und zudem auch noch unverheiratet, was sofort Misstrauen hervorrief. Und doch war diese alleinstehende Frau eine publizistische Macht erster Ordnung. Als geniale Schreiberin eroberte sie sich ein riesiges Publikum. Jede größere niederländische Stadt besaß im 16. Jahrhundert eine Rhetoriker-Kammer. *Rederijkers* nannten sich diese Dichter, die unter anderem Theaterstücke, Balladen und Gelegenheitspoesie produzierten und Wettbewerbe abhielten. Frauen durften den Gesellschaften nicht beitreten, und doch brachte es Anna Bijns weiter als all ihre männlichen Kollegen. Durch das neue Massenmedium des Buchdrucks fanden ihre oft hochaktuellen und pointierten Gedichte enorme Verbreitung, in lateinischer Fassung bis nach Spanien. Heute gilt sie als eine der größten Literatinnen niederländischer Sprache. Anna Bijns nahm kein Blatt vor den Mund. In einer nicht nachlassenden Flut von Kehrreimen – 30 000 sind erhalten – wetterte sie gegen alles, was ihr nicht gefiel, und das war einiges: von der Profitgier der Antwerpener Großkaufleute bis zu freizügigen Dekolletés. Vor allem aber ätzte sie gegen den Reformator Martin Luther. Aufgrund ihrer Radikalität war sie eine hoch umstrittene Figur. Doch gleichzeitig imponierten ihr Mut und ihre sprachliche Brillanz. Für die aus den Fugen geratene Welt der Reformationszeit fand sie zum Beispiel die Umschreibung: „Mich dünkt, die Welt steht auf Schlittschuhen." Ihr zweites großes Thema war die Liebe. Immer wieder kreisen ihre Texte um eine junge Frau, die eine feurige Liebesbeziehung mit einem attraktiven jungen Mann beginnt und dann von ihm sitzen gelassen wird. Alles deutet darauf hin, dass sie dies selbst erlebt hat, denn sie bekennt sich schuldbewusst dazu, in ihrer Jugend der „Wollust des Leibes" gefrönt zu haben. Damit wäre sie eine der ersten Frauen gewesen, die ein traumatisches Erlebnis durch Literatur zu verarbeiten versuchten. Daneben ist sie eine der ersten, die Sex aus weiblicher Perspektive beschreibt: So ist ihr Liebhaber zunächst wild und ungezügelt, wird dann aber in ihren Armen „fromm wie ein Lamm". Mal schwärmt sie von seinem *rooden mondt, veel soeter dan vijghen*, seinem „roten Mund, viel süßer als Feigen", dann von dem prallen Hintern ihres „Heiligen Georg". Ihr wichtigster Rat an alle Frauen: Heiratet nur einen, den ihr liebt, und nehmt euch Zeit für die Entscheidung! Allzu oft schon habe sich der Traumprinz als gewalttätiger Trinker und Spieler entpuppt. Gut sei die Ehe in erster Linie für den Mann, für die Frau bedeute sie ein Sklavendasein. Ihre Schlussfolgerung – für ihre Epoche geradezu revolutionär: „Am glücklichsten ist eine Frau ohne Mann."

Die von Karl angestrebte politische Einheit ließ sich in seinen Augen nur erreichen, wenn sie einherging mit religiöser Eintracht. Abweichlern drohten harte Strafen. 1523 wurden auf dem Grote Markt in Brüssel die beiden Augustinermönche Hendrik Vos und Johan van Essen, die sich den Ideen Martin Luthers zugewandt hatten, verbrannt. Sie waren die ersten evangelischen Märtyrer überhaupt. Ein Jahr vor der Hinrichtung hatte Karl die Inquisition in den Niederlanden eingeführt. Nach spanischem Vorbild war sie keine Einrichtung der katholischen Kirche, sondern des Staates. Von 1522 bis 1565 fällte sie 1300 Todesurteile, im Schnitt 30 pro Jahr. Dies ist keine hohe Zahl, wenn man bedenkt, wie alltäglich Todesstrafen in frühneuzeitlichen Gesellschaften waren. Die Hinrichtungen wurden jedoch von einem großen Teil der Bevölkerung quer durch alle Schichten als Unrecht empfunden, weil in den Niederlanden die humanistische, von Erasmus von Rotterdam geprägte Einstellung vorherrschte, dass man jedem Menschen Gewissensfreiheit zugestehen müsse. Die „Ketzer" waren in den Augen der Mehrheit zwar ohne Zweifel fehlgeleitet, aber eben keine Verbrecher. Einer der Verfolgten war der Kartograf Gerhard Mercator. Wegen „Lutherei" wurde er 1543 auf Burg Rupelmonde eingekerkert und erst nach fast einem Jahr wieder freigelassen. Andere, zusammen mit ihm festgenommene „Häretiker" wurden hingerichtet, zwei Frauen, Antonia van Roesmaele und Katelijn Metsys, gar lebendig begraben. 1552 wich Mercator in die niederrheinische Kleinstadt Duisburg in den toleranten Vereinigten Herzogtümern Jülich-Kleve-Berg aus und lebte dort bis zu seinem Tod 1594.

Die erste protestantische Bewegung, die in den Niederlanden Anhänger in namhafter Zahl fand, waren die Täufer. So kamen die beiden führenden Köpfe des Täuferreiches von Münster, Jan Matthys und Jan van Leiden, beide aus Holland. Die Täufer lasen die Heilige Schrift in ihrer Muttersprache und legten sie nach eigenem Verständnis aus. Ihre Radikalität und apokalyptische Endzeiterwartung begeisterten vor allem ärmere Bevölkerungsgruppen, die unter den bestehenden Verhältnissen nicht viel zu erwarten hatten. Nach der Katastrophe von Münster entwickelten sich die Täufer dann unter dem Einfluss des friesischen Theologen Menno Simons (1496–1561) zu einer äußerst friedfertigen Bewegung, die jede Form von Gewalt ablehnte. Die protestantische Strömung, die die Niederlande dauerhaft geprägt hat, war der Calvinismus. Johannes Calvin (1509–1564) – kein Theologe, sondern Jurist – fasste die reformierte Lehre in seiner „Institutio Christianae Religionis" auf sehr konsequente und systematische Weise zusammen. In der großen Verwirrung, die um die Mitte des 16. Jahrhunderts in Glaubensfragen entstanden war, bot diese Lehre vielen Menschen Halt. Anders als die Täuferbewegung sprachen Calvins Intellekt und Strenge vor allem die Elite und das Bürgertum an.

Die sich abzeichnende Spaltung des Christentums und die anhaltende politische Opposition in vielen Teilen seines Reiches ließen den „Universalmonarchen" Karl schließlich resignieren: Er trat zurück, ein beispielloser Schritt. Sein Sohn Philipp II. folgte ihm als König von Spanien nach, sein Bruder Ferdinand I. als deutscher Kaiser. Damit teilten sich die Habsburger in eine spanische und eine österreichische Linie. Am 25. Oktober 1555 gab Karl auch die Herrschaft über die Niederlande in einer bewegenden Zeremonie im Brüsseler Palast Coudenberg an Philipp ab. Der Mann, auf den sich der kranke und vorzeitig gealterte Kaiser dabei stützte, war allerdings nicht sein Sohn, sondern ein reicher junger Adliger, der in besonderem Maße sein Vertrauen genoss: Prinz Wilhelm von Oranien, der spätere Nationalheld der Niederlande.

Porträt: Pieter Bruegel

Großstädter mit diagnostischem Blick

„Bauern-Bruegel" – bei diesem Namen stellt man sich einen volkstümlichen Maler ländlicher Burlesken vor. In Wahrheit war Pieter Bruegel (ca. 1525–1569) ein distanzierter Großstädter, der erst in Antwerpen und dann in Brüssel, aber nie auf dem Land wohnte. Er war ein so klinisch genauer Beobachter, dass Mediziner seinen Figuren Jahrhunderte später alle möglichen Krankheiten attestieren können: von Kinderlähmung über Syphilis im zweiten Stadium bis hin zu fünf verschiedenen Augenleiden. Diese Krankheiten waren zu Bruegels Zeit unbekannt – alles, was man sehen konnte, waren die Symptome. Vorausgesetzt, man hatte einen geradezu diagnostischen Blick. Bruegel zählt zu den größten Erneuerern der Kunstgeschichte. Er war ein Mensch, der die Welt so sah, wie es noch niemand vor ihm getan hatte. Nie zuvor zum Beispiel hat jemand die Farben des Winters so eindrucksvoll wiedergegeben wie Bruegel auf seinem Gemälde „Jäger im Schnee". Man kann vom Licht sogar die Tageszeit ablesen: später Nachmittag. Die Jäger laufen auf ein typisches brabantisches Dorf zu, vor dem Groß und Klein auf einer Eisfläche Schlittschuh laufen. Das Leben spielt sich im Freien ab, selbst bei eisiger Kälte – denn „drinnen", das ist meist nur ein einzelner, von einer Feuerstelle verräucherter Raum. In den Hintergrund hat Bruegel ein Hochgebirge fantasiert. Als junger Mann hatte er eine Italienreise gemacht und beim Übergang über die Alpen – so formulierte es ein zeitgenössischer Autor – „Berge und Felsen verschluckt", um sie später als Gemälde wieder auszuspeien. Bruegel malte die „Jäger im Schnee" im Winter 1564/65, einem der strengsten seit Menschengedenken. Eisberge trieben durch die Nordsee und blockierten die Häfen, Vögel fielen tot von den Bäumen, Obstbäume gingen ein, die Ernte des kommenden Sommers erfror im Boden – es war der Beginn einer Kleinen Eiszeit, die Europa bis ins 19. Jahrhundert im Griff halten sollte. Im Durchschnitt war es zwei Grad kälter als heute, der erste Schnee fiel im November. Die Kälte war so beherrschend, dass Bruegel die Anbetung des Jesuskinds durch die Heiligen Drei Könige in einen Schneesturm verlegte – es ist die älteste Darstellung einer Weihnacht im Schnee. Im dichten Flockengestöber nimmt keiner der Dorfbewohner von der jungen Mutter Notiz, die mit ihrem Säugling in der äußersten linken Bildecke in einer offenen Bauernkate kauert. Nur die Fremden aus dem Morgenland wissen, dass sich an diesem unwahrscheinlichen Ort das wichtigste Ereignis der ganzen Heilsgeschichte abspielt: Gott wird Mensch – oder besser: Er wird ein *manneken* aus Brabant. Es kann kein Zweifel daran bestehen, dass Bruegel ein gläubiger Mensch war, aber aus seinen Bildern spricht eine deutliche Distanz zur Kirche. Nie malte er Heilige der katholischen Kirchengeschichte, nie stellte er biblische Gestalten idealisiert oder glanzvoll dar – sondern immer als Menschen seiner eigenen Welt. So spiegelt seine Kunst nicht nur das Alltagsleben und die Landschaft der Niederländer, sondern auch ihr verändertes Denken. Wer genau hinschaut, erkennt: Hier braut sich was zusammen.

Stichwort: Antwerpen

Das Abbild der Welt

Die untergehende Sonne hat das Diamantenviertel von Antwerpen in ein rubinrotes Licht getaucht. Vor der Börse stehen schwarz gekleidete chassidische Juden mit ihren hohen, pelzverbrämten Hüten und unterhalten sich auf Jiddisch. „Jerusalem an der Schelde" ist nur einer von vielen Namen für diese kaleidoskopische Stadt, die in jedem Viertel ein neues Gesicht offenbart. Exotik muss nicht immer an fernen Gestaden liegen, sie findet sich schon zwei Autostunden hinter Aachen.

Im 16. Jahrhundert unterhielten Köln, Frankfurt, Augsburg oder Nürnberg engere Verbindungen zu Antwerpen als zu den meisten deutschen Städten. Die Handelshäuser der Welser und Fugger steuerten von dort aus ihre internationalen Geschäfte. 1520 kam der Maler Albrecht Dürer in die Stadt, zeichnete den Hafen, bestieg den 123 m hohen Turm der Kathedrale mit seiner „gar lustigen" Aussicht und kaufte ein – lauter Dinge, die es zu Hause nicht gab. „Zu Antwerpen spart man keine Kosten", hielt er in seinem Reisetagebuch fest, „da ist Geldes genug". Spezialisierte Kunstmanufakturen sorgten für einen nie da gewesenen Ausstoß an Luxusartikeln wie Musikinstrumenten, Schmuck, Gobelins und Bildern. In Antwerpen bildete sich der erste Kunstmarkt heraus, der nicht für einzelne Auftraggeber, sondern für den freien Markt produzierte. Entsprechend standardisiert waren ihre Erzeugnisse: So beschränkten sich die in riesiger Zahl exportierten Flügelaltäre auf die beliebtesten Bibelszenen. Antwerpen hatte damals den Beinamen „Abbild der Welt", weil Portugiesen und Spanier dort die Schätze der Alten und Neuen Welt zusammentrugen. Vom Reichtum der *Sinjoren*, der Antwerpener Patrizier, zeugen heute noch das Rathaus und die Gildehäuser mit ihren Treppengiebeln und Goldskulpturen rund um den Marktplatz, aber auch das Plantin-Moretus-Museum, die einzige erhaltene Renaissance-Druckerei. Viele verschwiegene Orte kann man in der Altstadt entdecken. Plätze mit fast mediterraner Atmosphäre wie den Hendrik Conscienceplein mit einer von Peter Paul Rubens ausgestatteten Barockkirche; die Alte Börse in der Hofstraat 15 mit ihren verwunschenen Bogengängen, in denen einst die Kaufleute handelten; oder den gewundenen Vlaeykensgang, eine enge Stiege, in die nur noch das Glockenspiel der Liebfrauenkathedrale dringt. Von der Schelde weht der Wind den Geruch des nahen Hafens herüber, in der Luft kreischen Möwen. So kann man in Antwerpen noch ungestört seinen Gedanken nachhängen, doch gleichzeitig gilt: Nirgendwo in den Benelux-Ländern, auch nicht in Amsterdam oder Brüssel, sind die Ladenmieten so hoch wie auf Antwerpens Meir, der mondänen Einkaufsmeile mit ihren Warenhauspalästen aus der Belle Epoque. Um 1900 war für die französischsprachige belgische Oberschicht die Hauptstadt Brüssel nur *la capitale*, das großbürgerliche Antwerpen aber *la métropole*. Heute ist es kosmopolitischer denn je: Die gut 500 000 Einwohner gehören 170 Nationen an.

Der König und die Bettler. Die Teilung der Niederlande

Der spanische König Philipp II. (1527–1598) hatte, um es freundlich auszudrücken, große Probleme mit seinen niederländischen Untertanen. *Einen* Niederländer muss er jedoch geradezu verehrt haben, und das war der Maler Hieronymus Bosch aus dem Herzogtum Brabant. Mit 26 Werken war Philipp der größte Bosch-Sammler seiner Zeit. Sein Palast El Escorial muss voll von ihnen gewesen sein. Überall Spukspektakel, überall Monster-Karneval. Die „Sieben Todsünden" dienten dem König sogar als Beichtspiegel.

Philipp schätzte damit dieselben Bilder wie die Menschen, die 2016 zum 500. Todestag des Künstlers in die großen Bosch-Ausstellungen strömten. Aber er sah darin etwas anders. Heutige Betrachter erblicken in dem Kosmos von Bosch das zivilisatorische Unbehagen und den Horror ihrer eigenen Zeit: nackte Gefangene, denen das Messer durch die Kehle gezogen wird; Körper, die von brennenden Gebäuden in die Tiefe stürzen. Philipp dagegen sah in den Bildern die Zukunft: das höchst reale Strafgericht, das all jenen drohte, die auf Erden nur dem Geld und ihrem persönlichen Vergnügen hinterherhetzen. Auch ihn selbst konnte das treffen. Der Herr hatte ihn im Blick – ihn besonders. Er durfte ihn nicht enttäuschen.

Philipp hat gewiss vieles an den Niederlanden bewundert, aber er war dort ein Fremder, er war Spanier. Sein Name verwies zwar auf die burgundische Tradition – er war nach seinem Großvater Philipp dem Schönen benannt, der seinen Namen wiederum in Anlehnung an Philipp den Guten bekommen hatte –, aber er war in Spanien geboren und aufgewachsen. Niederländisch sprach er nicht, Französisch kaum. Seine Berater waren ganz überwiegend Spanier, und er regierte die Niederlande auch von dort. Gleichwohl tat er zunächst nichts anderes, als die Zentralisierungspolitik seines Vaters fortzusetzen. Als Erstes nahm er eine seit Längerem geplante Neueinteilung der niederländischen Bistümer vor. Der bisherige Zuschnitt war völlig überholt: In den gesamten Niederlanden gab es nur fünf Bistümer, die zudem den Erzbistümern Reims und Köln außerhalb der Niederlande unterstellt waren. Auf Betreiben Philipps beendete der Papst diesen Zustand und teilte die Niederlande in 18 Bistümer auf. Primas der Niederlande wurde der Erzbischof von Mechelen. Diesen Posten besetzte Philipp mit seinem Günstling Antoine Perrenot de Granvelle aus der Freigrafschaft Burgund. Als diese Pläne bekannt wurden, erhob sich in den Niederlanden ein Sturm der Entrüstung, unter anderem weil zur Finanzierung der neuen Bistümer die Einkünfte bestehender Abteien herhalten sollten. Zudem befürchtete man eine verstärkte Ketzerverfolgung. Der Adel war vor allem verärgert darüber, dass die höchste Position an einen Fremden von niederem Adel, an Granvelle, ging. Die niederländischen Adligen mit Prinz Wilhelm von Oranien (1533–1584), Graf Lamoral von Egmont (1522–1568) und Philippe de Montmorency, Graf von Hoorn (um 1524–1568), an der Spitze forderten daraufhin immer wieder Granvelles Abberufung. Sie drohten sogar damit, den Staatsrat geschlossen zu boykottieren. 1564 gab Philipp nach und zog Granvelle ab. Nun lag die Regierung faktisch bei den niederländischen Hochadligen, denn Philipp selbst weilte im fernen Spanien – jeder Brief nach Brüssel brauchte drei Wochen. Die Adligen machten ihre eigene Politik. „So sehr ich auch dem katholischen Glauben verbunden bin“, erklärte Wilhelm von Oranien am Silvestertag 1564 im Staatsrat, „ich kann es nicht gutheißen, dass Fürsten über das Gewissen ihrer Untertanen herrschen und ihnen die Freiheit des Glaubens und des Gottesdienstes nehmen wollen.“ Diese Äußerung war so ungeheuerlich, dass das konservative Staatsratsmitglied Viglius Zuichemus angeblich aus Aufregung darüber einen Schlaganfall erlitt.

Philipps Generalstatthalterin Margarete von Parma, eine uneheliche Tochter Karls V., verfügte über keine eigene Truppenmacht. Sie konnte deshalb wenig tun, als im April 1566 etwa 300 Vertreter des niederen Adels im Palast Coudenberg erschienen und ihr in demselben Saal, in dem elf Jahre zuvor ihr Vater abgedankt hatte, eine Bittschrift aushändigten – eine Bittschrift, die angesichts der bestehenden Machtverhältnisse eher ein Forderungskatalog war. Die verhassten Ketzergesetze sollten demnach vorläufig außer Kraft gesetzt werden. Wenn die niederen Adligen – ebenso wie der Hochadel – auch ganz überwiegend katholisch waren, so hatten doch viele von ihnen Vorbehalte gegenüber der römischen Kirche. Einige waren außerdem selbst zum Calvinismus übergegangen und vertraten ihre neu gewonnenen Überzeugungen mit großem Nachdruck. Um die wohl hochgradig angespannte Margarete zu beruhigen, raunte ihr ihr Berater Charles de Berlaymont während der kurzen Übergabe der Bittschrift zu: *„Quoi Madame, peur de ces queux?“* – „Aber Madame, Angst vor ein paar Bettlern?“ Dadurch prägte er, ohne es zu wollen, den Namen, der zum Sammelbegriff der Aufständischen werden sollte: Stolz bezeichneten sie sich als Bettler – niederländisch: *geuzen*.

Margarete hatte keine andere Wahl, als das Ersuchen zu bewilligen. Nun aber gab es kein Halten mehr – das niederländische *wonderjaar*, das Wunderjahr 1566, nahm seinen Lauf: Die Calvinisten wagten sich aus der Deckung und versammelten sich zu Tausenden unter freiem Himmel vor den Toren der Städte zu sog. Heckenpredigten. Pieter Bruegel fing die Atmosphäre dieser Zusammenkünfte in seinem genau zu dieser Zeit entstandenen Gemälde „Predigt Johannes des Täufers“ ein: Männer, Frauen und Kinder, Menschen aus allen

Schichten und Berufen einschließlich eines Wahrsagers, haben sich in Sichtweite einer Stadt unter Bäumen versammelt, um das Evangelium zu hören und Psalmen zu singen. Es blieb jedoch nicht bei solchen Aufläufen. Im August begannen kleine Gruppen überzeugter Calvinisten, den Bilderschmuck aus den Kirchen zu reißen, Heiligenbilder vom Sockel zu stoßen und Altargemälde zu zerfetzen. Dies war nur möglich, weil die Masse der Bevölkerung tatenlos zusah. Offenbar identifizierte sie sich kaum noch mit dem katholischen Glauben oder hatte selbst Bedenken gegen die bildliche Darstellung Gottes und heilsgeschichtlicher Szenen. Für Calvin waren es eindeutig Götzenbilder, die dem Gebot zuwiderliefen, dass sich der Mensch kein Bild von Gott machen dürfe. Die calvinistischen Bilderfeinde dachten damit ähnlich wie die Islamisten, die in der heutigen Zeit die Buddha-Statuen in Afghanistan oder die Tempelanlagen in der syrischen Oasenstadt Palmyra zerstören.

Die Ausschreitungen sind als *beeldenstorm* – Bildersturm – in die Geschichte eingegangen, doch anders als der Begriff suggeriert, ging es häufig nicht um einen Ausbruch spontaner Volkswut, sondern eher um gezielte Säuberungen aus religiöser Überzeugung. Dabei dürften die Calvinisten auch daran gedacht haben, dass sie nach dem nahenden Ende des Sommers Kirchengebäude nötig haben würden.

Die Verwüstungen kompromittierten die Regierung der niederländischen Adligen, die nun alles taten, um die Ordnung wiederherzustellen. So ließ Wilhelm von Oranien in Antwerpen drei Bilderstürmer hinrichten. Margarete von Parma warb Truppen an und zerschlug damit kleinere Einheiten, die von den Calvinisten zusammengebracht worden waren. Im Frühjahr 1567 waren öffentliche protestantische Predigten abermals verboten, und Margarete konnte Philipp II. melden, dass die öffentliche Ordnung wiederhergestellt war. Ihr Brief kam jedoch zu spät: Der König hatte bereits den Herzog von Alba, einen seiner fähigsten Generäle, mit 10 000 spanischen Elitesoldaten in die Niederlande beordert. Alba hatte zuvor für ein konsequentes Durchgreifen plädiert – andernfalls drohe ein ständiger Bürgerkrieg, wie in Frankreich zwischen Katholiken und Hugenotten. Margarete hielt eine solche Politik für falsch und trat nach Albas Ankunft zurück. Auch unter Philipps Beratern in Madrid gab es eine große Fraktion, die davor warnte, dass im Gegenteil gerade ein hartes Vorgehen zum Bürgerkrieg führen werde.

Vorerst aber unterstützte der König nun die Linie Albas. Um die Schuldigen für die Ausschreitungen des Vorjahrs zu bestrafen, richtete der Herzog in Brüssel ein Sondergericht ein, den Rat der Unruhen, von seinen Gegnern bald „Blutrat" genannt. Dieses Gericht verurteilte in den nächsten Jahren 1100 Menschen zum Tod. Unter ihnen waren auch die Grafen Egmont und Hoorn, also zwei der drei mächtigsten Männer der vorangegangenen Regierung; der dritte, Oranien, war geflohen. Ihre Enthauptung Anfang Juni 1568 auf dem Grote Markt in Brüssel ist eine der ikonischen Szenen sowohl der niederländischen wie der belgischen Geschichte. „Ganz Brüssel, das sich um das Schafott drängte, fühlte den tödlichen Schrei mit", schrieb Friedrich Schiller 1788 in seiner „Geschichte des Abfalls der Vereinigten Niederlande von der spanischen Regierung". Trotz der einschüchternden Gegenwart spanischer Soldaten tauchten viele Zuschauer ihre Taschentücher in das Blut, um sie als Reliquien aufzubewahren. Die Hinrichtung löste in Europa eine Schockwelle aus, selbst einige von Philipps Beratern bezeichneten das Vorgehen Albas als Willkürakt. Bebilderte Flugschriften machten das Ereignis binnen kurzer Zeit überall bekannt. Kunsthistoriker sehen auch in Bruegels „Bethlehemitischem Kindermord" einen Protest gegen die Willkürherrschaft: Der Künstler verlegte das Massaker einmal mehr in ein heimisches Dorf. Die Soldaten erinnern an spanische Elitesoldaten, und in ihrem schwarz gekleideten Anführer mit langem grauem Bart wollen viele den Herzog von Alba erkennen. Bruegel starb am 5. September 1569, neun Monate, nachdem ihn der Brüsseler Stadtrat von der Verpflichtung befreit hatte, spanische Soldaten in seinem Haus einzuquartieren. Der Kunsttheoretiker Karel van Mander wusste 35 Jahre später zu berichten, Bruegel habe seine Frau vor seinem Tod gedrängt, einige Zeichnungen von ihm zu verbrennen, da deren Beischriften „allzu bissig und spottgetränkt waren".

Auf der Flucht vor dem „Blutrat" wichen schätzungsweise 50 000 bis 60 000 Calvinisten nach England oder in deutsche Exilgemeinden wie Emden, Wesel, Duisburg und Frankfurt aus. Der prominenteste Flüchtling war Wilhelm von Oranien. Er hatte sich auf sein Stammschloss Dillenburg im Westerwald zurückgezogen, wo er 1533 geboren worden war. Da ihn Alba dort nicht ergreifen konnte, nahm er stattdessen seinen Sohn Philipp Wilhelm fest, der in Löwen studierte, und ließ ihn nach Spanien verschleppen. Außerdem beschlagnahmte er den Besitz Oraniens, des reichsten Manns der Niederlande. Insbesondere hatte er es auf das Hauptwerk von Hieronymus Bosch, den „Garten der Lüste", abgesehen, den Oranien in seinem Brüsseler Palast aufbewahrte. Einer zeitgenössischen Quelle zufolge wurde der Aufseher des Palasts grausam gefoltert, weil er nicht verraten wollte, wo sich das kostbare Kunstwerk befand. Alba beschlagnahmte es schließlich nicht im Namen der spanischen Krone, sondern für sich selbst. Nach dem Tod seines illegitimen Sohns Don Fernando 1593 gelangte das Werk in den Besitz der Krone; dies ist der Grund dafür, warum es sich heute im Prado befindet.

Nach der Entführung seines Sohnes und der Beschlagnahmung seines Besitzes hatte Oranien keine andere Wahl, als seine Ehre zu verteidigen, wenn er gegenüber seinen Standesgenossen glaubwürdig bleiben wollte. Von nun an war der Aufstand für ihn einerseits ein gerechter Streit gegen spanische Tyrannei und andererseits ein persönlicher Rachefeldzug. Der Prinz konnte dabei auf erhebliche finanzielle Unterstützung der lutherischen Fürsten im Reich zählen. 1568 unternahm er von Süden und Osten aus mehrere Einfälle in die Niederlande, die Alba jedoch mühelos zurückschlug. Dennoch hatten die Angriffe und die anhaltende Bedrohung durch Oranien weitreichende Folgen: Alba sah sich dadurch genötigt, seine Streitkräfte weiter aufzustocken, wodurch der Eindruck einer ausländischen Besatzungsmacht verstärkt wurde. Dazu kam, dass eine so große Armee sehr kostspielig war, und da die spanischen Staatsfinanzen durch den Krieg gegen den türkischen Sultan im Mittelmeer bereits stark belastet waren, verlangte Philipp von Alba, dass die Niederlande selbst dafür aufkommen müssten. Alba bereitete daraufhin mehrere neue Steuern vor. Eine davon war eine zehnprozentige Umsatzsteuer auf jeden Handel mit beweglichen Gütern, der sog. Zehnte Pfennig. Diese Art der Besteuerung war im Grunde zeitgemäßer und gerechter als die bis dahin üblichen Abgaben, da dadurch nicht mehr einseitig vor allem die Landwirtschaft belastet wurde, sondern eben auch der Handel und die städtische Industrie. Für die Niederländer war jedoch etwas ganz anderes entscheidend: Während bis dahin jede Steuerforderung immer wieder neu von den Staaten-Versammlungen hatte bewilligt werden müssen, sollte der Zehnte Pfennig eine permanente Steuer sein. Dies lief auf eine Entmachtung der Staaten und damit der Niederländer hinaus. Die Steuerpläne lösten deshalb einen Proteststurm aus, mehr noch: Die Behörden weigerten sich, die Steuer einzuziehen. In Brüssel traten sogar Bäcker, Metzger und Brauer in den Streik. Selbst als Alba die Läden und Kontore von seinen Soldaten besetzen ließ, zeigte dies keine Wirkung. Am 15. März 1572 fanden die Einwohner von Gent überall in den Straßen eine Parodie auf das Vaterunser, das „Vaterunser von Gent“:

> „Teufel unser, der du zu Brüssel haust,
> Verflucht sei dein Name, vor dem uns graust;
> Von uns dein Reich sich wende
> Zu lang ersehntem Ende. (...)
> Himmlischer Vater, der über uns thront,
> Mach, dass uns dieser Teufel verschont
> Samt seinem falschen, blutigen Rat
> Der stets nur Böses im Sinne hat.
> Und schick seine spanische Kriegermeute
> Zurück in die Hölle, dem Satan zur Beute.“

Diese Stimmung kam Oranien sehr entgegen. Er hatte inzwischen einen mächtigen ausländischen Verbündeten in dem französischen Hugenottenführer Gaspard de Coligny gefunden. Der charismatische Admiral tat sein Äußerstes, um den jungen französischen König Karl IX. zu einem Angriff auf die Niederlande zu überreden. Karl konnte dem Plan einiges abgewinnen: Er war zwar Katholik, aber in den Spaniern sahen die Franzosen ihre Erzfeinde – die Rivalen um die Vormacht in Europa. Seine Mutter Katharina von Medici hielt den Plan allerdings für sehr gefährlich: Sie befürchtete, dass ein Krieg gegen Philipp II. viele französische Katholiken gegen Karl aufbringen und so den seit zehn Jahren währenden Bürgerkrieg in Frankreich noch verschärfen könnte. So war die Krise der Niederlande mittlerweile zum Dreh- und Angelpunkt der gesamten europäischen Politik geworden.

Nach Oraniens Plan sollte Coligny von Süden aus vorstoßen, während er selbst von Osten her aus Deutschland einfallen wollte. Gleichzeitig sollten von See her die *Wassergeusen* angreifen. Diese Piraten waren aus den Besatzungen einiger Kriegsschiffe hervorgegangen, die 1568 die Streitkräfte Oraniens unterstützt hatten, bevor diese von Alba aufgerieben worden waren. Um danach weiter zu existieren, überfielen sie Handelsschiffe, und dies mit so großem Erfolg, dass sie schnell Zulauf bekamen und bald die ganze holländische und friesische Küste terrorisierten.

Oranien stattete etwa 30 ihrer Kapitäne mit Kaperbriefen aus, hatte jedoch kaum eine Möglichkeit, auf sie einzuwirken. Das zeigte sich auch, als die Geusen am 1. April 1572 ohne Absprache mit ihm den holländischen Küstenort Den Briel besetzten. Durch diesen Erfolg unter Führung des bestialischen Anführers Willem van der Marck aus der Gegend von Lüttich sahen sich viele nördliche Küstenstädte nun vor eine Wahl zwischen zwei Übeln gestellt: Entweder sie akzeptierten die verhassten spanischen Soldaten als Garnisonen oder sie ließen die furchtbaren Geusen herein. Letzteres hatte immerhin den Vorteil, dass man dann wieder ohne Angst Handel treiben konnte, weil man fortan ja selbst zu den Geusen gehörte. So kam es, dass innerhalb weniger Wochen eine ganze Reihe von Städten zu den Geusen überging, oft in einer Kombination aus äußerem Zwang durch die vor den Toren wartenden Piraten und innerem Druck durch die Calvinisten, die sofort die Gunst der Stunde erkannten und aus ihren Exilorten zurückkehrten. Wie schon während des Bildersturms konnte diese kleine Minderheit den Lauf der Ereignisse bestimmen, weil die große katholische Mehrheit eine unentschlossene, abwartende Haltung einnahm.

Oranien war nun unter Zugzwang geraten. Die Offensive der Geusen kam für ihn eigentlich zu früh, weil sein französischer Verbündeter Coligny noch nicht für die geplante Invasion Walloniens bereit war. Gleichwohl fielen Oraniens Truppen nun von Deutschland aus im Nordosten ein, während sein Bruder Ludwig von Süden her angriff und Mons, die Hauptstadt des Hennegau, einnahm. Auch Mechelen schlug sich auf die Seite des Prinzen. Dies alles sollte jedoch nur das Vorgeplänkel zu der ersehnten französischen Invasion sein. Alle Hoffnungen darauf zerschlugen sich jedoch auf dramatische Weise in der Nacht zum 24. August 1572, dem Bartholomäustag, als in Paris Tausende von Protestanten abgeschlachtet wurden, darunter Admiral Coligny. Die Pogrome wiederholten sich danach in vielen anderen Städten Frankreichs. Als mutmaßliche Hauptverantwortliche des Massakers gilt Katharina von Medici, die entschiedene Gegnerin einer Intervention in den Niederlanden.

Alba holte unverzüglich zum Gegenschlag aus. Zuerst zog er nach Süden und eroberte Mons zurück. Mechelen öffnete ihm freiwillig die Tore, gleichwohl wurde die Stadt drei Tage lang geplündert. Es war ein Akt von kalkulierter Grausamkeit: Wie von Alba erwartet, unterwarfen sich daraufhin reihenweise andere aufständische Städte. Nachdem er im Süden aufgeräumt hatte, zog er nach Osten, um Oranien von seinem deutschen Hinterland abzuschneiden. In Zutphen in Geldern schlachteten seine Soldaten etwa 700 Menschen ab; viele von ihnen wurden nackt unter das Eis der zugefrorenen Ijssel geschoben. Oranien war nun der Rückweg abgeschnitten. Er saß in Holland fest und fand sich damit ab, „diese Provinz zu meinem Grab zu machen".

Nun aber ereignete sich die erstaunlichste Wendung des gesamten niederländischen Aufstands: Die holländischen Städte leisteten erfolgreich Widerstand. Dies hatte unter anderem damit zu tun, dass sie von loyalen Gefolgsleuten Oraniens und feurigen Calvinisten dominiert wurden, die alles auf eine Karte gesetzt hatten und keine Schonung erwarten konnten. Die Belagerungen erwiesen sich als überaus schwierig, zumal der Winter eingesetzt hatte, und Winter waren in der Kleinen Eiszeit etwas anderes als heute. Haarlem gab erst nach sieben Monaten auf, die Belagerungen von Alkmaar und Leiden mussten die Spanier abbrechen, weil die Aufständischen das unter dem Meeresspiegel liegende Südholland kurzerhand unter Wasser setzten – es blieb auf Jahre hinaus überschwemmt. Albas Politik hatte geradewegs ins Desaster geführt, 1573 wurde er abberufen.

Mittlerweile zeigte sich, dass alle Schatzschiffe der Neuen Welt nicht ausreichten, um Spaniens Krieg in den Niederlanden zu finanzieren und gleichzeitig auch noch die Türken zu bekämpfen: 1575 musste Philipp zum zweiten Mal den Staatsbankrott erklären. Seine Truppen erhielten nun keinen Sold mehr und begannen zu meutern. 1576 überrumpelten sie Antwerpen, töteten 8000 Menschen, zündeten 600 Häuser an und erbeuteten eineinhalb Millionen Gulden. Das erst einige Jahre zuvor fertiggestellte Rathaus – das größte Europas – brannte vollständig aus. So hatte sich die Gewalt vom Norden in den Süden verlagert.

Der plötzliche Tod von Albas Nachfolger als Generalstatthalter, Don Luis de Requesens, tat ein Übriges, um die spanische Macht in den Niederlanden zusammenbrechen zu lassen. Das entstehende Vakuum wurde von den Staaten-Versammlungen ausgefüllt. Sie durften eigentlich nur zusammentreten, wenn der Generalstatthalter sie einberufen hatte, doch dies war nicht die Zeit für solche Feinheiten. Die Staaten nahmen Kontakt mit Oranien auf und einigten sich mit ihm in Gent auf einen Friedensvertrag.

Diese *Pazifikation von Gent* sah vor, die spanischen Soldaten zu vertreiben und alle Streitpunkte bei einer noch einzuberufenden Vollversammlung der Staaten zu lösen. Bis dahin sollte in religiösen Fragen der Status quo erhalten bleiben: In Holland und Zeeland sollten die Calvinisten an der Macht bleiben, die Katholiken aber nicht unterdrücken, in den übrigen Provinzen sollten die Protestanten nicht verfolgt werden. Damit war die Pazifikation ein Akt der Toleranz im Geist des nach Glaubensfreiheit strebenden Oranien. 1577 hielt der Prinz einen triumphalen Einzug in Brüssel, faktisch war er nun der neue Generalstatthalter – und die Niederlande waren unter seiner Regierung vereint.

So ist es dann allerdings nicht geblieben. Wilhelm von Oranien wird heute nur in den Niederlanden, nicht in Belgien als „Vater des Vaterlandes“ verehrt. In den Jahren nach seinem Triumph zeichnete sich langsam die Spaltung der 17 Provinzen ab. In der Vergangenheit haben Historiker dies damit zu begründen versucht, dass der Norden und der Süden doch zu unterschiedlich gewesen seien, um auf Dauer zusammenzubleiben, doch lässt sich das kaum belegen. Geradezu falsch ist es, für diese Zeit von einem protestantischen Norden und einem katholischen Süden zu sprechen – wenn schon, dann waren die Protestanten im Süden stärker vertreten, wobei die Katholiken überall die Mehrheit bildeten. Es waren andere Gründe, die die Einheit verhinderten: In der Praxis erwiesen sich die freiheitlichen Prinzipien der Pazifikation als schwer umsetzbar. Glaubensfreiheit war der Zeit einfach fremd. So gingen die calvinistischen Stadtregierungen von Holland und Zeeland bald doch dazu über, katholische Gottesdienste zu verbieten. Die größten südniederländischen Städte Antwerpen, Gent, Brügge und Brüssel wandelten sich zu radikal-calvinistischen Diktaturen. Unter diesen Umständen wandten sich viele Katholiken vom versöhnlichen Geist der Pazifikation ab und setzten wieder auf die Spanier. 1579 gründeten sie die Union von Arras (oder niederländisch: Atrecht), in der sie den König und dessen Generalstatthalter Alexander Farnese (1545–1592), den Herzog von Parma, anerkannten. Als Reaktion darauf schlossen sich gut zwei Wochen später mehrere nördliche Provinzen unter Führung Hollands zur Union von Utrecht zusammen. Diesem Verbund traten bald darauf auch calvinistisch dominierte Städte aus dem Süden wie Gent, Brüssel und Antwerpen bei. Sie schlossen sich also sozusagen – um es jetzt einmal bewusst anachronistisch zu sagen – den Niederlanden an und entschieden sich gegen Belgien. Dass sie nicht bei den Niederlanden geblieben sind, ist allein eine Folge militärischer Ereignisse (dazu im nächsten Kapitel mehr).

Noch einmal wurde auf neutralem Boden, in Köln, über Frieden verhandelt. Die Lösung des Konflikts wäre ein Religionsfriede ähnlich wie in Frankreich oder im deutschen Reich gewesen. Dies blieb für Philipp jedoch undenkbar: „Eher als auch nur die kleinste Beeinträchtigung des katholischen Glaubens zuzulassen, würde ich alle meine Länder und 100 000 Leben einbüßen, so ich sie denn hätte", war sein Credo. Aber auch die radikalen Calvinisten waren nicht zu Zugeständnissen bereit. So triumphierten die Extreme, und die Kräfte des Ausgleichs unterlagen.

Porträt: Der Herzog von Alba

Ein Berufsmilitär in der Schurkenrolle

Hin und wieder offenbarte der „Eiserne Herzog" einen Anflug von Humor. 65 Jahre habe er jetzt auf dem Buckel, schrieb er Anfang 1573, und das sei doch einiges „für jemanden, der sie nicht alle in völliger Ruhe verbracht hat". Dies war eine hübsche Untertreibung, denn der Herzog hatte sich in seinem langen Leben niemals Ruhe gegönnt. Seit er im Alter von 17 Jahren in der Schlacht von Pavia in Italien mitgekämpft hatte, hatte er sich für die spanische Krone geradezu aufgerieben, zunächst für König Karl, dann für Philipp. Den Posten des niederländischen Generalstatthalters hatte der stolze Kastilier nie angestrebt – „Flandern ist das schlimmste Land der Welt für Menschen meines Alters" –, und einmal in Brüssel, wollte er so schnell wie möglich wieder zurück nach Spanien. Dennoch stand für ihn außer Frage, dass er so lange bleiben würde, wie Philipp es wünschte. „Wenn ich einmal unter der Erde bin", sinnierte er 1572, „dann wird es ein Trost sein zu wissen, dass ich niemals meine Pflichten als Edelmann vernachlässigt habe und dass ich meinen Königen größere und hervorragendere Dienste erwiesen habe als irgendein anderer Gefolgsmann oder Soldat meiner Zeit." Die Nachwelt hat ihm diesen Trost nicht gegönnt. Fernando Álvarez de Toledo y Pimentel (1507–1582), der dritte Herzog von Alba, ist als Monster in die Geschichte eingegangen. In Goethes Drama „Egmont" sagt Margarete von Parma über ihn: „Jeder ist bei ihm gleich ein Gotteslästerer, ein Majestätsschänder: denn aus diesem Kapitel kann man sie sogleich alle rädern, pfählen, vierteilen und verbrennen." War er fanatisch? Wenn es darauf ankam, konnte er Realpolitiker sein und auch mit Protestanten verhandeln. 1559 riet er Philipp II., sich nicht mit den französischen Katholiken gegen die Hugenotten zu verbünden, da man den Franzosen generell nicht trauen könne. Auch war ihm bewusst, dass seine Besatzungsarmee zu einem großen Teil aus deutschen Protestanten bestand. War er grausam? Im 16. Jahrhundert war es gängige Praxis, die Bevölkerung einer eroberten Stadt abzuschlachten, wenn diese zuvor ein Kapitulationsangebot abgelehnt hatte. Allerdings gab Alba auch Städte zur Plünderung frei, die keine Gegenwehr geleistet hatten. Der niederländische Nationalheld Wilhelm von Oranien konnte indessen ähnlich rücksichtslos vorgehen, wenn er sich davon einen militärischen Vorteil versprach: Er hungerte das Umland von 's-Hertogenbosch zielgerichtet aus, indem er die Ernten der wehrlosen Bauern vernichten ließ. Einer der auffälligsten Unterschiede zwischen Oranien und Alba ist jedoch, dass der eine zumindest teilweise erfolgreich war, während der andere das genaue Gegenteil von dem erreichte, was er eigentlich wollte. Alba war das Feindbild, das nötig war, damit sich alle Niederländer – Katholiken wie Calvinisten, Adlige wie Bürger – gegen Spanien vereinten. Anstatt die Niederlande zu befrieden und das „Ketzertum" auszurotten, provozierte er einen allgemeinen Aufstand und den Triumph des Calvinismus im Norden. In diesem Sinne hat er die Geschichte Belgiens und der Niederlande nachhaltig beeinflusst.

Im Bann der Tollen Grete. Die spanischen Niederlande

Der schier endlose Krieg gegen den König von Spanien – er sollte letztlich 80 Jahre dauern – hatte für das spätere Belgien katastrophale Folgen. Viele Jahrhunderte lang hatten Flandern und Brabant zu den reichsten und fortschrittlichsten Regionen Europas gezählt, doch diese Epoche ging jetzt schlagartig zu Ende. Es scheint fast, als hätte der geniale Bruegel das Verhängnis kommen sehen. Um 1561 malte er *De Dulle Griet*, die Tolle Grete. Eine kolossale Frau mit starrem Blick und geöffnetem, zahnlosem Mund stapft durch ein offenkundig von Hieronymus Bosch inspiriertes Inferno voller Chaos und Krieg. Vor ihr: der geöffnete Schlund der Hölle. Die mit einem Schwert bewaffnete Riesin weiß dabei ihren Vorteil aus der Apokalypse zu ziehen: Sie ist mit Wertsachen wie einem Kessel voller Geld, einem Krug und einem Schmuckkästchen beladen. Bruegel spielt damit auf eine niederländische Redensart an, die besagte, jemand sei so furchtlos, dass er noch vor den Toren der Hölle plündere. Die Antiheldin erscheint hier als Verkörperung der Habgier, als Kriegsgewinnlerin. So ist die *Dulle Griet* ein immer aktuelles Bild gegen den Krieg, aber ganz besonders versinnbildlicht sie die Tragödie der durch Krieg verwüsteten südlichen Niederlande.

Nachdem Philipp II. 1580 auch noch König von Portugal mitsamt dem dazugehörigen Kolonialreich geworden war, stand er auf dem Höhepunkt seiner Macht und war entschlossener denn je, die abtrünnigen Niederlande

Eine Frau zum Fürchten. Die Dulle Griet von Pieter Bruegel (Ausschnitt).

zurückzuerobern. Der Mann, der dies bewerkstelligen sollte, war Alexander Farnese, der Herzog von Parma, ein ebenso brillanter Diplomat wie Militärstratege. Noch heute machen sich Niederländer und Belgier unzureichend klar, wie sehr dieser Italiener ihre Geschichte geprägt hat. Von Süden kommend, eroberte Parma immer größere Teile der Niederlande zurück. 1584 nahm er Brügge und Gent ein, Anfang 1585 Brüssel – alles calvinistische Hochburgen. Um auch Antwerpen, die mit Abstand größte Stadt der Niederlande, bezwingen zu können, schloss er die Westerschelde – Antwerpens Verbindung zur See – mit einer 730 m langen Schiffsbrücke ab. Die Antwerpener ließen Schiffe voller Sprengstoff, sog. Höllenmaschinen, gegen die Brücke treiben, wodurch einmal in einer einzelnen Aktion 800 Spanier getötet wurden. „Von dem Schlage des entzündeten Vulkans war die Schelde bis in die untersten Tiefen gespalten", schrieb dazu Friedrich Schiller in seiner „Belagerung von Antwerpen durch den Prinzen von Parma". Die Brücke hielt jedoch stand, und am 17. August 1585 kapitulierte Antwerpen nach 14 Monaten.

Die Rückeroberung der gesamten Niederlande schien jetzt nur noch eine Frage der Zeit zu sein. Doch ganz plötzlich stockte Parmas Eroberungsfeldzug. Es war nicht die Armee der Generalstaaten, die dies vollbrachte – sie war chancenlos –, nein, es war Philipp höchstpersönlich. In seiner zentralspanischen Einsiedelei war der König zu dem Schluss gelangt, dass die Niederlande einfacher zurückgewonnen werden konnten, wenn man zunächst ihren wichtigsten Verbündeten ausschaltete – das England der heute so berühmten Königin Elisabeth I. Er verfiel deshalb auf die Idee, dass Parma mit seiner unbesiegbaren Flandern-Armee nach England übersetzen und auf London marschieren solle. Um eine sichere Überfahrt der Truppen zu gewährleisten, entsandte Philipp eine mächtige Kriegsflotte: die Spanische Armada. Die Vorbereitung dieses kostspieligen – und bekanntermaßen desaströsen – Unternehmens nahm Jahre in Anspruch. Der Untergang der Armada 1588 bedeutete für Spanien einen empfindlichen Prestigeverlust, allerdings verschoben sich die Machtverhältnisse dadurch nicht, denn weiterhin verfügte Spanien dank seines überseeischen Reichs über beispiellose Mittel. Noch immer hätte Parma seinen unterbrochenen Siegeszug in den

Niederlanden fortsetzen können, doch wieder war es Philipp selbst, der ihn zurückhielt: Nun musste der General auf seines Königs Befehl hin in den französischen Bürgerkrieg zwischen Katholiken und Hugenotten eingreifen. Damit war Philipp nunmehr in Kriege mit England und Frankreich verwickelt. Die Gelegenheit auf die Rückeroberung der gesamten Niederlande war verspielt.

Was sich abzeichnete, war ein dauerhafter Bruch: Im Norden die unabhängige Republik der Vereinigten Niederlande und im Süden der Teil, der weiterhin zum Habsburgerreich Philipps II. gehörte. Dies hatte auch zur Folge, dass von nun an zwei verschiedene Generalstaaten existierten: die republikanischen in Den Haag und die königstreuen in Brüssel. Das Bestreben der burgundischen Herzöge und danach der habsburgischen Könige, aus den unterschiedlichen niederländischen Gebieten eine Einheit zu formen, war gescheitert.

Eine Konsequenz dieser Teilung war eine der größten Völkerwanderungen der Frühen Neuzeit. Historiker haben dokumentiert, dass sich während der Belagerung von Antwerpen jeder dritte Einwohner zum Protestantismus bekannte, die meisten davon zum Calvinismus. Ein weiteres Drittel bezeichnete sich als katholisch, während sich das letzte Drittel in den bewegten Zeiten mit ungewissem Ausgang lieber nicht festlegen wollte. Die milden Kapitulationsbedingungen des Herzogs von Parma sahen vor, dass jeder Protestant vier Jahre Zeit hatte, sich zum Katholizismus zu bekehren oder aber mit seinem Hab und Gut die Stadt zu verlassen. Die meisten entschieden sich für Letzteres. Dabei spielten auch wirtschaftliche Gründe eine Rolle, denn die Westerschelde und die flämische Küste wurden fortan von niederländischen Kriegsschiffen blockiert. Angenommen wird, dass allein in den ersten beiden Jahren nach dem Fall von Antwerpen 100 000 bis 150 000 Niederländer aus dem Süden nach Norden emigrierten. Antwerpen und Gent verloren auf diese Weise fast die Hälfte ihrer Einwohner; in Antwerpen fiel die Zahl von schätzungsweise 80 000 im Jahr 1585 (was bereits 20 000 weniger waren als auf dem Höhepunkt zwei Jahrzehnte zuvor) auf 42 000 im Jahr 1589, dem Jahr, in dem Parmas Ultimatum ablief.

Die meisten Emigranten siedelten sich in Holland an, der reichsten und bevölkerungsstärksten der nördlichen Provinzen, sowie im nahe bei Antwerpen gelegenen Zeeland. Die zeeländische Hauptstadt Middelburg konnte sich so binnen eines halben Jahrhunderts verdreifachen. Noch spektakulärer war der Aufstieg der holländischen Stadt Leiden, die die Nachfolge der flandrischen Textilzentren antrat: Von 13 000 Einwohnern im Jahr 1581 verdoppelte sie sich in 20 Jahren auf 26 000 – mehr als die Hälfte davon waren Flüchtlinge. Übertroffen wurde dies nur noch von Amsterdam, dessen Einwohnerzahl um 30 000 Zuwanderer anwuchs. In der gesamten Republik machten Südniederländer in den 1590er-Jahren etwa 10 % der Bevölkerung aus.

Ohne den Zustrom aus dem bis dahin weit überlegenen Süden wäre das nun anbrechende Goldene Zeitalter Hollands nie denkbar gewesen. Erst die Bankiers, Großkaufleute und Textilindustriellen aus Flandern und Brabant ermöglichten seinen Aufstieg zum Zentrum des Welthandels und zur führenden Wirtschaftsmacht des 17. Jahrhunderts. So war der Antwerpener Dirck van Os (1556–1615), der 1585 als einer der offiziellen Vertreter der Stadt seinen Namen unter die Kapitulationsurkunde gesetzt hatte, 1602 in Amsterdam einer der Gründer der Vereinigten Ostindischen Compagnie (VOC), die heute als erste Aktiengesellschaft betrachtet wird. Zu Beginn des 17. Jahrhunderts hatte ungefähr jeder dritte Amsterdamer einen südniederländischen Hintergrund, in Haarlem war es sogar jeder zweite. Diese Neubürger hoben sich durch einen Hang zum Luxus, wie extravagante Kleidung, von den Holländern ab. Der Dichter Gerbrand Adriaenszoon Bredero (1585–1618), ein waschechter Amsterdamer, verspottete den Typus des aufgeblasenen Südniederländers 1617 in seiner überaus erfolgreichen Komödie „Spanischer Brabanter". Im Mittelpunkt steht der Antwerpener Jerolimo, der bettelarm nach Amsterdam kommt, aber vorgibt, steinreich zu sein. Er schwärmt von seiner Heimat – *„O kayserlaijcke stadt! Hantwerpen groot en raijck …"* (O kaiserliche Stadt! Antwerpen, groß und reich …). Über Amsterdam sagt er: *„T'is wel een schoone stadt, moor 't volcxken is te vies"* (Es ist schon eine schöne Stadt, wenn nur die grässlichen Leute nicht wären). An seinem Diener stört ihn der plumpe holländische Akzent: *„Was ou moeyer noch maaght, ick liet ou een Brabander maken"* (Wäre eure Mutter noch Jungfrau, ließe ich einen Brabanter aus euch machen). Bredero hat den Neubürgern aus dem Süden ganz genau aufs Maul geschaut: Wenn man seinen Text heute laut vorliest, kann man sofort den Antwerpener Dialekt heraushören, der immer noch so klingt. Was sich auch nicht geändert hat, ist, dass die Einwohner von Antwerpen als *sinjoren* bezeichnet werden: Der Name spielt darauf an, dass sie sich als etwas Besonderes fühlen und sich viel auf ihren guten Geschmack und ihre Weltläufigkeit zugute halten. Noch heute ist Antwerpen als elegante Modestadt bekannt.

Die Südniederländer emigrierten aber nicht nur nach Holland und Zeeland, sondern auch nach Frankreich, England und vor allem nach Deutschland. Der spätere niederländische Nationaldichter Joost van den Vondel (1587–1679) wurde als Kind Antwerpener Flüchtlinge in Köln geboren. Einen großen Aufschwung durch Tausende Immigranten erlebte um 1590 Frankfurt, das zeitweise als „Tochter von Antwerpen" bezeichnet wurde. Jeder fünfte Einwohner war ein südniederländischer Flüchtling. Die meisten waren reformierte Wallonen aus Valenciennes, dem Hennegau, der Grafschaft Namur und dem Hochstift Lüttich sowie reformierte und lutherische Antwerpener. Das soziale

Spektrum reichte von armen Textilarbeitern über Goldschmiede und Diamantschleifer bis hin zu Großkaufleuten. Diese letzte Gruppe förderte das Bank-, Börsen- und Wechselwesen und trug dadurch wesentlich zu Frankfurts Entwicklung zum Finanzplatz bei. So war der aus Antwerpen stammende Bankier Johann von Bodeck (1555–1631) der reichste Einwohner der Stadt. Ebenso stärkten die Flüchtlinge mit neuen Druckereien, Verlagen und Buchhandlungen Frankfurts Stellung als zentraler Büchermarkt und Buchmessen-Standort. Als die lutherische Bürgerschaft die calvinistische Minderheit nach einigen Jahren zunehmend unterdrückte, zogen 1596 etwa 1500 der insgesamt 3000 reformierten (calvinistischen) Niederländer nach Hanau um.

Der Antwerpener Calvinist Hans de Witte (1583–1630) brachte es in Prag zum Finanzier des katholischen Generals Albrecht von Wallenstein. Der benötigte für seine Armee „ein par Million alle Jahr“. Am Kaiserhof in Wien wunderte man sich, wie er das Geld „aus dem ermel schitteln“ konnte, doch es war nicht der Feldherr, der dies tat, es war de Witte. Kein Sieg auf dem Schlachtfeld war denkbar ohne den Privatbankier, der von seinem Schreibtisch aus die Gelder beschaffte, ehe er am Ende bankrott ging und sich in seinem Brunnen ertränkte. Wallensteins Gegner König Gustav Adolf von Schweden wiederum bezog seine Kanonen von dem aus Lüttich stammenden Rüstungsfabrikanten Louis de Geer (1587–1652). Johan t'Serclaes van Tilly (1559–1632) aus Brabant stieg als Graf Tilly zum kaiserlichen Heerführer auf. Er war allerdings kein Calvinist, sondern ein glühender Katholik.

Für Antwerpen selbst hatte die Massenabwanderung katastrophale Folgen: Seine Einwohnerzahl halbierte sich auf weniger als 50 000, um danach langsam wieder anzuwachsen. Flandern und Brabant – über so viele Jahrhunderte gleichbedeutend mit Reichtum – standen am Abgrund. Doch dann geschah 1598 etwas, das im ersten Moment wie ein Wunder erschien: Philipp II., todkrank, schwer leidend und an den Rollstuhl gefesselt, gewährte den Niederlanden Unabhängigkeit – so schien es zumindest. Er übertrug die Souveränität über die 17 Provinzen (denn natürlich betrachtete er sich weiterhin auch als rechtmäßigen Herrscher über die aufständischen Gebiete im Norden) an seine Lieblingstochter Isabella Clara Eugenia (1566–1633), die ihn während seiner letzten Lebensjahre aufopferungsvoll gepflegt hatte. Zusammen mit ihrem Mann, Erzherzog Albrecht von Österreich (1559–1621), sollte sie als Generalstatthalterin über die Niederlande herrschen. Aus der Verbindung zwischen Isabella und Albrecht hätte neben dem spanischen und dem österreichischen Zweig des Hauses Habsburg auch noch ein niederländischer entstehen können. In dem Fall, dass das Paar kinderlos bleiben sollte – was letztlich eintraf –, sollten die Niederlande allerdings an Spanien zurückfallen.

Isabella und Albrecht wussten, dass ihr Land nichts so sehr brauchte wie Frieden, und sie haben sich ihr ganzes Leben mit äußerster Kraft dafür eingesetzt. 1609 wurde im Rathaus von Antwerpen ein zwölfjähriger Waffenstillstand mit der Republik geschlossen. Diese Periode gab dem erschöpften Land die Möglichkeit, zu Atem zu kommen. Die Wirtschaft erholte sich wieder etwas, auch wenn der Aufschwung in keiner Weise vergleichbar war mit dem allseits als Wunder bestaunten Boom der nördlichen Niederlande. Die Schelde wurde von den Holländern zudem weiterhin blockiert.

Auf den zahllosen Porträts der flämischen Barockmeister erscheinen Isabella und Albrecht dem heutigen Betrachter mit ihren grotesken Halskrausen und überreich bestickten Gewändern wie Darsteller aus einem verschwenderisch ausgestatteten Kostümfilm. Die Prachtentfaltung war bewusste Politik: Indem sich der Brüsseler Hof als künstlerisches Zentrum Europas profilierte, versuchte das Herrscherpaar an die burgundische Tradition der Niederlande anzuknüpfen. Vor diesem Hintergrund muss zum Beispiel das 1618 von Isabellas Hofmaler Peter Paul Rubens geschaffene Bildnis Karls des Kühnen in glänzender Rüstung gesehen werden.

Isabella war es sehr wichtig, deutlich zu machen, dass die Zeiten der Unterdrückung und Verfolgung auch im Süden vorbei waren. Sie suchte dafür den Kontakt zum einfachen Volk. Regelmäßig nahm sie an Schützenfesten teil und schoss dabei 1615 in Brüssel sogar den Vogel ab. Wenn sie auf ihrer Sommerresidenz Mariemont in der wallonischen Provinz Hennegau verblieb, tauchte sie gern auf Bauernhochzeiten in benachbarten Dörfern auf. Einmal holte sie sogar zusammen mit einigen Hofdamen das Heu ein. Der spanische Botschafter fand dies in höchstem Maße unpassend, doch Isabella hielt ihm entgegen, man könne die Niederlande nicht so abgehoben regieren wie Spanien. Vom Volk wurde Isabella verehrt. Sie sei „eine Prinzessin, begnadigt mit allen Tugenden ihres Geschlechts“, schwärmte Rubens, „durch lange Erfahrung geübt im Regieren unseres Volkes und frei von den irrigen Theorien, die alle Neulinge aus Spanien mitbringen“. Erzherzog Albrecht machte es sich zur Gewohnheit, am Gründonnerstag die Füße der Gläubigen zu waschen. Auf diese Weise schuf das erzherzogliche Paar durch einen geschickt inszenierten Personenkult um sich selbst ein verbindendes Band zwischen den Südniederländern.

Die wichtigste Entwicklung dieser Epoche war jedoch die Rekatholisierung des Landes. Die erste Hälfte des 17. Jahrhunderts war die Zeit, in der das spätere Belgien wirklich katholisch wurde. Prozessionen, Festgottesdienste und viele kirchliche Bräuche, die sich lange Zeit überlebt zu haben schienen, wurden nun wieder mit schwärmerischer Hingabe zelebriert. Es ist absolut erstaunlich, wie gründlich und umfassend die Gegenreformation binnen einer Generation triumphierte und das Land völlig verwandelte. Eine besonders positive Seite dieser Entwicklung war die Gründung zahlreicher Schulen durch die Jesuiten, eine besonders düstere die Hexenverfolgungen, die allerdings nicht solche Ausmaße erreichten wie in den deutschen Ländern. Sichtbare Zeichen der neuen Zeit waren die überall entstehenden Barockkirchen. Gotteshäuser, die von den Bilderstürmern geplündert worden waren, wurden wieder neu ausgestattet. In diesem Kontext muss die große kulturelle Blüte der südlichen Niederlande in der ersten Hälfte des 17. Jahrhunderts gesehen werden. So schuf allein Rubens bis zum Ende des zwölfjährigen Waffenstillstands 1621 mehr als 60 Altarbilder, ein Drittel davon für Kirchen in Antwerpen. Das religiöse Pathos der riesigen Rubens-Gemälde, wie man sie etwa in der Alten Pinakothek in München oder im Kunsthistorischen Museum in Wien bestaunen kann, wirkt auf heutige Betrachter oft irritierend, wird aber verständlich, wenn man sich die gesellschaftspolitische Atmosphäre vergegenwärtigt, in der sie entstanden: Südniederländer zu sein, hieß von nun an, katholisch zu sein. Auf diese Weise setzte sich der wirtschaftlich und politisch abgehängte Süden vom Norden ab und stellte trotzig seine eigene Identität heraus. Die Haltung war: „Ihr mögt reich und mächtig sein, aber wir wollen uns euch trotzdem nicht anschließen, denn wir sind katholisch, und das ist uns wichtiger!"

Die Opulenz, Vitalität und theatralische Dynamik des flämischen Barock prägte den Kunstgeschmack weit über die Niederlande hinaus. Als „Maler-Gott" befriedigte Rubens das Bedürfnis nach Bildfantasien in ganz Europa. Sein begabtester Schüler, der Porträtist Anthonie van Dyck (1599–1641), siedelte gleich ganz nach London über und verhalf als Hofmaler König Karls I. der englischen Upper Class zu Anmut. Sein Atelier war als „Schönheitssalon" bekannt, weil er eben wusste, was er seinen Kundinnen schuldig war. Jacob Jordaens (1593–1678), der letzte der drei großen Antwerpener Meister, entspricht mit seinem bombastischen Stil noch am ehesten dem Klischee vom überladenen Barock. Was man den Bildern nicht ansieht: Jordaens war Calvinist – und konnte als solcher bis auf eine Geldbuße unbehelligt in Antwerpen leben.

Dass Isabella und Albrecht letztlich doch keine souveränen Herrscher waren, zeigte sich allerdings spätestens 1621, als Spanien den Krieg gegen die niederländische Republik wieder aufnahm und ihre Proteste aus Brüssel schlicht ignorierte. Bei Isabellas Tod 1633 fielen die südlichen Niederlande auch offiziell wieder an die spanische Krone zurück. Von nun an führte in Brüssel eine kleine Clique von spanischen Militärs und Beamten die Befehle aus Madrid aus. Dort war man sich durchaus darüber im Klaren, dass eine Rückeroberung des Nordens inzwischen völlig unmöglich war, da die niederländische Republik selbst zu einer Großmacht aufgestiegen war. Die Regierung hoffte jedoch darauf, irgend-

Porträt: Peter Paul Rubens

Diplomat des Friedens

In Köln stehen viele berühmte Kirchen, aber St. Peter gehört nicht dazu. Das Gotteshaus liegt etwas versteckt und ist von außen unscheinbar. Drinnen aber gibt es etwas zu sehen: die „Kreuzigung Petri", ein gewaltiges Gemälde von Peter Paul Rubens (1577–1640). Es ist ein Spätwerk aus jener Zeit, als Europas Könige bei ihm Schlange standen, um noch ein Bild von diesem begehrtesten aller Künstler zu ergattern. Warum nur malte Rubens dann für die kleine Kölner Kirche? Die Antwort mag überraschen: Er hatte als Kind mehrere Jahre zu der Gemeinde gehört. Seine Eltern, Jan Rubens und Maria Pypelincx, waren 1569 auf der Flucht vor dem Herzog von Alba aus Antwerpen nach Köln gekommen und hatten dort Asyl erhalten. So kam es, dass auch der 1577 in Siegen geborene Peter Paul in Köln aufwuchs. Zunächst wurde er noch als Protestant erzogen, doch nach seinem fünften Geburtstag trat die Familie zum Katholizismus über und ging fortan in St. Peter zur Kirche. Als der Vater 1587 starb, wurde er auch dort begraben. Zwei Jahre später kehrte die Mutter mit ihren drei Kindern nach Antwerpen zurück. Peter Paul war zu diesem Zeitpunkt elf Jahre alt. Weitere elf Jahre später war er schon als Hofmaler in Italien tätig, und nach noch einmal elf Jahren war er Hofmaler von Erzherzogin Isabella. Er entwickelte sich zum international gefragten „Maler-Gott". Unermüdlich pendelte er von seiner Antwerpener Bilderfabrik aus nach Paris, Madrid oder London. Indem er sowohl für katholische Fürsten wie auch für ihre protestantischen Feinde arbeitete, wuchs er in die Rolle eines Sondergesandten hinein. Während ihm die Herrscher Modell saßen, lotete er mit dem Pinsel in der Hand die Möglichkeiten für eine politische Annäherung aus. So malte er 1629 die Allegorie eines Friedens, den er zur selben Zeit zwischen Spanien und England mit aushandelte. Den Krieg zwischen Spanien und den Niederlanden konnte aber auch er nicht beenden. Seine Enttäuschung darüber spiegelt sich in einer Reihe regelrechter Antikriegsbilder, die in der Kunst des 17. Jahrhunderts beispiellos sind und noch Picassos „Guernica" beeinflussten. Dazu gehören eine trauernde Frau inmitten von Toten und zwei Rücken an Rücken gefesselte Männer, die eindringlich die Ohnmacht von Kriegsopfern verkörpern. Seine eigene Vergangenheit als Kriegsflüchtling vergaß Rubens nie. Als alter Mann schrieb er 1637: „Ich liebe die Stadt Köln, weil ich da bis zu meinem zehnten Lebensjahr aufgezogen worden bin. Seit Jahren schon fühle ich oft den Wunsch, sie wiederzusehen." Zum Zeichen seiner Verbundenheit schuf er für St. Peter die „Kreuzigung Petri". Im Laufe der Zeit haben Fürsten und Sammler versucht, an das kostbare Kunstwerk heranzukommen. Französische Revolutionstruppen verschleppten es 1794 in den Louvre, englische Bomber verwüsteten die Kirche. Doch das Bild überdauerte alle Katastrophen und kehrte immer wieder zurück. Bis auf den heutigen Tag hängt es an dem Platz, für den Rubens es bestimmt hat.

wann einige militärische Erfolge zu erzielen, um dann einen gesichtswahrenden Frieden aushandeln zu können. Dieser Moment kam aber nie. 1648 war das erschöpfte Spanien schließlich bereit, die Unabhängigkeit der Rebellen-Republik im Westfälischen Frieden anzuerkennen: Damit wurde die Teilung der Niederlande endgültig. Der bestehende Grenzverlauf – das zufällige Ergebnis des vorangegangenen Krieges – wurde von beiden Seiten anerkannt. So kommt es, dass es heute in den Niederlanden eine Provinz namens Nord-Brabant gibt, aber kein Süd-Brabant – denn das liegt in Belgien. Auch ein kleines Stück Flandern mit Städten wie Sluis, Terneuzen und Hulst gehört zu den Niederlanden: *Zeeuws Vlaanderen* (Zeeländisch Flandern). Gent ist eine belgische Stadt, aber Sas van Gent, die befestigte Schleuse am Ende des Kanals, der die Stadt mit dem Meer verband, nicht: Dieser Ort ist Teil der niederländischen Stadt Terneuzen. All das macht deutlich, wie willkürlich und widernatürlich der Grenzverlauf ist.

So wie die heutige Nordgrenze Belgiens in der ersten Hälfte des 17. Jahrhunderts festgelegt wurde, bildete sich die Südgrenze in der zweiten Hälfte heraus. Zwischen Spanien und den spanischen Niederlanden lag die neue Supermacht Frankreich, und diese wollte sich nur zu gern nach Norden hin ausdehnen. Der Tod des spanischen Königs Philipp IV. im Jahr 1665 bot dem Sonnenkönig Ludwig XIV. einen willkommenen Anlass, Erbansprüche auf die spanischen Niederlande geltend zu machen und das Land zum ersten Mal zu überfallen. Dieser sog. Devolutionskrieg endete 1668 damit, dass Frankreich im Frieden von Aachen der südliche Teil der Grafschaft Flandern zugesprochen wurde. Lille und Douai fielen dadurch dauerhaft an Frankreich. Zehn Jahre zuvor war bereits die alte flandrische Freibeuter-Festung Dünkirchen französisch geworden. Die eroberte Region bildet heute den nördlichsten Streifen des Département Nord und trägt den Namen *Flandre*, Französisch-Flandern. Manche Einwohner sprechen dort noch den niederländischen Dialekt Westflämisch.

Ludwig XIV. gab sich mit diesen Zugewinnen keineswegs zufrieden, sondern marschierte während seiner langen Regierungszeit noch mehrfach in den spanischen Niederlanden ein, so dass diese allmählich das „Schlachtfeld Europas" genannt wurden. Die *Dulle Griet*, die Tolle Grete, ließ das Land nicht los, sie irrte weiterhin durch eine Landschaft voller Brandschatzung, Vergewaltigung und Tod. 1695 ließ Ludwig Brüssel bombardieren, obwohl dies keinerlei militärischen Zweck erfüllte. Ein Drittel der Stadt wurde zerstört, darunter auch der Grote Markt. Durch den anschließenden Wiederaufbau erhielt er allerdings erst seinen geschlossenen barocken Charakter, der ihn heute zu einem der schönsten Plätze der Welt macht.

Im Jahr 1700 starb der letzte spanische Habsburger, König Karl II., ohne Nachkommen. Daraufhin meldeten sowohl Ludwig XIV. als auch der deutsche

Stichwort: Manneken Pis

Symbol der Meinungsfreiheit

Es gibt eine auffällige Gemeinsamkeit zwischen dem Manneken Pis und der Mona Lisa: Beide sind sehr viel kleiner, als man erwarten würde. Das Brüsseler Wahrzeichen misst gerade einmal 61 cm. Es wurde 1619 im Auftrag der Stadt zur Verzierung eines Brunnens von dem Bildhauer Hieronymus Duquesnoy geschaffen. Das Motiv des Wasser lassenden Knaben war zu dieser Zeit in Brabant schon seit Jahrhunderten etabliert. Ihren niederländischen Namen hat die Skulptur ganz einfach daher, dass Brüssel noch bis etwa 1850 eine überwiegend niederländischsprachige Stadt war. Danach gab es Versuche, den Burschen in *Petit Julien* umzubenennen, aber ihnen war kein Erfolg beschieden. Der Bayer Maximilian II. Emanuel, der 1692 Generalstatthalter der spanischen Niederlande wurde, begann mit der Einkleidung der Statue. Er schenkte ihr ein Kostüm in Bayern-Blau. Dieses allererste Outfit ist verloren gegangen, doch die bayerische Vertretung bei der Europäischen Union hat 2001 für Ersatz gesorgt. Das Männlein besitzt inzwischen an die 1000 Kostüme, von denen ein Teil in einem eigenen Museum ausgestellt wird. Viele sind Geschenke von Regierungen aus aller Welt, darunter allein 18 aus Japan, wo sich das Manneken besonderer Popularität zu erfreuen scheint. Manche Ausstattungen stammen aus Ländern, die gar nicht mehr existieren, so gibt es eins aus der DDR, eine Soldatenuniform mit Säbel. Immer mal wieder ist das Männlein vom Sockel gestoßen, entführt oder verstümmelt worden. Als es 1747 von französischen Soldaten geraubt wurde, drohte ein Volksaufstand, so dass der zufällig in Brüssel anwesende König Ludwig XV. höchstpersönlich intervenierte. Er sorgte dafür, dass die Täter bestraft wurden und das Manneken schnell wieder an seinen Platz kam. Zusätzlich schenkte er ihm eine mit Goldfäden durchwirkte Brokat-Uniform, heute das älteste noch erhaltene Kostüm. Ein Mann, der es 1817 stahl und ihm die Unterschenkel absägte, wurde dafür zu lebenslanger Haft verurteilt. 1965 wurde das Manneken von Unbekannten brutal abgebrochen und in einen Kanal geworfen, aus dem es nur durch Zufall wieder herausgefischt wurde. Die Statue, die heute zu sehen ist, ist eine Kopie von 1965. Eine wesentlich ältere Version – ob sie das Original ist, ist umstrit-

61 Zentimeter Selbstbewusstsein. Das Manneken Pis, Wahrzeichen Brüssels und Belgiens. Die ursprüngliche Bronzefigur entstand 1619.

ten – befindet sich im Stadtmuseum von Brüssel. Das Manneken Pis ist heute nicht nur ein Symbol für Brüssel und Belgien. Der Junge, der in der Hauptstadt Europas auf die Straße pisst, steht ganz allgemein für Meinungsfreiheit, Widerstandsgeist und demokratische Werte. Dies zeigte sich zum Beispiel 2016 nach den Terroranschlägen in Brüssel, als über die sozialen Netzwerke sofort Bilder verbreitet wurden, auf denen das Manneken auf die Terroristen pisst. Darauf aufbauend, hat der Autor Geert van Istendael eine interessante Definition der Brüsseler Identität entwickelt: „Wir haben hier sehr großzügige Auffassungen zu der Frage, wer ein echter Brüsseler ist, oder genauer *'nen echten Brusseleir*. Wir lösen das ganz einfach: Jeder ist ein echter. Der Grund dafür liegt auf der Hand: So ziemlich jeder in unserer Stadt ist unecht. Wer aber die Ruchlosigkeit besitzt, das Manneken nicht kennen zu wollen, den schließen wir aus. Sehr entschieden. Irgendwo muss eine Grenze sein."

Kaiser Leopold I. Ansprüche auf den spanischen Thron an. Die Folge war der Spanische Erbfolgekrieg, an dessen Ende es Ludwig tatsächlich gelang, seinen Enkel Philipp V. als spanischen König durchzusetzen. Die österreichischen Habsburger wurden dafür im Frieden von Utrecht (1713) gleichsam mit einem Trostpreis entschädigt: Sie bekamen die südlichen Niederlande. Damit endete dort nach mehr als 150 Jahren die spanische Herrschaft.

Revolution von oben. Die österreichischen und die französischen Niederlande

In der Nacht vom 3. auf den 4. Februar 1731 konnte man im Umland von Brüssel einen Feuerschein über der Stadt erkennen. Was da brannte, war der Palast auf dem Coudenberg, eine der größten Schlossanlagen Europas. Ob ein nicht richtig gelöschtes Kaminfeuer, vergessene Kerzen oder ein übergekochter Topf Zucker zur Karamell-Herstellung die Katastrophe ausgelöst hatte, wurde nie wirklich geklärt. Die Flammen konnten sich jedenfalls ungehindert ausbreiten, da das herangeschaffte Löschwasser in der eiskalten Nacht gefror. Am nächsten Morgen bot sich ein deprimierendes Bild: Die Gemächer, in denen einst Philipp der Gute logiert hatte, lagen in Schutt und Asche. Von dem Saal, in dem die bewegende Abdankungszeremonie Kaiser Karls V. stattgefunden hatte, waren nur noch ein paar verkohlte Mauerreste übrig. Die Kapelle, in der die fromme Erzherzogin Isabella zu beten pflegte, stand zwar noch, wies aber Brandschäden auf. Fortan nannte man die Ruinen nur noch den „verbrannten Hof". Wieder aufgebaut wurde der Palast nicht mehr.

Wozu auch? Schon lange residierte auf dem Coudenberg kein richtiger Herrscher mehr, höchstens noch ein Statthalter von fremden Gnaden, ein Vertreter des Monarchen in Madrid oder Wien. Die südlichen Niederlande wurden aus der Ferne regiert. Wobei die Österreicher lange nicht durch übermäßiges Interesse an ihrem Außenposten auffielen. Mehrfach versuchte Wien, das ferne Land an der Nordsee gegen ein Gebiet einzutauschen, das ihm näher war, vorzugsweise Bayern. Daraus wurde aber nichts, und so musste man die Niederlande wohl oder übel behalten. Das einzige, was die Österreicher interessierte, war die pünktliche Entrichtung von Steuerabgaben; ansonsten überließen sie das Land weitgehend sich selbst. Die Kommunikation zwischen Wien und Brüssel lief auf Französisch, der Sprache, in der sowieso alle Fürstenhöfe und Regierungen miteinander parlierten. Die Südniederländer waren zufrieden. Das 18. Jahrhundert war im Vergleich zum 17. wieder eine deutlich bessere Zeit für das vom Krieg gebeutelte Land. Die Bevölkerung wuchs stetig, unter anderem aufgrund besserer Ernährung dank des Kartoffelanbaus. Unter der langen Regierung Maria Theresias wurden neue Handelswege etwa zwischen Aachen und Ostende angelegt, Straßen gepflastert und Kanäle ausgehoben. In Wallonien, wo es schon seit dem 12. Jahrhundert Bergwerke gab, wurde verstärkt Kohle gefördert; im 19. Jahrhundert sollte diesem Wirtschaftszweig noch eine große Zukunft beschieden sein. In der zweiten Hälfte des Jahrhunderts betrug die Gesamtbevölkerung der österreichischen Niederlande und des weiterhin unabhängigen Fürstbistums Lüttich etwa 2,65 Millionen. Die größte Stadt war das Verwaltungszentrum Brüssel mit etwa 75 000 Einwohnern, gefolgt von Antwerpen, Gent und Lüttich mit jeweils etwa 50 000.

In der späteren belgischen Geschichtsschreibung sind die österreichische, die spanische, habsburgische und burgundische Zeit oft als eine einzige Aneinanderreihung von Fremdherrschaften dargestellt worden. Auch heute ist diese Sicht noch sehr verbreitet, vor allem in den Medien: Dort wird das gespaltene Verhältnis der Belgier zum Staat bis hin zu Schwarzarbeit und illegalen Anbauten am Eigenheim stets damit erklärt, dass sie sich jahrhundertelang gegen ausländische Unterdrücker hätten behaupten müssen. Aus dieser Zeit hätten sie sich ein tief sitzendes Misstrauen gegenüber jeder Form von staatlicher Autorität bewahrt.

Diese Erklärung ist jedoch ein Mythos. Der österreichische Kaiser wurde von den Belgiern keineswegs als fremder Unterdrücker, sondern als rechtmäßiger Herrscher betrachtet. Rechtmäßig deshalb, weil ihm die Herrschaft nach den Regeln der Erbfolge zukam und dadurch letztlich von Gott abgeleitet war. Der Souverän musste nicht unbedingt ein Landeskind sein, zumal der Nationalstaat in der Frühen Neuzeit noch eher die Ausnahme als die Regel war. Die Belgier als geborene Anarchisten zu bezeichnen und dies auf ihren jahrhundertelangen

Widerstand gegen „fremde Machthaber“ zurückzuführen, entbehrt jeder historischen Grundlage. Wenn der jeweilige Herrscher die althergebrachten Rechte und Freiheiten der Südniederländer respektierte, waren diese ausgesprochen treue und brave Untertanen. Die österreichische Kaiserin Maria Theresia bezeichnete die Niederlande denn auch als ihre „einzig glückliche Provinz“, „gehorsam und loyal und ertragreicher als unsere verarmten und unzufriedenen deutschen Lande“. Ausdrücklich warnte sie ihren Sohn davor, sich zu sehr in die niederländischen Angelegenheiten einzumischen.

Dieser Rat allerdings stieß auf taube Ohren, denn Joseph II. hatte große Pläne. 1780 war es endlich so weit: Die Mutter starb, er übernahm die Regierung. Joseph betrachtete sich als aufgeklärten Monarchen und ersten Diener seines Staates. Sein Ideal war ein effizienter zentralistischer Musterstaat, der nach rein rationalen Kriterien handelte, frei von jeder Willkür und allein zum Wohle des Volkes. Dieses Ideal sollte keineswegs nur in den österreichischen Erblanden verwirklicht werden, sondern überall dort, wo Joseph Verantwortung trug. 1781 erschien der Kaiser deshalb persönlich in den südlichen Niederlanden. Der Besuch war eine Sensation, denn seit der Abreise Philipps II. im Jahr 1559 hatte kein Herrscher das Land mehr betreten. Liebend gern hätten die Südniederländer für den Kaiser rauschende Feste und Triumphzüge abgehalten und ihm gehuldigt, doch der nüchterne Joseph hasste jeden Aufwand. Er stieg nicht in Palästen ab, sondern in Gasthäusern, und kam meist durch die Hintertür. Seine Mahlzeiten waren einfach und wurden in kurzen Arbeitspausen eingenommen. Durch die Straßen bewegte er sich ohne Leibwache. Überall, wohin er kam, holte er unermüdlich Erkundigungen über Regierung, Verwaltung, Justiz, Bildungswesen und alle anderen Bereiche des öffentlichen Lebens ein. Zudem ließ er bekanntgeben, dass er sich in der Stadt aufhalte und für jedermann zu sprechen sei. Das ließen sich die Niederländer nicht zweimal sagen: Während seines Aufenthalts im späteren Belgien empfing Joseph binnen weniger Wochen mindestens 5000, wahrscheinlich aber noch viel mehr Menschen, die alle bestimmte Anliegen an ihn herantrugen. Unter anderem wurde ihm ein Antrag für die Finanzierung einer Krebstherapie vorgelegt; zivile Musiker aus Brüssel beklagten sich über die Konkurrenz durch Militärkapellen; ein Pfarrer unterbreitete ihm, er habe nach zehn Jahren des Studierens ein Rezept dafür gefunden, wie alle Untertanen Seiner Majestät glücklich werden könnten.

Dies allerdings glaubte der Kaiser sehr wohl selbst zu wissen. Nachdem er sich nunmehr ein Bild von der Lage gemacht hatte, nahm er nicht weniger in Angriff als eine Revolution von oben. Noch 1781 erließ er ein Toleranz-Edikt, das Protestanten und Juden Glaubensfreiheit garantierte (wobei es in den südlichen Niederlanden so gut wie keine Protestanten mehr gab). Wie zuvor schon in

Österreich hob er alle Klöster auf, deren Mönche oder Nonnen nur beteten und sich nicht durch Krankenpflege oder Schulbetrieb nützlich machten. Er führte die bürgerliche Eheschließung ein und unterstellte die Priesterausbildung der Aufsicht des Staates – die Priester sollten fortan als „Beamte im schwarzen Rock" ebenfalls dem Staat dienen. In einem Land, in dem der Katholizismus seit Erzherzogin Isabellas Tagen die unangefochtene Staatsreligion war, bedeutete dies einen radikalen Bruch mit der Vergangenheit. 1787 folgte eine Regierungs-, Verwaltungs und Justizreform: Die Provinzialstaaten wurden entmachtet, und das Land wurde in neun gleich strukturierte Provinzen aufgeteilt; die uralten Herzogtümer und Grafschaften verschwanden. Die bis dahin bestehende Vielzahl unterschiedlicher Gerichte wurde ersetzt durch einige zentrale und einheitlich strukturierte Gerichtshöfe. Vorsichtiger waren Josephs Reformen auf wirtschaftlichem Gebiet, wo er sich für Gewerbe- und Handelsfreiheit sowie für die Aufhebung der Handwerksgilden einsetzte. Dazu kamen viele weitere Reformen, wie die Abschaffung der Folter und ein Verbot von Begräbnissen in Kirchen und auf Kirchhöfen, wobei gleichzeitig die ersten modernen Friedhöfe außerhalb der Stadtmauern angelegt wurden.

All dies war zukunftsweisend – der Kaiser war seiner Zeit weit voraus. Die Eingriffe waren jedoch so radikal, dass er sich damit zwangsläufig viele Feinde machen musste: an erste Stelle die katholische Kirche, die von allen Kanzeln gegen die Maßnahmen predigen ließ, aber auch all jene, die durch die Dekrete ihre Funktion, ihre Einkünfte und ihre Machtbasis einbüßten. Dass der Kaiser all dies im Alleingang entschied, wurde als Angriff auf alte niederländische Rechte wie die *Blijde Incomst* von 1356 betrachtet. Ein Strom von Pamphleten prangerte die von oben verordneten Neuerungen an und politisierte die Bevölkerung. Vor allem Josephs Eingriffe in das Glaubens- und Brauchtumsleben veränderten den Alltag der Menschen. So strich der Monarch zum Beispiel die Zahl der arbeitsfreien Kirmes-Tage zusammen, die seit Menschengedenken das niederländische Volksleben prägten. Dieser Angriff auf das Althergebrachte und Landestypische zugunsten einer radikalen Vereinheitlichung nach österreichischem Vorbild führte erstmals zu einer Welle des Patriotismus und stärkte das Gemeinschaftsgefühl der späteren Belgier. Sein Generalstatthalter in Brüssel, Albert Kasimir von Sachsen-Teschen, warnte Joseph, dass „die ganze Nation durchtränkt ist mit begeistertem Patriotismus". Jeder erkläre, seinen letzten Tropfen Blut vergießen zu wollen, um die Umsetzung der kaiserlichen Bestimmungen zu verhindern. Ein junger ungarischer Adliger, der auf der Rückkehr aus England ins brodelnde Brüssel geriet, berichtete: „Die Bevölkerung ist wild entschlossen, alles Nötige zu tun, um ihre Freiheit und ihre althergebrachten Rechte zu verteidigen. Die Beschlüsse des Kaisers sind beiseite geschoben worden, und das ganze Land hat sich bewaffnet, genau wie vor 200 Jahren. Die Gouverneure wurden dazu gebracht, die ursprüngliche Staatsverfassung wiederherzustellen. Der Jubel ist unbeschreiblich. Jede Stadt ist illuminiert, der Adel gibt freie Tänze und Feste für das Volk, jeder Mann trägt eine gelbe und eine rote Kokarde als Zeichen seiner patriotischen Gesinnung. Es ist nicht bekannt, was der Kaiser zu all dem zu sagen hat."

Nun, der Kaiser war der Meinung, dass die Aufwiegler „aus dem Irrenhaus entlaufen" seien. In einem Gespräch mit dem britischen Botschafter klagte er, König Georg III. könne sicherlich nachempfinden, wie sich ein Herrscher fühle, gegen den seine Untertanen rebellierten, obwohl er nur die besten Absichten verfolgt habe. Georg hatte 1783 seine amerikanischen Kolonien verloren.

Als 1788 bei der gewaltsamen Räumung der bischöflichen Priesterseminare in Antwerpen Dutzende Bürger getötet wurden, formierte sich bewaffneter Widerstand. 1789 gelang es einer kleinen Armee von Freiwilligen, die Stadt Turnhout zu erobern, wonach die kaiserlichen Söldner – in den meisten Fällen ebenfalls Südniederländer – in großer Zahl desertierten oder abrückten. Ende des Jahres war das ganze Land mit Ausnahme von Luxemburg in der Hand der *Patrioten*. So hatte im Jahr der Französischen Revolution auch in den südlichen Niederlanden ein Umsturz stattgefunden, allerdings unter umgekehrten Vorzeichen: Die Brabanter Revolution, wie sie genannt werden sollte, war die reaktionäre Antwort auf eine nie da gewesene Modernisierung von Staat und Gesellschaft, es war eine Konterrevolution von unten gegen die Revolution von oben. Die überwiegend konservativen Südniederländer wollten zurück zum Ancien Régime, ja sie forderten die Wiederherstellung mittelalterlicher Verhältnisse. Gleichwohl war es die erste echte Demonstration eines belgischen Nationalgefühls. Man schloss sich zusammen gegen die Österreicher und verteidigte das, was einem wichtig war.

Der Kaiser in Wien stand vor den Trümmern einer Politik, die in seinen Augen kein anderes Ziel gehabt hatte, als das Leben eines jeden Bürgers zu verbessern. Die Niederlande brächten ihn ins Grab, seufzte er. „Ihr Land hat mich getötet. Der Verlust von Gent war meine Agonie, die Räumung Brüssels mein Ende." Kurz darauf war er tot.

In Brüssel wurden unterdessen im Januar 1790 die unabhängigen *États Belgiques Unis* ausgerufen, die Vereinigten Belgischen Staaten. Der Name war unverkennbar durch die kurz zuvor gegründeten Vereinigten Staaten von Amerika inspiriert. Vom staatlichen Aufbau her lehnte sich das Ganze jedoch nicht an die USA an, sondern an die niederländische Republik, die zu diesem Zeitpunkt in den letzten Zügen lag und alles andere war als ein Zukunftsmodell. Die eigentliche Macht lag in der morschen Republik nach wie vor bei den Ständeversammlungen der einzelnen Provinzen, und das war genau das, was die südniederländischen Partikularisten ebenfalls anstrebten. Die Politiker, die dort jetzt ans Ruder kamen, wollten im Schulterschluss mit der katholischen Kirche alle Reformen des Kaisers rückgängig machen und die alte Ständegesellschaft zementieren. Sie wurden deshalb als *Statisten* bezeichnet, ihre Führer hießen Hendrik van der Noot (1731–1827) und Petrus Johannes Simon van Eupen (1744–1804). Im Bürgertum gab es allerdings auch Befürworter einer demokratischen Erneuerung, wenn auch nicht unbedingt nach Josephinischem Zuschnitt. Nach ihrem Führer Jan Frans Vonck (1743–1792) hießen diese Progressiven *Vonckisten*. Sie hatten die Vertreibung der österreichischen Truppen wesentlich mit bewerkstelligt, wurden jetzt aber ins Abseits geschoben. Interessant sind die Statisten und Vonckisten vor allem deshalb, weil in ihnen bereits die beiden großen politischen Strömungen im Belgien des 19. Jahrhunderts angelegt sind: Katholiken und Liberale. Vorerst allerdings war ihre Rolle sehr vorübergehend, denn ehe man sich's versah, war das Experiment mit der Unabhängigkeit auch schon wieder vorbei. Sobald deutlich wurde, dass der neue Staat auf keine Unterstützung von Seiten Preußens rechnen konnte, nahm die österreichische Armee das Land wieder ein. Das war Ende 1790. Die Vereinigten Belgischen Staaten waren also nur ein Intermezzo von wenigen Monaten.

Zur selben Zeit hatte sich 1789 auch noch eine zweite Revolution auf dem Gebiet des späteren Belgien vollzogen: die Lütticher Revolution. Das Fürstbistum Lüttich war immer noch unabhängig, es hatte weder zu den burgundischen oder habsburgischen noch zu den spanischen oder österreichischen Niederlanden gehört, sondern bildete eine selbstständige staatliche Einheit innerhalb des Heiligen Römischen Reiches. Anders als die Brabanter Revolution hatte die Lütticher durchaus eine demokratische, antiklerikale Ausrichtung. Unter dem Eindruck der gerade eingetroffenen Berichte vom Sturm auf die Pariser Bastille besetzten Lütticher Bürger am 18. August 1789 das Rathaus und tauschten die amtierende Regierung durch spontan gewählte Bürgermeister und Ratsherren aus. Danach brachten sie die Zitadelle in ihre Gewalt, befreiten die Gefangenen und zwangen den erzkonservativen Fürstbischof Cäsar Konstantin Franz von Hoensbroeck, eine Liste mit Zugeständnissen zu unterschreiben. Anschließend machte sich der Bischof aus dem Staub und erwirkte beim Reichskammergericht in Wetzlar, dem obersten Gericht des Heiligen Römischen Reiches, eine Entscheidung, wonach die alte Ordnung wiederhergestellt werden musste. Nachdem die österreichischen Truppen die Niederlande wieder unter ihre Kontrolle gebracht hatten, marschierten sie 1791 auch in Lüttich ein und setzten alle Revolutionäre, die sie erwischen konnten, fest.

Doch nun überschlugen sich die Ereignisse: 1792 wurden die südlichen Niederlande von französischen Revolutionstruppen erobert. Zwar konnten die

Österreicher die Franzosen 1793 noch einmal vertreiben, doch am 26. Juni 1794 wurden sie in der Schlacht bei Fleurus endgültig geschlagen.

Zu dieser Zeit befand sich die Französische Revolution in ihrer radikalsten Phase, in Paris herrschte das Schreckensregiment von Maximilien de Robespierre. Der Feldzug in den südlichen Niederlanden wurde von dessen gefürchtetstem Mitstreiter befehligt, Antoine de Saint-Just. Man nannte ihn den „Erzengel des Terrors", denn engelsgleich sah er aus: blonde Locken, blaue Augen, sinnlicher Mund, baumelnde Ohrringe. Vor diesem 26 Jahre alten Jüngling zitterten die französischen Generäle, denn er stellte sie vor die Wahl: entweder siegen oder unter die Guillotine! Das wirkte Wunder. Nach der Eroberung plünderten die französischen Revolutionäre das Land skrupellos aus. Dies führte dazu, dass zahlreiche südniederländische Delegationen den Nationalkonvent darum ersuchten, ihr Land dem französischen Staatsgebiet zuzuschlagen – denn dann hätten seine Einwohner die gleichen Rechte wie alle Einwohner der französischen Republik. Tatsächlich wurden die ehemals österreichischen Niederlande einschließlich des früheren Fürstbistums Lüttich daraufhin am 1. Oktober 1795 Frankreich angegliedert. Dies bedeutete das definitive Ende der alten Herzogtümer, Grafschaften und Fürstbistümer. Stattdessen wurde das Land nach französischem Vorbild in neun Departements eingeteilt, die zentral von Paris aus regiert wurden.

Was Kaiser Joseph vergeblich versucht hatte, wurde von der französischen Revolutionsregierung nun im Schnellverfahren durchgesetzt: Die südlichen Niederlande wurden unwiderruflich in die Moderne katapultiert. Gemäß dem republikanischen Gleichheitsgrundsatz verfielen alle Adelsprivilegien. Zölle und Gilden wurden abgeschafft, Maße und Gewichte vereinheitlicht. Die katholische Kirche wurde schlagartig enteignet, alle Klöster und Abteien mussten schließen. Die Armen- und Krankenfürsorge übernahm der Staat. Es waren vor allem die antikirchlichen Maßnahmen, die bei den katholischen Südniederländern Abscheu und Entsetzen hervorriefen. 1797 wurden alle Priester angewiesen, einen Treueeid auf das Revolutionsregime zu schwören, Eidverweigerer wurden verfolgt. Die Entchristianisierung ging so weit, dass in Lüttich die Lambertuskathedrale abgerissen wurde, ein bedeutender gotischer Dom, den Jan van Eyck im Hintergrund seiner „Rolin-Madonna" abgebildet hatte. Die Initiative dazu ging von den Lütticher Patrioten aus, Anhängern der Revolution. Die Vernichtung der Kathedrale dürfte für die Lütticher ein ähnlich tiefgreifender Einschnitt gewesen sein wie für die Franzosen die Hinrichtung Ludwigs XVI. Im Zentrum der Stadt entstand dadurch eine riesige Lücke, die nie mehr geschlossen werden konnte. Heute markieren eiserne Säulen auf dem Place Saint-Lambert den genauen Standort des verschwundenen Wahrzeichens der Stadt.

Als 1798 auch noch die allgemeine Wehrpflicht für Männer zwischen 20 und 25 Jahren eingeführt wurde, kam es zu einer Reihe lokaler Aufstände gegen die Franzosen. Dabei wurden unter anderem Archive mit Einwohnerregistern in Brand gesteckt, um das Erstellen der Einberufungslisten zu erschweren. Auch das Läuten von Kirchenglocken – in ganz Frankreich verboten – war schon ein Akt des Widerstands. Die Aufstände wurden von den Franzosen jedoch rasch unterdrückt. Im 19. Jahrhundert bekamen sie in der belgischen Geschichtsschreibung den irreführenden Namen „Bauernkrieg"; Hendrik Conscience (1812–1883), der berühmten Autor des „Löwen von Flandern", verfasste einen gleichnamigen Roman. Mittlerweile hatte sich in Paris Napoleon Bonaparte die alleinige Macht gesichert. Sein Hauptziel war die Wiederherstellung der Ordnung bei gleichzeitiger Bewahrung der wichtigsten revolutionären Errungenschaften. Diese neue Linie wurde auch in den ehemaligen südlichen Niederlanden – nunmehr die nördlichsten Departements Frankreichs – mit Erleichterung aufgenommen. Als Napoleon 1801 ein Konkordat mit dem Papst abschloss und der Krieg gegen Kirche und Christentum damit beendet schien, freundeten sich viele Südniederländer mit dem Gedanken an, fortan als Franzosen durchs Leben zu gehen. Deutlich wurden nun auch die wirtschaftlichen Vorteile einer unmittelbaren Zugehörigkeit zum riesigen französischen Markt. Die Blockade der Schelde nahm nach mehr als 200 Jahren ein Ende, weil auch die nördlichen Niederlande von Frankreich erobert worden waren (wobei sie zunächst noch einen eigenständigen Satellitenstaat bildeten). Um die von der Verfassung garantierte Gleichheit vor dem Gesetz zu gewährleisten, wurde die Rechtsprechung in Gesetzbüchern genauestens festgelegt. Der Code Napoléon ist in Belgien noch heute – wenn auch stark verändert – in Kraft. Als Napoleon 1803 die nördlichen Departements besuchte, wurde er begeistert empfangen.

Als Franzosen sollten die einstigen Südniederländer fortan nur noch Französisch sprechen, ganz nach dem Motto: *une République, un peuple, une langue*. Das Niederländische wurde aus dem öffentlichen Leben verdrängt. Es stand nach offizieller Auffassung der Einheit und Gleichheit aller Bürger entgegen. Als einige flämische Gemeindeverwalter darauf hinwiesen, wie schwierig die Umschaltung auf eine andere Sprache in der Praxis umzusetzen sei, erwiderte ihnen der französische Innenminister: „Das Gesetz, Bürger, bestimmt ausdrücklich, dass alle öffentlichen Akten auf Französisch abgefasst sein müssen. Durch die Sprache wurden die Menschen auf höchst intime Art verbunden, und Sie müssen nachempfinden, wie wichtig es ist, dass dieses neue Band die Bürger der vereinigten Departements an die Republik bindet. Der Unterschiedlichkeit, die ein Hindernis für diese Einheit bedeuten könnte, muss ein Ende gesetzt werden. Jede Toleranz auf diesem Gebiet ist schädlich für das Allgemeinwohl."

Viele Angehörige der Mittelschicht – die vom wirtschaftlichen Aufschwung profitierte – waren stolz darauf, Teil der prestigeträchtigen französischen Kultur zu sein. Indem sie Französisch sprachen, setzten sie sich von den unteren Schichten ab und betonten ihren Status.

Mit der Zeit trat die Kehrseite der Napoleonischen Herrschaft, ein nicht enden wollender Kriegszustand, allerdings deutlich zutage. Viele tausend junge Männer wurden für die Feldzüge zwangsverpflichtet und kehrten nicht mehr zurück. Einen schweren Schlag für Napoleons Ansehen bedeutete sein erneuter Konflikt mit der katholischen Kirche: 1809 ließ er Papst Pius VII. sogar verhaften und internieren. Als er im darauffolgenden Jahr mit seiner neuen Gemahlin Marie-Louise von Habsburg erneut in die vormals österreichischen Niederlande fuhr, war die Stimmung merklich abgekühlt. Der das Paar begleitende österreichische Außenminister Klemens von Metternich meldete an seinen Herrscher nach Wien: „Im Monat Mai bereiste der französische Kaiser in Begleitung der Kaiserin die ehemaligen österreichischen Niederlande. Mit einem unbeschreiblichen Enthusiasmus wurde letztere und hingegen mit auffallender Kälte der Kaiser aufgenommen."

Der Russlandfeldzug mit einer Europa-Armee aus 20 Nationen leitete das Ende der französischen Herrschaft ein. 1814 zogen sich die Franzosen aus den südlichen Niederlanden zurück. Der Wiener Kongress musste nun darüber entscheiden, was mit dem Land weiter geschehen sollte. Einige Südniederländer waren für eine Rückkehr unter österreichische Herrschaft, doch in Wien lehnte man dankend ab. Kirchenführer plädierten für einen erneuten Anschluss an Frankreich, in dem nun wieder die katholischen Bourbonen regierten. Doch gerade das kam für die in Wien versammelten Mächte auf keinen Fall infrage. Ihnen ging es darum, die französische Macht zu beschränken und neuen Angriffskriegen vorzubeugen. Aus demselben Grund war man auch dagegen, einen unabhängigen südniederländischen Staat zu schaffen, denn ein so kleines Land würde – so die Befürchtung – bei erstbester Gelegenheit von Frankreich annektiert werden. Stattdessen entschloss sich der Wiener Kongress unter Führung des britischen Außenministers Viscount Castlereagh, alle niederländischen Gebiete zu einem Vereinigten Königreich zusammenzuschließen. So sollte eine europäische Mittelmacht entstehen, die nicht ohne Weiteres von Frankreich überrannt werden konnte, ein *boulevard de l'Europe contre la France*. Für das Modell hatte in Wien ein sehr entfernter Nachfahre Wilhelms von Oranien geworben, der nun als König des neuen Reiches ausgewählt wurde, denn ein Königreich sollte es in jedem Fall sein: Schließlich wollte der Kongress die Uhr zurückdrehen und das vorrevolutionäre Europa der Könige wiederherstellen. Noch bevor alles offiziell abgesegnet war, rief sich Wilhelm Friedrich von Oranien-Nassau (1772–1843) am 16. März

Stichwort: Waterloo

Wo Napoleon seinen Hut verlor

Noch im Jahr 1904 konnte die Engländerin Elizabeth Watkins von der Schlacht von Waterloo erzählen, die sie als fünfjähriges Mädchen miterlebt hatte. Zusammen mit ihrer Mutter Mary hatte sie am Rande des Schlachtfelds britische Verwundete versorgt. 89 Jahre später erinnerte sie sich daran, dass sie Kleidung in Streifen gerissen hatte, um damit Wunden abzubinden. Fast 200 000 Soldaten standen sich an jenem 18. Juni 1815 in den Weizenfeldern kurz vor Brüssel gegenüber, mehr als 40 000 starben oder überlebten verletzt, oft als Krüppel. Der schottische Militärarzt Charles Bell hat die furchtbaren Verwundungen und Verstümmelungen auf Aquarellen festgehalten. In der darauffolgenden Nacht wurden Tote und Sterbende nicht nur ihrer Kleidung und Schuhe beraubt, vielmehr brachen spezialisierte Leichenfledderer ihnen häufig auch die Zähne aus dem Mund. Mit vernieteten Metallstiften befestigt, ersetzten diese *Waterloo teeth* den Lebenden ihre ausgefallenen Zähne. Napoleon hatte sich unterdessen aus dem Staub gemacht. Die Preußen setzten ihm nach und waren ihm so dicht auf den Fersen, dass er in aller Eile von seiner Kutsche auf ein Pferd umsatteln musste. Als die Preußen das zurückgelassene Gefährt erreichten, sahen sie davor auf dem Boden einen schwarzen Zweispitz liegen – die Kopfbedeckung Napoleons. Offenbar sei ihm der „Huth“ beim Sprung aufs Ross „abgefallen“, berichtete Blücher in einem Brief an seine Frau. Das Exemplar – von dem man weiß, dass Napoleon es erst am Morgen der Schlacht zum ersten Mal aufgesetzt hatte – befindet sich heute im Deutschen Historischen Museum in Berlin. Schon am nächsten Morgen, einem Montag, setzte der Schlachtfeld-Tourismus ein: Ein englischer Offizier beschrieb später, wie ein elegant gekleideter Herr einer Kutsche entstieg und sich neugierig umsah, wobei er sich ein parfümiertes Taschentuch gegen die Nase presste. Das epochale Gemetzel war in Deutschland bis ins 20. Jahrhundert unter dem Namen „Schlacht bei Belle Alliance“ bekannt, weil Generalfeldmarschall von Blücher diese Bezeichnung benutzte. Ein Gasthaus dieses Namens hatte Napoleon als Hauptquartier gedient. Der Herzog von Wellington bevorzugte jedoch die Bezeichnung „Schlacht von Waterloo“, weil er in einem Dorf dieses Namens seinen Bericht über die Schlacht verfasst hatte. Aufgrund der Dominanz der englischen Sprache wurde der Ortsname weltweit zum Synonym für ein absolutes Desaster. Das Schlachtfeld ist bis heute unbebaut – bis auf den 40 m hohen Löwenhügel, den der niederländische König Wilhelm I. 1826 anlegen ließ, gekrönt von einem 28 Tonnen schweren Bronzelöwen. Der 18. Juni war im Vereinigten Königreich der Niederlande Nationalfeiertag. Nach der Unabhängigkeit Belgiens 1830 kam immer wieder einmal die Forderung auf, das „niederländische Denkmal“ einzureißen. Das ist jedoch nie geschehen, und so wacht der Löwe heute immer noch einsam über das Feld, auf dem die *Grande Armée* unterging.

1815 in Den Haag selbst zum König aus. Er verwies dabei auf die burgundischen und habsburgischen Niederlande und brachte seine Freude darüber zum Ausdruck, dass seinem Vaterland nun ein ansehnliches Territorium „hinzugefügt" werde. Diese Formulierung ließ tief blicken, denn sie zeigte, dass der Oranier den Zusammenschluss als eine Ausbreitung des Nordens nach Süden verstand. Dort war man denn auch alles andere als begeistert. Die Aufmerksamkeit wurde jedoch schnell abgelenkt, als vier Tage später der nach Elba verbannte Napoleon in Paris eintraf und erneut die Regierung übernahm. Der Bourbonenkönig Ludwig XVIII. floh nach Gent, in den südlichen Niederlanden sammelten sich britische, preußische und auch niederländische Truppen. Napoleon zog ihnen entgegen. Im Morgengrauen des 18. Juni 1815 erklärte er: „Heute Abend werden wir in Brüssel schlafen." Ein Irrtum, denn an diesem Tag verlor er die Schlacht von Waterloo. Die Nachricht von Napoleons endgültiger Niederlage wurde in den gesamten Niederlanden mit Euphorie aufgenommen. Der 22 Jahre alte niederländische Kronprinz Wilhelm, der in der Schlacht an der Schulter verletzt worden war, war der Held der Stunde. Waterloo wurde zum Gründungsmythos des Vereinigten Königreichs: Nord und Süd hatten sich dort unter dem Kommando eines Oraniers die Freiheit erkämpft. Im Zweiten Pariser Frieden wurden der wallonischen Provinz Namur einige kleine Ortschaften aus Frankreich zugeschlagen. Keine eindeutige Regelung konnten die in Wien versammelten Mächte für ein winziges Stückchen Land bei Aachen erzielen, das aufgrund einer Zinkmine Begehrlichkeiten weckte. Das Gebiet wurde sowohl von den Niederlanden als auch von Preußen beansprucht. Da sich die beiden Mächte partout nicht einigen konnten, gründeten sie schließlich einen 3,4 Quadratmeter großen Ministaat: Neutral-Moresnet. Erst mit dem Versailler Vertrag von 1919 sollte dieses kuriose Gebilde rund um den Ort Kelmis mehr als ein Jahrhundert später an Belgien fallen.

Von Anfang an hatten die Vereinigten Niederlande etwas Doppelgesichtiges. Sie besaßen zwei Hauptstädte: Amsterdam und Brüssel. Und sie hatten auch zwei verschiedene Namen: Auf Niederländisch hießen sie *Koninkrijk der Nederlanden* und auf Französisch *Royaume des Belgique* – Königreich Belgien. Seine Untertanen nannte der König auf Niederländisch *Nederlanders*, auf Französisch *Belges*. Ob das auf Dauer gutgehen konnte?

Stichwort: Pommes frites

Spiegel der belgischen Seele

Wohl jeder Belgier hat noch eine Szene aus Kindertagen im Kopf, als er oder sie an einem eiskalten Wintertag oder in einem prasselnden Regenschauer ausgehungert mit einer Tüte Pommes frites unter dem Vordach einer Frittenbude stand. Vor sich die dampfend heißen Kartoffelstäbchen, goldgelb und mit einer feinen Prise Salz bestreut. Kein späteres kulinarisches Erlebnis kann damit verglichen werden. Flamen und Wallonen stimmen hier hundertprozentig überein. Die Ursprünge der Pommes frites liegen im Dunkeln. Gern wird in Belgien behauptet, sie seien Ende des 17. Jahrhunderts in Wallonien erfunden worden. Dort habe man Fische aus der Maas gefangen und frittiert, fror der Fluss aber zu, habe man stattdessen Kartoffeln in die Form dünner Fische geschnitten und diese ebenfalls frittiert. *Voilá, la frite!* Die Quellenlage für diese schöne Geschichte ist leider sehr dürftig, zumal Kartoffeln erst seit 1709 für die südlichen Niederlande belegt sind. Neben den Belgiern erheben auch die Franzosen Anspruch auf die Erfindung der *French fries*. Doch selbst sie werden heute kaum bestreiten, dass Belgien das Pommes-frites-Land par excellence ist. In dem französischen Comic „Asterix bei den Goten“ tritt ein belgischer Druide namens Spürnix auf, der dank eines Zaubertranks Pommes frites mit bloßen Händen aus dem heißen Öl nehmen kann. Fest steht, dass Fritten zunächst auf Jahrmärkten und Nachbarschaftsfesten auftauchten. Gegen Ende des 19. Jahrhunderts kamen feste Verkaufsbuden auf, als erstes vor Bahnhöfen. Die Frittenbude ist eine belgische Institution. Es gibt sie als mit Kunstmarmor verkleideten Palazzo, als zusammengezimmerte Wellblechhütte, als weißgrauen Kirmes-Caravan, als winzigen Verschlag in der Fußgängerzone. Häufig hat die Bude etwas Behelfsmäßiges, nie ist sie Teil einer uniformen Kette. Im Ersten Weltkrieg entstand hinter den Stellungen der belgischen Armee am Fluss Yser ein „Frittenboulevard“. Das Erfolgsgeheimnis der Fritte liegt darin, dass sie zwei preiswerte Zutaten vereinigt: Kartoffeln – das Hauptnahrungsmittel des 19. Jahrhunderts – und Fett. Richtige belgische Fritten werden in Rinderfett zweimal frittiert, und zwar so lange, bis sie „singen“. Versierte Frittensieder schwören, dass sie am „Gesang“ der brutzelnden Fritten erkennen können, wann sie fertig sind. Die Vielfalt der Soßen im „Königreich Frittannien“ ist für jeden Ausländer verblüffend. In vielen belgischen Familien gibt es einen festen Pommes-frites-Tag in der Woche, häufig ist es der Freitag. Oder man pflegt die Gewohnheit, nach einem Fußballspiel oder nach dem Konzert bei *Frituur Jean* an der Ecke vorbeizuschauen. Nach dem Urlaub muss unbedingt direkt hinter der Grenze an der ersten Frittenbude angehalten werden. In diesen Buden steht der Stammkunde neben dem zufällig vorbei gekommenen Passanten. Mit der Pommesgabel in der Hand sind alle gleich. Das spezielle Essbesteck kam in den 1950er-Jahren auf und war zunächst aus Holz. Serviert werden sollten die Fritten in der traditionellen, unten spitz zulaufenden Papiertüte. Sie weist eine unverkennbare Ähnlichkeit zum „Horn des Überflusses“ auf, wohl bekannt von flämischen Barockstillleben.

KAPITEL 3

Land unter Dampf – Belgien im 19. Jahrhundert

Opernabend. Die belgische Revolution

Belgien ist aus einer Oper hervorgegangen. Das ist der Gründungsmythos des Landes, und er entspricht bis zu einem gewissen Grad tatsächlich den historischen Tatsachen. Am 25. August 1830 wurde im Brüsseler Opernhaus *La Monnaie* (Die Münze) „Die Stumme von Portici" aufgeführt. Das Werk des französischen Komponisten Daniel-François-Esprit Auber (1782–1871) war seit seiner Uraufführung zwei Jahre zuvor in Paris ein durchschlagender Erfolg. Es gab Massenszenen, fahrende Schiffe und brennende Städte auf der Bühne. Inhaltlich drehte es sich um einen historischen Volksaufstand unter Führung des Fischers Masaniello, der 1647 in Neapel vorübergehend zur Vertreibung der spanischen Herrscher geführt hatte. Die begeisterte Aufnahme der Oper in Frankreich führte dazu, dass sie bald auch in Brüssel und Den Haag aufgeführt wurde, sogar in Anwesenheit von König Wilhelm I, der bei dieser Gelegenheit stürmisch gefeiert wurde. Als allerdings im Sommer 1830 der französische König Karl X. durch die Julirevolution gestürzt wurde, heizte sich die Stimmung in Europa und auch in den Niederlanden zunehmend auf. Unter diesen Umständen sei es ein „Spiel mit dem Feuer", die Oper noch aufzuführen, warnte der österreichische Botschafter in Den Haag, Graf Felix von Mier, bereits am 2. August in einem Brief an Staatskanzler von Metternich. Der neapolitanische Aufstand biete zahlreiche Anknüpfungspunkte zu der derzeitigen politischen Lage, was seine Wirkung auf das Publikum nicht verfehle. Vor allem an der Stelle, an der die königliche Wache vom Pöbel abgeschlachtet werde, komme es jedesmal zu Begeisterungsausbrüchen. Aus dem Dunkel des Zuschauerraums ertönte dann auch so manche umstürzlerische Parole.

Nachdem es am 1. August zu Zwischenfällen gekommen war, wurde die weitere Aufführung der Oper zunächst untersagt, was ihre Aktualität und Brisanz noch steigerte. Für den 25. August wurde dann aber doch wieder eine Aufführung zugelassen, um den 58. Geburtstag König Wilhelms am Vortag zu feiern. In Brüssel waren zu dieser Zeit aufrührerische Plakate aufgetaucht, auf denen stand: „Montag: Feuerwerk. Dienstag: Illumination. Mittwoch: Revolution." Die geplante Illuminierung des Brüsseler Stadtparks wurde dann doch lieber abgesagt, um dem Vorwurf der Verschwendung öffentlicher Gelder vorzubeugen. Offizielle Begründung dafür war schlechtes Wetter. Aber die Revolution am Mittwoch – die fand wie angekündigt statt.

Diesmal war es schon das Duett *Amour sacré de la Patrie* im zweiten Akt, bei dem es die Zuschauer nicht mehr auf den Stühlen hielt. Die Hauptfiguren Masaniello und Pietro – Ersterer wurde von dem berühmten französischen Tenor Jean-François Lafeuillade gesungen – schmetterten dem Publikum geradezu einen Aufruf zur Revolte entgegen:

Viel lieber Tod als ein schimpfliches Leben,
In Schmach und Sclaverei verbracht;
Weg mit dem Joch, vor dem wir erbeben,
Weg mit dem Fremdling, der uns'res Jammers lacht.
Das theure Vaterland zu retten
Sind wir bereit mit Kraft und Muth,
Ja wir zerreißen Sclavenketten,
Vergießen freudig unser Blut!

Das war die Initialzündung. Die Zuschauer beruhigten sich danach nicht mehr, und nach dem vierten Akt, noch vor dem Ende der Vorstellung, gingen sie daran, den Bühnen-Appell in der Wirklichkeit umzusetzen: *„Aux armes!"* – „Zu den Waffen!" und *„A bas les Hollandais!"* – „Nieder mit den Holländern!" ertönte es. In höchster Aufregung strömten die erhitzten Opernliebhaber aus dem klassizistischen Säulenvorbau auf den davor liegenden Platz, wo sich bereits eine Menschenmenge angesammelt hatte. Plötzlich ertönte der Ruf: *„Au National! Au National!"* Die königstreue Zeitung „National" war jedem Andersdenkenden verhasst. Das Redaktionsgebäude war nur einen Sprung von der Oper entfernt. So setzte sich ein Zug aufgewühlter Menschen in Bewegung. Minuten später splitterte Glas: Bei der Zeitung gingen die Scheiben zu Bruch. Die Eingangstür ließ sich aber nicht öffnen, und deshalb zog die Menge weiter zur Privatwohnung des Chefredakteurs Georges Libri-Bagnano. Der war zu seinem Glück nicht zu Hause. Diesmal gelang es allerdings, die Tür aufzubrechen, und schon flogen Möbel, Bücher und Gardinen aus dem Fenster. Die Initiative ging dabei wohl von einer Gruppe junger Männer aus. Sie allein hätten dem Vereinigten Königreich natürlich nie und nimmer gefährlich werden können, doch nun strömten auch Arbeiter aus den *Marollen* und anderen Volksvierteln der 100 000-Einwohner-Stadt dazu. Sie hatten kein politisches Programm, sondern handelten aus einem Gefühl allgemeiner Unzufriedenheit heraus. Die Brotpreise waren zuletzt stark gestiegen, und die Arbeitslosigkeit nahm zu: Die Einführung automatischer Spinnmaschinen und dampfbetriebener Webmaschinen machte Handarbeit überflüssig. Offenbar hatten viele Arbeiter nur auf eine Gelegenheit gewartet, Wut abzulassen. Bald sah man sie Säbel schwingend durch die Straßen laufen: Die Waffen stammten von Soldaten, die sich mit ihnen verbrüdert hatten. So vermischten sich politische und soziale Motive.

Nach Mitternacht wurde die Menge zur Residenz des allmächtigen Ministers Cornelis Felix van Maanen gelotst – von wem genau, konnte nie geklärt werden. Auch van Maanen war nicht zu Hause, sondern weilte in Den Haag, doch sein Haus wurde nun nicht nur geplündert, sondern auch noch in Brand gesteckt. Auf gleiche Weise verfuhr man mit dem Haus des Polizeichefs Pierre Michel Charles de Knijff. Der hatte den Aufständischen wenig entgegenzusetzen.

Erst am frühen Morgen trat die Armee in Aktion und schoss sofort mindestens ein Dutzend Randalierer tot. Niedergeschlagen wurde der Aufstand damit aber nicht. Im Laufe des Tages (26. August 1830) stürmten Gruppen arbeitsloser Textilarbeiter Fabriken in den Brüsseler Vorstädten und zerstörten die Maschinen, die sie für die Verschlechterung ihrer Lebensumstände verantwortlich machten. Die Stadtregierung reagierte darauf, indem sie kostenlos Brot und Jenever verteilte, um „die unteren Klassen zu besänftigen". Zusätzlich geschah am 26. August noch etwas anderes, das sich als entscheidend für den weiteren Verlauf der Geschehnisse herausstellen sollte: Um neun Uhr morgens bekamen Polizeichef de Knijff und der Gouverneur von Süd-Brabant, Charles Graf van der Fosse, Besuch von drei liberalen Journalisten. Diese schlugen der Stadtspitze vor, eine bewaffnete Bürgerwehr zu gründen und so die Ordnung auf den Straßen wiederherzustellen. De Knijff und van der Fosse stimmten zu. Tatsächlich gelang es unter Führung einiger tatkräftiger Veteranen der Napoleonischen Kriege binnen weniger Tage, eine Miliz ins Leben zu rufen und die Lage unter Kontrolle zu bringen. Damit hatte die Bürgerwacht ihr Ziel erreicht. Doch mittlerweile hatte sich eine kleine Gruppe liberaler und revolutionär eingestellter Bürger, in erster Linie Journalisten und Anwälte, an die Spitze dieses neu entstandenen Machtinstruments gesetzt. Diese kleine Clique von vielleicht 25 Männern, die in keiner Weise repräsentativ für die Brüsseler Bevölkerung, geschweige denn für das ganze Land war, stellte nun politische Forderungen auf und behauptete dabei, im Namen des Volkes zu sprechen. Am Brüsseler Rathaus flatterte nicht mehr das Orange der Oranier, sondern eine Trikolore aus den Brabanter Farben Schwarz, Rot und Gelb. Auch alle Mitglieder der Bürgerwacht bekamen Kokarden in den Brabanter Farben. „Man kann sagen, dass die Regierung des Königs aufgehört hat zu existieren", stellte Jean-Philippe Staedtler, Sekretär des Herzogs von Arenberg aus Recklinghausen, fest. In Den Haag eröffnete der angesehene niederländische Politiker Dirk Donker Curtius dem König unumwunden: „Sire, Belgien ist für Euch verloren!"

Nach nur 15 Jahren war das Vereinigte Königreich der Niederlande am Ende. Dabei war König Wilhelm so fest entschlossen gewesen, beide Landesteile zu einem „Amalgam" zu verschmelzen, einer *union intime et complète*. Sein Ideal war – gemäß den Vorstellungen der Zeit – ein Land mit *einem* Volk, *einer* Kultur, *einer* Sprache und *einer* Religion. Die Wirklichkeit in seinem Reich sah allerdings anders aus: Der Norden war protestantisch dominiert (auch wenn es dort eine starke katholische Minderheit gab), der Süden war katholisch. Der Norden war ein verarmter Handelsstaat, der Süden das am stärksten industrialisierte Gebiet auf dem Kontinent. Der Norden zählte etwa zwei Millionen Einwohner, der Süden dreieinhalb Millionen. Gleichwohl hatte der Süden in der Zweiten Kammer des Parlaments nicht mehr Abgeordnete als der Norden: 55 von 110. Der König begründete dies damit, dass beide Landesteile gleichberechtigt sein sollten. Aus diesem Grund musste der Süden auch die gewaltige Staatsschuld des Nordens mit übernehmen. In der Regierung und im Offizierskorps blieben Nordniederländer stark überrepräsentiert.

Trotz all dieser ungünstigen Voraussetzungen war die Vereinigung von Nord und Süd nicht von Vornherein zum Scheitern verurteilt, auch wenn dies später sowohl in der belgischen als auch in der niederländischen Geschichtsschreibung oft so dargestellt worden ist. König Wilhelm setzte vor allem auf die Wirtschaft. Nach seiner Überzeugung konnten sich Nord und Süd ideal ergänzen, gerade weil sie ganz unterschiedliche Stärken hatten: Der industrialisierte Süden sollte produzieren, und der Norden sollte mit diesen Erzeugnissen Handel treiben. Als einen Absatzmarkt von besonderer Bedeutung betrachtete Wilhelm das niederländische Kolonialreich in Südostasien, heute Indonesien. Er träumte davon, sein Land auf diese Weise in ein zweites Goldenes Zeitalter wie im 17. Jahrhundert zu führen und dadurch langfristig wieder eine Großmachtstellung zu erwerben. Zur Beförderung der Wirtschaft wurde 1822 die Investitionsgesellschaft *Algemene Maatschappij ter bevordering van de Volksvlijt* gegründet, besser bekannt unter ihrem französischen Namen *Société Générale*. Sie wurde später zur wichtigsten belgischen Bank. Auch durch das Anlegen von Straßen und Kanälen versuchte der König, Nord und Süd zusammenzubinden. Ob seine Wirtschaftspolitik langfristig Erfolg gehabt hätte, lässt sich schwer sagen – um sich zu beweisen, hätte sie mehr Zeit benötigt. In die niederländische Geschichte ist Wilhelm jedenfalls unter Bezeichnungen wie „Kaufmann-

König“ und „Kanal-König“ eingegangen. Und in Belgien gab es noch Jahre nach der Unabhängigkeit viele Industrielle, Orangisten genannt, die sich den wirtschaftsfreundlichen König zurückwünschten. Andererseits hielten viele Fabrikanten aus dem Süden die nördlichen Niederlande für einen altmodischen Krämerstaat, der lieber seiner großen Vergangenheit nachtrauerte anstatt die Chancen der beginnenden Industrialisierung zu nutzen.

Problematisch waren Wilhelms Amalgam-Bemühungen auf anderen Feldern. Da war zum einen seine Sprachen-Politik. Die gemeinsame Sprache – das Niederländische – sollte zum Bindemittel des Vereinigten Königreichs werden und seine Einwohner von allen anderen Völkern, insbesondere von Frankreich, unterscheiden. Wie schon vor ihm die Franzosen setzte auch Wilhelm auf das Prinzip „ein Volk – eine Sprache“, nur unter umgekehrten Vorzeichen: Jetzt wurde Niederländisch bevorzugt, eine Sprache, die er selbst übrigens gar nicht perfekt beherrscht zu haben scheint: Er war auf Deutsch und Französisch erzogen worden. Ein 1819 erlassener Sprachen-Beschluss sah vor, dass nach einer Übergangsphase von drei Jahren in den Provinzen Ostflandern, Westflandern, Antwerpen und Limburg nur noch Niederländisch als Amtssprache verwendet werden durfte. 1822 wurde die gleiche Vorschrift auch noch für die brabantischen Städte Brüssel und Löwen eingeführt. Die französischsprachigen Gebiete – wie auch die deutschsprachigen in der Provinz Luxemburg – wurden dagegen nicht dazu gezwungen, auf Niederländisch zu kommunizieren, was auch praktisch unmöglich gewesen wäre. Der heute als Wallonien bekannte Teil Belgiens blieb also weitgehend unbehelligt. Klar war allerdings, dass man nur mit Französisch keine großen Chancen auf eine Laufbahn in den staatlichen Institutionen hatte.

Die Niederlandisierungspolitik in Flandern reichte aus, um große Widerstände hervorzurufen, denn die dortigen Eliten bevorzugten seit Langem das Französische. Sie hielten sich etwas darauf zugute, die kultivierte Sprache des Adels zu beherrschen. Zwar sprachen die meisten Beamten in Flandern ausreichend gut Niederländisch, um ihre Funktion weiter ausüben zu können. Sie waren jedoch in der Franzosenzeit ausgebildet worden und hatten vielfach Mühe, korrektes Niederländisch zu sprechen und zu schreiben. Und was noch viel wichtiger war: Sie wollten diese Sprache gar nicht sprechen – sie schämten sich dafür. Niederländisch war eine Sprache, die in der Küche oder in der Weberei angebracht war, aber nicht auf dem Rathaus, im Gerichtssaal oder im Speisezimmer. Dort war es *bon ton*, auf Französisch zu parlieren. Sogar nordniederländische Politiker bevorzugten mitunter Französisch, und Wilhelms Sohn, Kronprinz Wilhelm, scheint des Niederländischen kaum mächtig gewesen zu sein.

Um eine neue Generation von Südniederländern ganz selbstverständlich mit der niederländischen Sprache aufwachsen zu lassen, nahm König Wilhelm außerdem eine Reform des Schulwesens in Angriff. Diese war in jedem Fall bitter nötig, denn es gab im Süden viel zu wenige Schulen, die zudem auch noch schlecht waren. So gründete die Regierung nun viele neue Staatsschulen. In den niederländischsprachigen Provinzen durfte dort während des Regelunterrichts kein Französisch gesprochen werden. Die neuen Lehrer wurden ausschließlich auf Niederländisch ausgebildet. In den 1820er-Jahren formierte sich gegen diesen „Sprachzwang" wachsender Widerstand. So schlossen sich Brüsseler Advokaten zusammen und verlangten das Recht, vor Gericht weiter auf Französisch plädieren zu dürfen.

Ebenso umstritten war die Religionspolitik des Königs. Dem in Teilen durchaus fortschrittlichen Grundgesetz entsprechend, wollte Wilhelm weder den Protestantismus noch den Katholizismus bevorzugen. Es herrschte Religionsfreiheit. Er selbst war keineswegs ein feuriger Protestant, sondern hätte Katholiken und Protestanten am liebsten in einer von ihm selbst als *chef spirituel* geleiteten Staatskirche vereinigt. Da dies völlig wirklichkeitsfremd war, beschränkte er sich zunächst darauf, die Priesterausbildung unter staatliche Kontrolle zu bringen. 1825 verfügte er, dass alle Kandidaten vor dem Priesterseminar noch eine staatliche Ausbildung in Löwen durchlaufen mussten. Dieses Institut bekam den provozierenden, weil „atheistischen" Namen *Collegium Philosophicum*. Die Auflage wurde von den Priesteramtskandidaten jedoch nicht akzeptiert: Sie wichen für die Ausbildung ins Ausland aus, nach Frankreich oder ins katholische Köln. Eine Karikatur zeigte die „Schwarzröcke" als gespenstische Raben, die in Scharen aus dem Löwener Universitätsgebäude ausflogen. Von nun an war die katholische Kirche ein geschworener Feind des Königs.

Neben dem Katholizismus existierte im südniederländischen Bürgertum noch eine zweite weltanschauliche Strömung von Bedeutung: der Liberalismus, hervorgegangen aus den Ideen der Französischen Revolution. Viele Vertreter des schnell wachsenden städtischen Bürgertums waren liberal eingestellt. Sie pochten auf freie politische und wirtschaftliche Entfaltung des Individuums. Wilhelm regierte in ihren Augen viel zu autoritär, indem er zum Beispiel die Pressefreiheit einschränkte. Hauptzielscheibe der Kritik war neben Wilhelm der mächtige Mann aus dessen Regierung, Justizminister van Maanen, der eher wie ein Premierminister agierte.

1828 geschah dann etwas Erstaunliches: Katholiken und Liberale – im Grunde ideologische Erzfeinde – bildeten eine „Heilige Allianz". Künftig betrachteten sie sich als vereint in ihrem Kampf gegen Wilhelm I. Das Bündnis erschien so unnatürlich, dass es unter dem Spottnamen „Monster-Verbund" bekannt wurde. Möglich war es nur, weil sich die Katholiken von der Vorstellung eines katholischen Staates verabschiedeten. Im Grunde, so erkannten sie,

Ausflug der Schwarzröcke. Als Raben dargestellt, fliehen Priesteramtskandidaten in Scharen aus der Universität Löwen, nachdem König Wilhelm I. ihre Ausbildung teilweise unter staatliche Aufsicht gestellt hat. Karikatur von 1829.

reichte es aus, wenn ihnen eine liberale Verfassung freie Entfaltung garantierte und sie vor staatlicher Gängelung schützte. Dieses Umschwenken ermöglichte die Annäherung an die Liberalen, für die die Trennung von Staat und Kirche eines ihrer wichtigsten Prinzipien darstellte. „Ich erbitte (für die Katholiken) kein einziges Privileg“, betonte der Erzbischof von Mechelen, Antoine de Méan. „Vollkommene Freiheit mit allen daraus folgenden Konsequenzen ist ihr einziger Wunsch. Es ist ein Vorrecht, das sie mit all ihren Mitbürgern teilen wollen.“

Nach dem Abschluss der Heiligen Allianz nahm die Opposition gegen die „holländische Tyrannei“ gewaltige Ausmaße an. Hunderttausende Unterschriften wurden gesammelt, um damit gegen Maßnahmen des Königs zu protestieren. Überzogene Reaktionen des Justizministers van Maanen, der unliebsame Publizisten verfolgen ließ, taten ein Übriges, um die Atmosphäre zu vergiften.

Wilhelm reagierte auf die sich abzeichnende Krise, indem er seinen Kritikern in wichtigen Punkten entgegenkam. Am 4. Juni 1830 hob er die Vorschriften zur Verwendung des Niederländischen auf. Auch in Flandern war es nun wieder erlaubt, sich vor Gericht auf Französisch verteidigen zu lassen oder sich auf Französisch an die Verwaltung zu wenden. In der Religionsfrage vollzog Wilhelm ebenfalls eine 180-Grad-Wende und schloss das umstrittene *Collegium Philosophicum*. Stattdessen war nun wieder eine nichtstaatliche Priesterausbildung möglich. Die Sprachen- und die Religionsfrage können die Revolution von 1830 also nicht erklären, denn gerade hier zeichnete sich Entspannung ab. Entscheidend war vielmehr die Forderung nach politischer Mitbestimmung: Das Vereinigte Königreich war trotz Verfassung ein Ancien-Régime-Staat, in dem der König das meiste im Alleingang bestimmte. *„Le roi décide seul"*, war sein liebster Verfassungsartikel – der König allein entscheidet. Das aber wollte die aufstrebende Mittelklasse – Unternehmer, Advokaten, Journalisten, Lehrer, Beamte – nicht hinnehmen, sie pochte auf Beteiligung an der Macht. Es war jedoch deutlich, dass der König in diesem Punkt nicht nachgeben würde. Die Verfolgung der Presse nahm sogar zu. Auch in den nördlichen Niederlanden gab es eine liberale Opposition, die Identifizierung mit dem Oranierhaus war dort jedoch ungleich größer. Gleichzeitig existierten weit verbreitete Vorbehalte gegen die „aufsässigen" und erzkatholischen Südniederländer, an denen die Aufklärung angeblich vorbeigegangen war. Die belgische Revolution löste schließlich auch im Norden eine Welle des Patriotismus aus, die zunächst dazu führte, dass sich König Wilhelm der Loyalität seiner nordniederländischen Untertanen sicher sein konnte.

Dass es 1830 zum Aufstand kam, hatte auch damit zu tun, dass eine schlechte Ernte und hohe Steuern zu einem Anstieg der Brotpreise und damit zu allgemeiner Unzufriedenheit im Volk geführt hatten. Durch die zunehmende Mechanisierung waren viele Menschen arbeitslos geworden. Diese Stimmung nutzten die bürgerlichen Revolutionäre aus. Zudem brodelte es in jenem Jahr vielerorts in Europa: So wurde im Juli 1830 der reaktionäre französische König Karl X. gestürzt und vertrieben.

Nach dem Opernaufruhr vom 25. August machte Wilhelm überdies alles falsch, was man falsch machen konnte. Der Herzog von Wellington – der Sieger von Waterloo – hatte ihn einmal als „Papiertiger" bezeichnet, und nun zeigte sich, wie recht er damit hatte. Der König blieb hinter seinem Schreibtisch in Den Haag sitzen und schickte stattdessen seinen Sohn Wilhelm nach Brüssel, obwohl sein Verhältnis zu ihm seit Langem zerrüttet war. Obendrein gab er ihm keine klaren Anweisungen mit, denn er wusste selbst nicht, wie er mit der Krise umgehen sollte. So kam es, dass Prinz Wilhelm und sein jüngerer Bruder Friedrich am 30. August zwar mit 6000 Soldaten vor den Toren von Brüssel standen, aber keine Ahnung hatten, was sie tun sollten. Schließlich erteilte die Bürgerwacht Prinz Wilhelm die Erlaubnis, in die Stadt zu kommen, allerdings ohne seine Soldaten. Am 1. September begab er sich schutzlos in die Höhle des Löwen, begleitet nur von seinem Stabschef und einigen Offizieren. Es war ein Spießrutenlauf durch die engen Gassen, in denen die schwarz gekleideten Mitglieder der Bürgerwacht Spalier standen. Auf dem Grote Markt/Grand-Place wurde der bleichgesichtige, spindeldürre Prinz von einer feindseligen Menge empfangen. Tausende Menschen standen dicht gedrängt. Eine niederländische Flagge war nirgendwo zu sehen, dafür überall Schwarz-Rot-Gelb. „Der Prinz kam mir vor wie ein Krimineller, den man zum Schafott führte", bemerkte der französische Botschafter. Dann scheute plötzlich auch noch Wilhelms Schimmel und verletzte einen Mann so schwer, dass er wie tot zu Boden stürzte. Die Umstehenden reagierten empört auf den Vorfall. „Wenn er verletzt ist, gebe ich ihm eine Pension von 500 Gulden", rief der Prinz flehend. Doch nun war die Menge nicht mehr zu kontrollieren. Da gab es nur noch eins: fliehen! Im Galopp hetzte Wilhelm über den Platz, vorbei an Manneken Pis, über Straßensperren hinweg und durch einen Steine-Regen. Schließlich erreichte er sein nagelneues Stadtschloss (heute Palast der Akademien). Dort war er nun faktisch eine Geisel der Revolutionäre. Am nächsten Tag schickte er einen Brief an seinen Vater in Den Haag, in dem er ihn bat, den verhassten van Maanen schleunigst seines Amtes zu entheben, was auch geschah. Anschließend legten ihm die Revolutionäre nahe, Brüssel so schnell wie möglich zu verlassen: Sie könnten nicht mehr für seine Sicherheit garantieren. Wilhelm tat, wie ihm geheißen.

König Wilhelm in Den Haag raste vor Wut, als er von all dem erfuhr. Nun entsandte er seinen zweiten Sohn Friedrich, den Oberbefehlshaber der Armee, in die Rebellenstadt, diesmal mit einem klaren Befehl: „Ihr habt Brüssel einzunehmen, die fremden Banden zu verjagen, die es besetzen, und somit die Anarchie zu beenden, der die Stadt anheim gefallen ist." Am 23. September marschierte Friedrich mit etwa 10 000 Soldaten gegen die Stadt, eine Militärkapelle spielte dabei einen Marsch aus dem „Stummen von Portici", jener Oper, die den Aufruhr knapp einen Monat zuvor entfacht hatte. Die führenden Revolutionäre – allesamt keine Helden – machten sich schnell aus dem Staub. Doch viele einfache Brüsseler waren keineswegs gewillt, der Besetzung ihrer Stadt tatenlos zuzusehen: Von Fenstern aus wurden die einrückenden Soldaten unter Beschuss genommen, Barrikaden versperrten ihnen den Durchgang. Zwar konnten die königlichen Streitkräfte schließlich in den zentral gelegenen Warandepark vordringen und den Königlichen Palast einnehmen. Doch die Gassen, durch die sie gekommen waren, wurden sofort wieder von den aufständischen Brüsselern beherrscht. Das Kommando übernahm kurzerhand ein

Stichwort: Flagge und Hymne

Farben und Sound der Revolution

Am 26. August 1830, wenige Stunden nach dem Opern-Aufruhr, betrat der Advokat und Publizist Edouard Ducpétiaux das Stoffgeschäft des Ehepaars François Abts und Marie Ermens im Zentrum von Brüssel. Er bat Marie, in aller Eile drei große Stoffbahnen aneinanderzunähen: eine schwarze, eine rote und eine gelbe. Ducpétiaux hatte gesehen, dass am Rathaus auf dem Grote Markt die französische Trikolore gehisst worden war. Ihm schwebte jedoch keine Einverleibung durch Frankreich vor, sondern ein unabhängiges Land. Und ein solches Land brauchte eine eigene Flagge. Bloß welche? Ducpétiaux hatte sich mit dieser Frage an den Journalisten Lucien Jottrand gewandt. Dieser hatte ihm besagte Farben empfohlen, weil sie im Wappen des alten Herzogtums Brabant – zu dem Brüssel gehörte – enthalten waren: Gelb oder golden war die Farbe des Löwen, rot waren seine Zunge und die Krallen, und schwarz war der Hintergrund. Flaggen mit diesen drei Farben waren auch schon bei der Brabanter Revolution 1789 geschwenkt worden. So kam es also, dass Marie Ermens an diesem Tag die erste belgische Flagge nähte, die sich von der heutigen allerdings noch unterschied: Die drei Farbstreifen waren nicht senkrecht nebeneinander, sondern waagerecht übereinander angeordnet, und dies in der Reihenfolge rot, gelb und schwarz. Mit dieser Trikolore trat Ducpétiaux wenig später aus dem Geschäft, legte den kurzen Fußweg zum Rathaus zurück und holte dort die französische Flagge ein, um sie durch seine Kreation zu ersetzen. Die Flagge wurde von den meisten Revolutionären sofort akzeptiert. Ein halbes Jahr später, am 23. Januar 1831, entschied die belgische Regierung, dass die Revolutionsflagge künftig die belgische Landesflagge sein solle. Ähnlich entstand auch die belgische Nationalhymne auf dem Höhepunkt der Revolution und bezieht sich auf Brabant: Es ist die *Brabançonne* – das Lied von Brabant. Den Text verfasste der französische Schauspieler Hyppolyte Louis Alexandre Dechet, Künstlername Jenneval. Er wirkte an der Brüsseler Oper, von der die Revolution ihren Anfang genommen hatte. Dort erlebte die Brabançonne auch ihre offizielle Premiere, wobei sie von demselben Tenor gesungen wurde, der am 25. August den Helden Masaniello dargestellt hatte. Die Melodie stammte ebenfalls von einem Operntenor, dem Brüsseler François Van Campenhout. Das Lied wurde der Hit der Revolution. Jenneval beließ es derweil nicht bei Worten, sondern zog in den Kampf und wurde prompt im Gefecht mit niederländischen Soldaten getötet. Der Text der Brabançonne, der bereits von Jenneval mehrfach umgeschrieben worden war, wurde 1860 von dem belgischen Regierungschef Charles Rogier noch einmal stark verändert, indem er die Angriffe auf den Prinzen von Oranien abschwächte – das Verhältnis zu den Niederlanden sollte nicht mehr unnötig belastet werden. Nach einem Regierungsbeschluss von 1921 ist nur die vierte Strophe die Nationalhymne, sowohl auf Niederländisch wie auf Französisch, versteht sich.

alter Napoleonischer General, der im Brüsseler Exil lebende Anne François Mellinet (1768–1852). Die Aufständischen – insgesamt vermutlich weniger als 2000 Mann – besetzten sämtliche Häuser rund um den Warandepark und schlossen die niederländische Armee somit ein. In den nächsten Tagen wurden die Kämpfe immer heftiger, beide Seiten hatten hunderte von Toten zu beklagen. Es war deutlich, dass die Niederländer diese Stadtguerilla nur dann bezwingen konnten, wenn sie die Stadt bombardieren würden. Dazu war Friedrich jedoch nicht bereit, weil ein solches Blutbad jede Aussicht auf eine Einigung mit dem Süden zerstört hätte. Der klammheimliche Rückzug seiner Soldaten in den frühen Morgenstunden des 27. September sollte deshalb nicht nur als Triumph der Brüsseler Kämpfer gewertet werden, sondern auch als ein Sieg der Vernunft auf niederländischer Seite. Manch anderer wäre in einer vergleichbaren Situation wohl bis zum Äußersten gegangen, um seine „Ehre hochzuhalten".

Das Geschehen erhielt im Nachhinein die Bezeichnung *Septemberrevolution* und wurde zusammen mit dem Opernaufstand vom 25. August zum immer wieder dargestellten und gefeierten Gründungsmythos des belgischen Staates. Die bürgerlichen Revolutionäre, die vor der entscheidenden Schlacht das Weite gesucht hatten, dann aber eilig zurückgekehrt waren, zögerten nun nicht mehr: Sie bildeten eine „Vorläufige Regierung" und riefen am 4. Oktober 1830 die Unabhängigkeit Belgiens aus.

Das schwarze Land. Belgien als erste Industrienation Kontinentaleuropas

In den Monaten September und Oktober 1830 übernahmen in allen belgischen Städten revolutionäre Regierungen die Macht. Die niederländischen Garnisonen, die vor allem aus südniederländischen Soldaten bestanden, zerfielen oder schlossen sich den Aufständischen an. Die von ihnen hinterlassene Lücke wurde von revolutionären Freikorps eingenommen.

Am 3. November wurden im Süden Wahlen für ein belgisches Parlament, den Nationalkongress, abgehalten. Diese Wahlen waren direkt, allerdings durften sich nur die reichsten männlichen Einwohner daran beteiligen: 46 099 von insgesamt etwa vier Millionen Belgiern. Von ihnen machten zwei Drittel von ihrem Wahlrecht Gebrauch, was bedeutet, dass 0,75 % der Bevölkerung über die Zusammensetzung des Parlaments entschieden. Wählen wurde noch nicht als Recht betrachtet, sondern als eine Funktion, für die man sich durch Grundbesitz oder Vermögen qualifizieren musste.

Porträt: Figuren der belgischen Revolution

Ein Denker, ein Kämpfer und ein Selbstmordattentäter

Louis De Potter (1786–1859) war der populärste Revolutionär, doch fehlte ihm die Durchsetzungskraft, um den im Entstehen begriffenen Staat nachhaltig zu beeinflussen und sein Ideal einer Republik zu verwirklichen. Der Sprössling einer adligen Familie aus Brügge entwickelte sich in den 1820er-Jahren zum profilierten Kritiker der Regierung König Wilhelms I. und Befürworter demokratischer Reformen. Ein Aufsehen erregender Prozess, bei dem er 1828 zu 18 Monaten Gefängnis verurteilt wurde, machte ihn zum prominentesten politischen Häftling. Aus seiner Zelle heraus veröffentlichte er weiterhin Zeitungsartikel und trug wesentlich zum Zustandekommen des „Monster-Verbunds" seines liberalen Lagers mit den Katholiken bei. 1830 wurde er außer Landes verbannt, wodurch er den Ausbruch der Revolution verpasste. Als er am 28. September in Brüssel eintraf, wurde ihm auf dem Grote Markt ein frenetischer Empfang bereitet. In der nun gebildeten Vorläufigen Regierung wurde der idealistische Intellektuelle von den drei gewieften Anwälten Sylvain Van de Weyer, Alexandre Gendebien und Charles Rogier jedoch mühelos ausmanövriert. Als er einmal eigenmächtig die Republik ausrufen wollte, soll er von Gendebien sogar kurzerhand in den Schwitzkasten genommen worden sein. Tief verletzt durch die Anschuldigung, er strebe nach Alleinherrschaft, trat er noch Mitte November von allen Ämtern zurück.

Jean-Joseph Carlier (1794–1886) alias Jambe-de-Bois (Holzbein) war ein Revolutionssoldat. Der Lütticher kehrte mit einem Holzbein aus den Napoleonischen Kriegen zurück. 1830 gehörte er zu den ersten Freiwilligen, die aus Lüttich zur Unterstützung der Aufständischen nach Brüssel zogen. Als während der Kämpfe seine Prothese zerbrach und er auf einem Besenstiel weiterkämpfte, wurde er zum Volkshelden und Symbol des belgischen Freiheitskampfes. Bei seiner Rückkehr nach Lüttich versprach ihm die Stadtregierung ein Ersatzbein aus Silber, was allerdings nicht wahrgemacht wurde. Das Holzbein, das ihm danach Dienste tat, wird in Lüttich in ehrendem Andenken gehalten.

Jan van Speijk (1802–1831) war der Held der niederländischen Seite. Aufgewachsen im Waisenhaus von Amsterdam, meldete er sich mit 15 Jahren zur Marine und brachte es zum Offizier. Nach Ausbruch der belgischen Revolution wurde er mit seinem Kanonenboot nach Antwerpen geschickt, wo er die von den Niederländern gehaltene Zitadelle mit Vorräten versorgen musste. Am 5. Februar 1831 trieb ein heftiger Wind sein Schiff jedoch gegen die Kaimauer der Stadt, die bis auf die Zitadelle in der Hand der Belgier war. Belgische Soldaten gingen an Bord, van Speijk schien zur Übergabe bereit. Doch dann jagte er das Schiff in die Luft. Neben einer Handvoll Belgier kamen dadurch auch die 26 niederländischen Besatzungsmitglieder ums Leben. Nur den Schiffsjungen hatte van Speijk mit den unsterblich gewordenen Worten „Rette deinen Hintern, Junge" noch rechtzeitig gewarnt. Dies hinderte die Niederländer jedoch nicht daran, den Selbstmordattentäter fortan als Märtyrer zu feiern und zum Gegenstand einer geradezu kultischen Verehrung zu machen.

Am 10. November 1830 kam in Brüssel zum ersten Mal der aus 200 Abgeordneten bestehende Nationalkongress zusammen. Seine beiden Hauptaufgaben waren die Ausarbeitung eines Grundgesetzes und die Bestimmung eines Staatsoberhaupts. Am 18. November 1830 bestätigte der Nationalkongress die belgische Unabhängigkeit. Nicht alle Parlamentsmitglieder standen hinter dieser Entscheidung: Es gab eine sog. französische Strömung, die sich für einen Anschluss an Frankreich stark machte, und eine orangistische Strömung, die unter bestimmten Bedingungen doch wieder einen Oranier – am ehesten Kronprinz Wilhelm – als Staatsoberhaupt akzeptieren wollte. Letztere waren vor allem stark in flämischen Städten wie Gent und Antwerpen, die durch einen Bruch mit dem Norden starke wirtschaftliche Nachteile zu befürchten hatten. Eine breite Mehrheit der Abgeordneten unterstützte jedoch die Idee eines neuen, unabhängigen belgischen Staates liberaler Prägung. Dies zeigten schon die ersten Beschlüsse des Parlaments, mit denen die Schul- sowie die Presse-, Religions- und Versammlungsfreiheit eingeführt wurden. Am 22. November entschied der Kongress, dass der neue Staat eine Monarchie und keine Republik sein sollte. Eine Republik, so befürchtete man, würde von den Restaurationsregierungen der europäischen Großmächte kaum akzeptiert werden. Kurzzeitig wurde noch darüber diskutiert, ob ein Mitglied des Hauses Oranien für den Thron infrage kommen könnte, doch nachdem ein niederländischer General auf eine belgische Provokation hin die Stadt Antwerpen bombardiert hatte, waren die Oranier endgültig durchgefallen.

Am 7. Februar 1831 wurde das neue Grundgesetz verabschiedet. Es war sehr kurz, sehr klar und so liberal wie kein anderes. Die Macht wurde nicht mehr vom König oder von Gott abgeleitet, sondern vom Volk: „Alle Gewalten gehen vom Volk aus“, hieß es in Artikel 25. Auch sonst war sehr viel von Rechten und Freiheiten die Rede und sehr wenig von Pflichten. Aufgrund seiner Fortschrittlichkeit diente das Grundgesetz bis ins 20. Jahrhundert immer wieder als Vorbild für viele andere Verfassungen europäischer und außereuropäischer Staaten.

Wilhelm I. rechnete fest damit, dass die Großmächte notfalls selbst die alte Ordnung wiederherstellen würden, denn schließlich waren sie es gewesen, die das Vereinigte Königreich in Wien aus der Taufe gehoben hatten. Er hatte jedoch das große Pech, dass Ende 1830 jede der Mächte einen triftigen Grund hatte, der gegen ein militärisches Eingreifen sprach. So bereitete der russische Zar Nikolaus I. – verschwägert mit Prinz Wilhelm – zwar eine Intervention vor, doch kam es dann im russisch beherrschten Polen zum Novemberaufstand, und die Soldaten wurden hier gebraucht. Österreich war zur selben Zeit damit beschäftigt, den Kirchenstaat in Mittelitalien gegen liberale Aufstände zu verteidigen, so dass Kanzler Metternich nur noch das Ziel verfolgte, Belgien nicht von Frankreich verschlucken zu lassen. Ebenso wurden mehrere Staaten des Deutschen Bundes

Gurkenkönige. Der Dey von Algier, der König von Frankreich, der Herzog von Braunschweig und der König der Vereinigten Niederlande, Wilhelm I., als eingelegte Gewürzgurken – alle wurden im selben Jahr vertrieben. Karikatur von 1830.

von Aufständen erschüttert: Berlin war im September Schauplatz der sog. Schneider-Revolution, in Braunschweig wurde Herzog Karl II. von der Bevölkerung verjagt, sein Schloss niedergebrannt. So muss die belgische Revolution unbedingt auch im internationalen Kontext gesehen werden: Eine Karikatur zeigte Wilhelm als eingelegte Gewürzgurke zusammen mit dem Herzog von Braunschweig, dem in der Julirevolution gestürzten König Karl X. von Frankreich und dem vom französischen Militär vertriebenen Dey von Algier – alles Verlierer des Jahres 1830. Der preußische König Friedrich Wilhelm III. fürchtete bei einem Eingreifen in den Niederlanden zudem eine militärische Konfrontation mit Frankreich. In London wurde am 22. November die konservative Regierung des Herzogs von Wellington gestürzt, der die Gründung des Vereinigten Königreichs 1814/15 wesentlich mit unterstützt hatte. Stattdessen trat nun eine liberale Whig-Regierung an, die durchaus Sympathien für die bürgerlichen Revolutionäre in Brüssel empfand.

So kam es, dass sich die Großmächte dafür entschieden, die Krise auf diplomatischem Weg zu lösen. Die „Großen Fünf“ – Großbritannien, Frankreich, Österreich, Preußen und Russland – beriefen eine Konferenz in London ein, deren Hauptziel es war, einen europäischen Krieg wegen der Belgien-Krise zu vermeiden. Am 20. Dezember 1830 beschloss die Konferenz, die Unabhängigkeit Belgiens anzuerkennen. Sein Staatsgebiet sollte das Territorium der früheren österreichischen Niederlande im Jahr 1790 umfassen. Im Übrigen sollte das Land zu ewiger Neutralität verpflichtet werden. Die Großmächte waren Garanten dieser Neutralität.

Nach einigem Suchen wurde auch ein geeigneter Kandidat für den Thron gefunden: der deutsche Prinz Leopold von Sachsen-Coburg (1790–1865). Er war der Witwer der jung verstorbenen britischen Kronprinzessin Charlotte und verfügte damit über beste Beziehungen zu jenem Land, das vorrangig für die belgische Unabhängigkeit einstehen musste. Im April 1831 empfing er eine belgische Gesandtschaft in seiner Londoner Residenz, dem Marlborough House, und schon am 4. Juni wurde er im Parlament mit 152 von 196 Stimmen zum König der Belgier – nicht von Belgien – gewählt. Der feine Unterschied sollte deutlich machen, dass dies ein Monarch war, den sich das Volk selbst ausgesucht hatte. Am 21. Juli legte er seinen Eid auf das Grundgesetz ab, das Datum wurde später der belgische Nationalfeiertag. Der tatkräftige Leopold sollte sich als Glücksgriff herausstellen: Ein Jahr später waren allein in Antwerpen schon 152 Kinder auf seinen Namen getauft worden.

Für Wilhelm I. war dies alles inakzeptabel. Die von ihm bezahlten Zeitungen schmähten den neuen König als „Mr. Coburg“ oder einfach als „angelsächsischen Abenteurer“. Im August 1831 marschierte Wilhelm kurzerhand in Belgien ein, um es zurückzuerobern. Die noch im Aufbau befindlichen belgischen Streitkräfte hatten der niederländischen Armee wenig entgegenzusetzen und verloren schnell an Terrain. Da griff jedoch Frankreich ein, das an der Wiederherstellung der alten Gesamt-Niederlande nicht interessiert war. Als ein französisches Heer die Grenze zu Belgien überschritt, zogen sich die Niederländer sofort zurück – ihre Expedition bekam den Namen „Zehntägiger Feldzug“. Die Londoner Konferenz kam Wilhelm daraufhin in einigen Punkten entgegen, doch es dauerte noch bis 1839, ehe er endlich einlenkte und die Realitäten anerkannte. Neun Jahre später sollten sich auch die Niederlande zu einem liberalen Verfassungsstaat nach belgischem Vorbild wandeln.

Eine Sonderregelung ergab sich für Luxemburg, das am östlichen Rand des niederländischen Raumes immer schon ein gewisses Eigenleben geführt hatte. Der Wiener Kongress hatte ihm 1814/15 einen Sonderstatus zugebilligt: Luxemburg wurde nicht in das Vereinigte Königreich inkorporiert, sondern zum eigenständigen Großherzogtum erhoben, das in Personalunion von Wilhelm regiert wurde, aber auch dem 1815 geschaffenen Deutschen Bund angehörte. Mit Wilhelms Regierung unzufrieden, hatten sich dann aber auch Luxemburger an der belgischen Revolution beteiligt. Die „Großen Fünf“ entschlossen sich deshalb zu einer Teilung des Landes ungefähr entlang der deutsch-französischen Sprachgrenze: Der größere westliche Teil fiel an Belgien und bildet dort seitdem die Provinz Luxemburg mit der Hauptstadt Arlon, der Osten verblieb als Großherzogtum unter der Herrschaft der niederländischen Krone und gleichzeitig im Deutschen Bund. 1867 sollte Luxemburg schließlich unabhängig werden.

Der belgische Staat wurde von jenen dominiert, die die Revolution erfolgreich für sich reklamiert hatten: eine kleine Clique reicher junger Bürger aus Brüssel. Dabei blieb der 1828 geschlossene Verbund zwischen Liberalen und Katholiken – Unionismus genannt – zunächst noch intakt, dann bildete sich allmählich ein Zwei-Parteien-System heraus. Nach einer Ausweitung des Wahlrechts auf einen etwas größeren Teil des Bürgertums vor dem Hintergrund der 1848er-Revolutionen in Europa dominierten die Liberalen fast 40 Jahre lang die belgische Politik – es regierte das Großkapital. Karl Marx, der mit Friedrich Engels 1847/48 in Brüssel das „Kommunistische Manifest" verfasste, bezeichnete Belgien völlig zu Recht als „Paradies des kontinentalen Liberalismus".

Die Masse der Bevölkerung profitierte von den Veränderungen nicht. Zwar waren sich die liberalen Politiker durchaus darüber im Klaren, dass es Arbeiter, Handwerker und Erwerbslose gewesen waren, die im August 1830 die Revolution entfacht und sie im September gegen die niederländischen Truppen verteidigt hatten, doch fühlten sie sich ihnen gegenüber in keiner Weise verpflichtet. Die Regierenden hatten eine andere Agenda: Sie wollten die freie Entfaltung aller Bürger. In der Praxis bedeutete dies die freie Entfaltung derer, die es sich leisten konnten.

Noch zu Napoleons Zeiten war die industrielle Revolution aus Großbritannien herübergeweht. Wallonien mit seinen reichen Kohle- und Eisenerzvorkommen wurde zur ersten industrialisierten Region auf dem Kontinent. Um aus Erz hochwertiges Eisen für den Bau von Maschinen zu gewinnen, errichtete der englische Unternehmer John Cockerill bei Lüttich die ersten Hochöfen Kontinentaleuropas. Cockerill wurde nacheinander von Napoleon, König Wilhelm I. und König Leopold gefördert. Der Wandel der Zeiten lässt sich auch daran ablesen, dass er 1817 das einstige Landschloss der Lütticher Fürstbischöfe in Seraing als Wohnsitz übernahm: Magnaten wie er waren jetzt die neuen Herren.

Der Industriespion Lieven Bauwens (1769–1822) schmuggelte derweil eine englische *Spinning Mule* – eine halbautomatische Spinnmaschine – in seine Heimatstadt Gent, woraufhin er in England in Abwesenheit zum Tode verurteilt wurde. In einem enteigneten Kartäuserkloster in Gent begann er mit der Herstellung eigener Spinnmaschinen und begründete damit die baumwollverarbeitende Industrie der alten Textilstadt, die als das „Manchester Belgiens" bekannt wurde. Diese Industrie blieb jedoch die einzige im „armen Flandern", wie es nun zunehmend genannt wurde.

In Wallonien dagegen qualmten die Schornsteine. Finanziert wurde der Ausbau der dortigen Industrie durch Aktiengesellschaften, die von zwei in Brüssel angesiedelten Großbanken gestützt wurden, der *Société Générale* und der *Banque de Belgique*. Anders als etwa in Deutschland beteiligte sich in Belgien auch der Adel an der aufkommenden Industrie. Daneben entstand eine neue Aristokratie des bürgerlichen Großkapitals. Diese unermesslich reichen Familien heirateten bevorzugt untereinander und stellten die führenden Politiker, so dass ein geschlossener Machtkreislauf entstand. Der Bankier James de Rothschild bezeichnete Belgien 1836 als „eine große Aktienfabrik“. Um 1850 war es das einzige Land auf dem Kontinent, das einen mit Großbritannien vergleichbaren Grad der Industrialisierung aufweisen konnte. Die Produktivität pro Kopf der Bevölkerung war sogar noch höher. Auch bei der zweiten industriellen Revolution auf der Basis der chemischen und elektrotechnischen Industrie war Belgien vorn mit dabei.

Berühmte *captains of industry* dieser Epoche waren Baron Édouard Empain (1852–1929), der die Pariser Métro anlegte und in Ägypten den Kairoer Vorort Heliopolis einschließlich seines märchenhaften *Baron Empain Palace* baute, Ernest Solvay (1838–1922), Gründer des heute weltweit aktiven Chemiekonzerns Solvay und großer Philanthrop, und Édouard Otlet (1842–1907), der als „König der Tramlinien“ unter anderem die Straßenbahnnetze von Düsseldorf und München begründete. Der aus Lüttich stammende Bahnunternehmer Georges Nagelmackers (1845–1905) erfand und realisierte den Orient-Express, das legendäre Hotel auf Schienen zwischen Paris und Konstantinopel. Belgische Gesellschaften verlegten Gleise in China und Südamerika und betrieben Kohleminen in Russland. Die belgischen Investitionen im Zarenreich beliefen sich 1899 auf 300 Millionen Francs, so dass Südrussland als „belgische Industrie-Kolonie“ bezeichnet wurde. Am Vorabend des Ersten Weltkriegs nahm Belgien den fünften Platz unter den handeltreibenden Nationen der Welt ein, hinter Amerika, Deutschland, Großbritannien und Frankreich. Es war ein märchenhafter Aufstieg. Der französische Soziologe Gabriel Tarde (1843–1904) beschrieb die Belgier als „das reichste und eifrigste aller Völker der Erde“.

Ausschlaggebend für diesen ungeheuren Erfolg war eine ganze Reihe von Gründen. Zum einen betrieben die belgischen Regierungen seit der Unabhängigkeit eine aktive Wirtschaftspolitik, die darauf ausgerichtet war, jedwedes Hemmnis für freies Unternehmertum abzubauen. Dazu kam die vergleichsweise einfache Erschließung des kleinen Landes durch ein dichtes Netz von Kanälen und Schienen: Der erste Zug auf dem Kontinent fuhr 1835 zwischen Brüssel und Mechelen. Gegen Ende des Jahrhunderts kamen die Profite aus der Ausbeutung der gewaltigen Kongo-Kolonie hinzu (darüber später mehr). Ein ganz wesentlicher Grund für die belgische Exportstärke waren jedoch auch die im europäischen Vergleich sehr niedrigen Löhne, die extrem langen Arbeitstage von 14 Stunden, Frauen- und Kinderarbeit.

Diese andere Seite des kapitalistischen Musterstaats erlebte 1879 der damals 25 Jahre alte Vincent van Gogh. Als Hilfsprediger kam der spätere Maler in die Borinage, eines der bedeutendsten Kohlereviere Europas. Es war eine Gegend, die das „schwarze Land" genannt wurde, *le pays noir*. Die Luft, so hieß es, sei hier so stark mit fliegender Asche verschmutzt, dass der Schnee noch im Fallen grau werde. Alle, die hier lebten, schufteten in den Kohlegruben, auch die Frauen – denn die Löhne waren so gering, dass eine Familie sonst nicht überleben konnte – und die Kinder, denn nur sie konnten sich durch die engsten Stollen zwängen. Bei Grubengasexplosionen kamen unter Tage manch-

Kinderkumpel. Junge Minenarbeiter um 1900.

mal auf einen Schlag mehr als 100 zum Teil minderjährige Kumpel ums Leben. Über eine der Gruben schrieb van Gogh in einem Brief: „Es ist ein trübseliger Ort, und auf den ersten Blick hat alles im Umkreis etwas Abstoßendes und Totes. Die Arbeiter sind zum größten Teil Leute, die durch Fieber abgemagert und bleich sind. Sie sehen müde und ausgehungert aus, zermürbt und vorzeitig gealtert, die Frauen im Allgemeinen fahl und verdorrt. Rund um die Mine armselige Arbeiterwohnungen mit ein paar toten Bäumen, ganz schwarz verraucht, dazu Dornenhecken, Misthaufen, Aschehügel und Berge von unbrauchbarer Steinkohle." Die Hälfte der belgischen Arbeiterfamilien verfügte nur über ein einziges Zimmer ohne irgendwelche sanitären Einrichtungen. Sie waren chronisch unterernährt und hatten eine durchschnittliche Lebenserwartung von 45 Jahren, was deutlich unter der anderer europäischer Industrienationen lag.

Es klopft. Eine Armee von toten Minenarbeitern steht bei einem reichen bürgerlichen Paar vor der Tür. Die Karikatur erschien 1887, ein Jahr nach einer Welle gewalttätiger Streiks. Sie spiegelt das Horrorszenario der besitzenden Klasse: einen Massenaufstand von Proletariern.

Die reichen Bürger kümmerte das nicht. Sie betrachteten das Elend des überwiegenden Teils der Bevölkerung nicht als das Ergebnis von Ausbeutung, sondern als selbstverschuldetes Unglück. Sie verachteten die Arbeiter als faul, dumm, verschwenderisch und moralisch verkommen. Nach der reinen Lehre der liberalen Marktökonomie sollte das Verhältnis zwischen Kapital und Arbeit nur durch das Gesetz von Angebot und Nachfrage geregelt sein. Ob der daraus resultierende Lohn hoch genug war, um davon leben zu können, interessierte sie nicht. Noch 1878 verwarf das Parlament im Namen der Freiheit einen Gesetzesvorschlag, der ein Mindestalter für Kinderarbeit vorsah und die schwersten Formen von Frauenarbeit abmildern sollte.

Der Alptraum der Reichen, egal ob sie liberal oder katholisch wählten, war ein großflächiger Arbeiteraufstand. Es war ihnen nur zu gut bewusst, dass sie selbst eine kleine Minderheit darstellten. Deshalb tat die Regierung alles dafür,

Porträt: Leopold I.

Belgiens deutscher Adoptivvater

Der erste König der Belgier wurde ausgesucht wie heute der CEO eines großen Konzerns. Es gab ein klares Stellenprofil: Unverzichtbar waren adlige Herkunft und hervorragende Kontakte zu den Königshäusern der europäischen Großmächte. Gleichzeitig musste der Kandidat aber auch mit demokratischen Gepflogenheiten vertraut sein. Leopold von Sachsen-Coburg und Gotha (1790–1865) erfüllte all diese Anforderungen. Er lebte seit vielen Jahren in England, dem Mutterland des Parlamentarismus. Obwohl nur aus einem deutschen Zwergstaat stammend, hatte er 1816 die Prinzessin von Wales, Charlotte Augusta, geheiratet. Diese wäre Königin von England geworden, wenn sie nicht schon ein Jahr später im Kindbett gestorben wäre. Der trauernde Witwer – von Lord Byron als *lonely lord* besungen – war auf der Insel sehr populär. Nebenbei war er, laut Napoleon, der schönste Prinz Europas. Also begannen nun in London Vertragsverhandlungen zwischen ihm und *these Belgians*. Leopold war darin schon geübt, denn wenige Monate zuvor war er noch der heiße Favorit für den ebenfalls zu besetzenden griechischen Thron gewesen. Letztlich hatte er das Angebot aber abgelehnt. Im Fall von *little Belgium* konnte dagegen eine Einigung erzielt werden. Das Land, das er von nun an regierte, hatte ihn bis dahin nicht im Geringsten interessiert. Aber wie ein guter CEO arbeitete er sich sofort in sein neues Aufgabenfeld ein und unternahm alle nötigen Schritte. 1832 heiratete er Louise, die älteste Tochter des französischen Königs Louis-Philippe, und sicherte seinem Land im andauernden Konflikt mit den Niederlanden so die Unterstützung des mächtigsten Nachbarn. Über enormen Einfluss verfügte er in Großbritannien, da ihn Thronanwärterin Victoria als Ersatzvater betrachtete. Ihre Bewunderung für *dearest Uncle Leopold* war grenzenlos, zumal er ihr durch Vermittlung seines Neffen Albert von Sachsen-Coburg und Gotha auch noch höchstes Eheglück bescherte. 40 Jahre lang, von 1825 bis zu seinem Tod, schrieben sich Victoria und Leopold bis zu dreimal pro Woche. Als sie 1837 auf den Thron kam, schärfte er seiner *little Majesty* ein, nie etwas Wichtiges zu entscheiden, ohne vorher seinen Rat eingeholt zu haben. Noch heute werden die höchsten britischen Staatsgäste in der *Belgian Suite* des Buckingham-Palastes untergebracht, benannt nach dem ersten König der Belgier. All diese Verbindungen machten ihn zu einem hoch angesehenen Mitglied der europäischen Fürstendynastien. Er war überzeugt, dass die Belgier alles nur ihm zu verdanken hatten: ihren Staat, ihren Wohlstand und ihre „ganze Identität". Die ihm von der Verfassung auferlegten Beschränkungen betrachtete er deshalb als Zumutung und baute seine Position zielstrebig aus. Vor allem die Außen- und Verteidigungspolitik betrachtete er als sein angestammtes Metier. Seine Nachfolger taten es ihm gleich und blieben bis 1945 erhebliche Machtfaktoren in der belgischen Politik. Leopolds Nachfahren regieren bis heute, nur nennen sie sich nicht mehr „von Sachsen-Coburg und Gotha". Seit 1920 führen die Prinzen und Prinzessinnen den Nachnamen „von Belgien", und der regierende Monarch ist schlicht und einfach der König der Belgier.

jedweden Widerstandsgeist schon im Keim zu ersticken. Das bevorzugte Instrument dafür war ein sog. Arbeitsbuch, das die örtlichen Behörden jedem Beschäftigten aushändigten. Wenn dieser eine neue Stelle suchte, konnte der Arbeitgeber Einsicht in dieses Büchlein verlangen. Gehorchte ein Arbeiter nicht aufs Wort oder fiel auf andere Weise unangenehm auf, zog der Vorgesetzte das Buch ein oder beurteilte ihn darin ungünstig. Seine Aussicht, noch einmal Arbeit zu finden, tendierte dann gegen null.

Dennoch kam es in Wallonien immer wieder zu wilden Streiks. 1886 nahmen die Aktionen schließlich ein Ausmaß an, das an revolutionäre Zustände denken ließ: Nach Lohnsenkungen wurden zunächst im Lütticher Revier, dann auch in der Borinage und in Charleroi Fabriken gestürmt, Direktoren-Villen angezündet und Geschäfte geplündert. Die Regierung setzte die Armee ein, um den Aufstand niederzuschlagen, 24 Tote waren das Ergebnis. Hunderte von Streikbeteiligten kamen vor Gericht, manche von ihnen wurden zu lebenslangem Gefängnis verurteilt. Gleichwohl begann bei den Regierenden nun ein Prozess des Umdenkens, nicht etwa, weil sie die Forderungen der Arbeiter für gerechtfertigt hielten, sondern weil sie eine Destabilisierung des Staates befürchteten. Das Schreckgespenst eines nicht mehr kontrollierbaren Proletariats trieb sie zum Handeln an, zumal sich die Arbeiter zunehmend organisierten: 1885 war nach dem Vorbild der deutschen SPD die Belgische Arbeiterpartei BWP gegründet worden.

Um einer kommunistischen Revolution vorzubeugen, setzten die Eliten darauf, die unteren sozialen Klassen in das politische System zu integrieren. Dazu wurde das Wahlrecht schrittweise ausgeweitet – so verzehnfachte sich die Zahl der Wähler 1893 auf einen Schlag auf knapp 1,4 Millionen bei einer Gesamtbevölkerung von gut sechs Millionen. Jeder männliche Bürger ab 25 Jahren hatte jetzt mindestens eine Stimme, vermögende und gebildete Bürger besaßen jedoch zwei oder drei. Dadurch wurde die BWP 1894 bei den ersten Wahlen nach dem neuen System nur zweitstärkste Kraft mit weitem Abstand zu den Katholiken.

Die Ausweitung des Wahlrechts hatte die Liberalen ihre Machtposition gekostet: Im neuen belgischen Parlament kamen sie nur noch auf 20 Sitze. Die Sozialisten errangen 28 Mandate und die Katholiken 104. Von 1884 bis zum Ersten Weltkrieg wurde Belgien ausschließlich von katholischen Kabinetten regiert. Dies ging ganz wesentlich auch darauf zurück, dass sich die Katholische Partei für Geringverdiener öffnete. Ebenso wie die Kirche wollte sie unter allen Umständen verhindern, dass die gesamte Arbeiterklasse vom Glauben abfiel und ins Lager der Sozialisten wechselte. So entstand nun auch eine katholische Arbeiterbewegung. Die Katholiken waren es auch, die für die Einführung der bis heute in Belgien bestehenden Wahlpflicht sorgten: Der Gedanke dahinter war, dass gemäßigt eingestellte Bürger viel eher geneigt waren, bei den Wahlen zuhause zu bleiben, als Extremisten. Die Katholiken versprachen sich von der Wahlpflicht also mehr Stimmen.

Porträt: John Cockerill

Der Dampfzauberer

John Cockerill (1790–1840) kann ohne Übertreibung als der Mann bezeichnet werden, der die industrielle Revolution auf den europäischen Kontinent brachte. Geboren in der Nähe von Manchester, wurde er mit elf Jahren von seinem Vater William Cockerill nach Lüttich geholt, wo dieser mechanische Webstühle herstellte. John arbeitete zunächst als einfacher Lehrling zwischen Kesselschmieden und Mechanikern. Mit 23 Jahren übernahm er die Fabrik. Der junge Cockerill hatte große Pläne: Als erster auf dem Kontinent wollte er im großen Stil Dampfmaschinen produzieren. Die Region Lüttich war dafür ideal: Hier fanden sich reiche Kohle- und Erzvorkommen, hier war die Bevölkerung seit Langem auf Steinkohleabbau und Eisenverarbeitung spezialisiert, und hier gab es eine perfekte Verkehrsanbindung, die Maas. Was Cockerill allerdings noch benötigte, war Platz – Platz für eine Fabrik. Den bekam er von König Wilhelm höchstpersönlich: 1817 überließ ihm der Monarch zu einem Spottpreis die einstige Sommerresidenz der Lütticher Fürstbischöfe. Beschaulich und einsam lag das Schloss von Seraing inmitten einer parkähnlichen Landschaft. Weniger als zehn Jahre später war die Szenerie nicht mehr wiederzuerkennen: Nun war das Schloss rundum von rauchenden Schornsteinen und Werkshallen eingekesselt. Cockerill musste das Eisen für seine Dampfmaschinen nicht importieren, er stellte es in seiner integrierten Fabrik mit Hochöfen, Eisenhütten und Walzwerken selbst her. 1826 galt die Fabrik mit ihren 2000 Beschäftigten bereits als die größte und modernste Europas. Seraing wandelte sich von einem Bauerndorf zu einem Industriestandort mit 10 000 Einwohnern. „Die Räder, Sägen, Dampfkessel, Walzwerke, Zylinder, Pendel, all diese Monster aus Kupfer, Zinn und Messing, die wir Maschinen nennen und denen der Dampf ein erschreckendes und schreckliches Leben verleiht, brüllen, zischen, quietschen, stöhnen, schnüffeln, bellen, kläffen, reißen die Bronze in Stücke, verdrehen das Eisen, zermahlen den Granit. Und manchmal schreien sie auch vor Schmerz.“ So beschrieb Victor Hugo die Fabrik „des Herrn Cockerill“. Der erhielt seinen Ritterschlag, als ihn Wilhelm I. damit beauftragte, den Eisen-Löwen für den Hügel von Waterloo zu gießen. Entsprechend war die belgische Revolution für Cockerill ein Schock. Nur langsam löste er sich von seinem Förderer Wilhelm und passte sich den neuen Verhältnissen an. Doch der junge belgische Staat bot ihm bald neue Möglichkeiten: Er profitierte wie kein zweiter vom Aufbau des Eisenbahnnetzes – er lieferte Gleise und Lokomotiven, darunter die erste überhaupt in Kontinentaleuropa gebaute, *Le Belge*.

Das kleine Belgien reichte ihm bald nicht mehr, er kannte nur ein Ziel: Expansion. Kohlegruben in Frankreich, Webereien in Preußen, Baumwollfabriken in Barcelona - er kaufte alles ... Konnte das gutgehen? 1838 überschlugen sich die Ereignisse: Krise im Verhältnis zu den Niederlanden, Kriegsgefahr, Run auf die Banken, Finanzkrise, Kreditstopp! Ein Jahr später war seine Firma bankrott, der belgische Staat übernahm die Kontrolle. Mit der Kutsche holperte der gefallene Magnat nach Osten, um beim Zaren in St. Petersburg neue Mittel locker zu machen. Die strapaziöse Reise wurde ihm zum Verhängnis: Auf der Rückfahrt erkrankte er an Typhus und starb mit 50 Jahren in Warschau.

Ein unnatürliches Bündnis von Liberalen und Sozialisten wusste 1899 eine weitere Wahlrechtsreform durchzusetzen: Diesmal ging es um die Einführung des Verhältniswahlrechts – eine Weltpremiere, da sonst überall nur die Mehrheit im Wahlkreis ausschlaggebend war. Die erdrückende katholische Mehrheit wurde dadurch bei den nächsten Wahlen im Jahr 1900 etwas verringert: 86 katholischen Abgeordneten standen nun 33 liberale und 32 sozialistische gegenüber. Nach und nach kam nun auch eine Sozialgesetzgebung zustande, im Vergleich zu den anderen europäischen Industrienationen allerdings immer noch sehr bescheiden und verspätet. So war Belgien 1914 das letzte entwickelte Land, das die Schulpflicht einführte.

Der belgische Maler und Zeichner James Ensor (1860–1949) hat das Klima seines Landes in einer einzigen Zeichnung treffend eingefangen: „Belgien im 19. Jahrhundert" zeigt einen gottgleich über der Volksmasse schwebenden König Leopold II. Die Menge ist in Bewegung und schwenkt eine Fahne mit Forderungen wie *suffrage universel* (allgemeines Wahlrecht) und *instruction obligatoire* (Schulpflicht). Doch der Gekrönte schaut durch sein Monokel befremdet auf die Arbeiter hinunter und erwidert: „Was wollt ihr? Seid nicht unzufrieden! Ein wenig Geduld! Keine Gewalt!"

„Sire, es gibt keine Belgier!" Die Flämische Bewegung

König Leopold I. war wahrlich polyglott. Er sprach fließend Deutsch, Englisch und Französisch – Letzteres allerdings mit deutschem Akzent –, und manchmal verwendete er alle drei Sprachen in einem einzigen Satz. Mit dem Niederländischen hatte er es dagegen nicht so. Als er 1856 eine Fabrik in Gent besuchte, konnte er sich mit den Beschäftigten nicht verständigen. Die Arbeiter zeigten sich aber erfreut über „seinen Gesichtsausdruck und die Wärme seiner Stimme".

Niederländisch war die Muttersprache von mehr als der Hälfte aller Belgier, aber der Staat verstand diese Sprache nicht. Der König, die Regierung, die Parlamentsabgeordneten, die Beamten, die Richter, die Professoren – sie alle sprachen nur Französisch. Gesetze konnten nur in Kraft treten, wenn sie auf Französisch formuliert waren. Und das, obwohl im Grundgesetz stand: „Die Verwendung der in Belgien gesprochenen Sprachen ist frei."

Die Regierung in Brüssel hätte auch jederzeit bestritten, eine Kampagne gegen eine bestimmte Sprache zu führen oder irgendjemanden zu benachteiligen. Ihre Argumentation ging ungefähr so: Was im Norden von Belgien gesprochen wurde, war gar keine Sprache. Es war ein Dialekt oder vielmehr eine Ansammlung unterschiedlicher Dialekte. So unterschiedlich, dass sich die Flamen untereinander oft gar nicht verstanden. Letzteres stimmte sogar: Die flämischen Spielarten des Niederländischen unterschieden sich so stark, dass ein Einwohner von Hasselt kaum eine Unterhaltung mit einem Landsmann aus Kortrijk führen konnte. Dass man Dialekte nicht zur Landes- und Amtssprache erheben konnte, war natürlich klar. Damit hatte sich die Sache aus Sicht der frankophonen Elite erledigt. Belgier aus dem Norden mochten sich daheim oder in der Fabrik gern auf Flämisch austauschen, Belgier aus dem Süden konnten ihre eigene Regionalsprache, das Wallonische, pflegen – aber verbunden wurden sie alle durch das Französische, *die* Kultursprache schlechthin. Wo war das Problem?

Lange Zeit hatten selbst die Eliten niederländischsprachiger Städte wie Gent, Brügge und Antwerpen auf diese Frage keine Antwort. Durch ihre Zweisprachigkeit grenzten sie sich selbst von den unteren Schichten ab. „Wer Flämisch sprach, wurde unwiderruflich der Gruppe derjenigen zugeteilt, die Mützen und Arbeitskleidung trug", erinnerte sich noch 1976 die in Gent geborene Schriftstellerin Suzanne Lilar (1901–1992). „Französisch zu sprechen, zeugte dagegen von gutem Geschmack und Ansehen und sogar – seit das Lateinische verschwunden war – von Humanismus. Wer nach Höherem strebte, wer seinen gesellschaftlichen Aufstieg herausstellen wollte, konnte nicht anders, als sich dieser Sprache zu bedienen. Wer sich dagegen selbst niedermachen wollte, der neigte dazu, das Französische zusammen mit anderen Vorzügen über Bord zu werfen. Der Masochismus sprach Flämisch."

Dieser Minderwertigkeitskomplex saß so tief, dass der Widerstand gegen die Dominanz des Französischen anfangs nur sehr zaghaft in Gang kam. Der allererste Hinweis auf das Kommende war vielleicht eine Bedeutungsverschiebung dessen, was mit dem Wort *flämisch* gemeint war: Flämisch waren von ungefähr 1835 an nicht mehr nur die Einwohner der Provinzen West- und Ostflandern, sondern alle, die Niederländisch sprachen. Liebhaber des Flämischen wurden *Flaminganten* genannt. Sie bildeten zunächst eine rein literarische Bewegung. Ihre Vertreter – Schriftsteller, Lehrer, Priester – waren im Vereinigten Königreich Wilhelms I. groß geworden und hatten aus dieser Zeit mitgenommen, dass sie sich ihrer Sprache nicht zu schämen brauchten, sondern dass es eine Kultursprache war, auf die man stolz sein konnte. So dachte zum Beispiel der Schriftsteller Hendrik Conscience. Er und andere Literaten richteten sich gegen die *verfransing*, die Französisierung des Landes, aber keinesfalls gegen das Land selbst. Belgien zeichnete sich für sie gerade durch seine Zweisprachigkeit aus – das war sein großer Trumpf, dadurch war es unverwechselbar. Belgischer Patriotismus und flämisches Selbstbewusstsein waren nach Consciences Überzeugung kein Widerspruch, sondern verstärkten sich gegenseitig.

Die Flaminganten erkannten, dass sie ihrer Muttersprache nur dann zu einer Aufwertung verhelfen konnten, wenn diese auch von der frankophonen Führungsschicht als vollwertige Sprache akzeptiert und nicht mehr als eine Ansammlung von Dialekten abgetan wurde. Deshalb wollten sie erreichen, dass sich in Flandern – und damit waren nun alle niederländischsprachigen Gebiete in Belgien gemeint – anstelle der vielen Dialekte eine einheitliche Standardsprache einbürgerte. Dies sollte das Niederländische sein, so wie es in den nördlichen Niederlanden gesprochen und geschrieben wurde. Dagegen standen die Sprach-Partikularisten, die den Reichtum flämischer Dialekte erhalten wollten. Dieser Streit, der von 1839 bis 1844 seinen Höhepunkt erreichte, ging als *spellingoorlog*, als Rechtschreib-Krieg, in die Geschichte ein. Durchsetzen konnten sich schließlich die Befürworter einer Vereinheitlichung nach niederländischem Vorbild, weil sich die belgischen Behörden auf ihre Seite stellten. Wäre dies nicht geschehen, könnten sich Niederländer und Flamen heute vermutlich gar nicht verständigen. In Belgien würde dann kein Niederländisch gesprochen, sondern eine flämische Regionalsprache mit einem ähnlich geringen Stellenwert wie dem Bretonischen in Frankreich oder dem Walisischen in Großbritannien.

In den 1840er-Jahren begannen die Flaminganten, erste sprachpolitische Forderungen zu erheben. Dazu gehörte die Einführung von Niederländisch in der Verwaltung, in Gerichtsprozessen und an weiterführenden Schulen. Der belgische Regierungschef Charles Rogier, ein Veteran der 1830er-Revolution, wies die Forderungen jedoch hochmütig ab, da sie die Einheit Belgiens gefährdeten. Für ihn gab es keine Flamen oder Wallonen, sondern nur Belgier, und deren offizielle Sprache war Französisch. Rogiers Reaktion war symptomatisch für die Haltung der frankophonen Elite und muss im Nachhinein als Kardinalfehler des belgischen Staates betrachtet werden, denn mit ihrer kompromisslosen und arroganten Haltung gegenüber den zu dieser Zeit noch sehr bescheidenen Forderungen der Flämischen Bewegung provozierten Rogier und andere Französisch sprechende Politiker deren spätere Radikalisierung.

Erst eine Reihe Aufsehen erregender Fälle von sprachlicher Diskriminierung löste allmählich ein Umdenken aus. Der bekannteste davon war der „Fall Coucke und Goethals" von 1860. Der Kartoffelverkäufer Jean Coucke und der Grubenarbeiter Pieter Goethals stammten aus Flandern, waren aber wie Tausende andere in die wallonischen Industriereviere gezogen, um dort Arbeit zu finden. In einer verregneten Märznacht 1860 wurde dort die wohlhabende Witwe Dubois in ihrer Wohnung in einem Vorort von Charleroi von drei maskierten Räubern überfallen und schwer verletzt. Gegenüber dem Untersuchungsrichter gab die 71-Jährige über die Täter zu Protokoll: „Sie sprachen Flämisch miteinander!" Kurz darauf starb sie. Schnell fiel der Verdacht auf die beiden Flamen Coucke und Goethals, die in besagter Nacht in einem Wirtshaus ganz in der Nähe gezecht hatten. Sie wurden festgenommen und vor Gericht gestellt. Goethals bekannte sich zunächst schuldig, zog sein Geständnis aber später zurück. Coucke stritt alles ab. Die beiden wurden zum Tode verurteilt und hingerichtet. Ein Jahr später ergab sich eine dramatische Wendung: 14 Mitglieder der berüchtigten „Schwarzen Bande", die seit Jahren den Hennegau unsicher machte, kamen vor Gericht, und einer von ihnen gestand dort, dass er und andere Mitglieder der Bande die Witwe Dubois überfallen hätten. Coucke und Goethals seien unschuldig gestorben. Die Bande hatte demzufolge bei ihren Raubzügen öfters Flämisch gesprochen, um die Behörden auf eine falsche Spur zu locken. Andere Bandenmitglieder sagten dagegen aus, dass Coucke und Goethals durchaus an dem Überfall beteiligt gewesen seien. Gleichwohl galt der Fall nun als Justizskandal und löste in Flandern ungeheure Empörung aus. Coucke und Goethals wurden als flämische Märtyrer betrachtet. Es hieß, dass sie kein oder fast kein Französisch gesprochen hätten und ihrem Prozess deshalb nicht hätten folgen können. Angesichts der Tatsache, dass sie beide seit vielen Jahren in Wallonien lebten und arbeiteten, erscheint dies allerdings kaum glaubhaft. So oder so illustrierte der Fall aber die Ungerechtigkeit eines rein französischsprachigen Justizwesens – und verstärkte die Debatte über eine Abschaffung der Todesstrafe.

Ein anderer Fall, der von den Flaminganten öffentlichkeitswirksam ausgeschlachtet wurde, war der des Arbeiters Jozef Schoep aus dem Brüsseler Volksviertel Molenbeek. Er hatte sich geweigert, die Geburt seines Kindes auf Französisch zu melden, und war dafür zu einer Geldstrafe verurteilt worden. 1873 demonstrierten daraufhin 10 000 Menschen in Brüssel für Schoep und die Rechte der Flamen. Sie schwenkten Flaggen und Banner und sangen das Volkslied „Der flämische Löwe". Keine zwei Monate später erließ das belgische Parlament ein Gesetz, das Niederländisch als Gerichtssprache zuließ. Jeder Angeklagte hatte nun das Recht, in seiner eigenen Sprache angehört zu werden. 1878 wurde Niederländisch auch in der öffentlichen Verwaltung in Flandern legalisiert, und ab 1883 konnten einige Fächer an weiterführenden Schulen auf Niederländisch unterrichtet werden. In der Praxis änderte sich dadurch allerdings nur wenig. Der liberale Justizminister Jules Bara erklärte, eine Gleichberechtigung des Niederländischen sei ein ähnlich utopischer Gedanke wie der, „einen Strom von seiner Mündung zur Quelle zurückfließen zu lassen".

Mit den Jahren wurde die Flämische Bewegung jedoch immer einflussreicher. Dies hatte zwei Gründe: Erstens gab die zweite industrielle Revolution Ende des 19. Jahrhunderts auch der Wirtschaft in Flandern einen kräftigen Wachstumsschub; das beste Beispiel dafür war der enorme Aufschwung des Hafens von Antwerpen. Dies steigerte das Selbstbewusstsein des flämischen Bürgertums. Zweitens sorgte die Ausweitung des Wahlrechts dafür, dass die Brüsseler Politiker die Flamen nicht mehr einfach ignorieren konnten.

Die Flaminganten entstammten fast alle der Mittelschicht, es waren Lehrer, Beamte, Journalisten, meist Menschen, die in ihrem Beruf viel mit Sprache zu tun hatten. Sie befanden sich in einer Sandwich-Position zwischen der reichen französischsprachigen Bourgeoisie und der Unterschicht. Von den flämischen Arbeitern und Bauern hoben sie sich dadurch ab, dass sie als einzige reines Hochniederländisch beherrschten, wohingegen das einfache Volk flämischen Dialekt sprach. Ausgerechnet diejenigen, die sich für sprachliche Gleichberechtigung einsetzten, grenzten sich selbst also auch wieder durch ihre Sprache ab.

Theoretisch war die Flämische Bewegung parteipolitisch unabhängig, doch in der Praxis war sie eng mit der Katholischen Partei verbunden. Die Liberalen wurden mit der großbürgerlichen frankophonen Elite in Brüssel und Wallonien gleichgesetzt und kamen deshalb als politische Heimat nicht infrage. Die sozialistische BWP war in den wallonischen Industriegebieten verankert und widersprach dem bürgerlichen Charakter der Flaminganten. So blieben nur die Katholiken als politische Heimat übrig. Die Flaminganten stellten die traditionelle Volksfrömmigkeit Flanderns heraus und kontrastierten diese mit dem aus Frankreich stammenden Liberalismus. Der flämische Katholizismus profilierte sich so als Bollwerk gegen die „gottlose" Moderne. Dies konnte den katholischen Bischöfe nur recht sein, und deshalb unterstützten sie die Forderungen der Flamen, allerdings nur bis zu einer gewissen Grenze: Der belgische Staat durfte in ihren Augen nicht infrage gestellt werden. Die Kirche, die die Unabhängigkeit 1830 wesentlich mit zustande gebracht hatte, betrachtete sich immer noch als Garanten der belgischen Einheit. Traditionell unterhielt sie enge Beziehungen sowohl zum politischen Establishment in Brüssel als auch zum Königshaus.

Für Leopold I. war der katholische Glaube – obschon er selbst Protestant blieb – das einzig wirklich verbindende Element zwischen Flamen und Wallonen und deshalb Kern der belgischen Identität.

1898 erkannte das Parlament schließlich in einem *Gelijkheidswet* (Gleichheitsgesetz) Niederländisch als gleichberechtigte Amtssprache neben dem Französischen an. Das bedeutete, dass Gesetze nun auch dann Rechtskraft besaßen, wenn sie auf Niederländisch abgefasst waren. Das Gesetz war ein Meilenstein für die Flämische Bewegung. An diesem Punkt hätte nun die Möglichkeit für die Entwicklung Belgiens zu einem zweisprachigen Land bestanden – einem Land, in dem es überall sowohl französisch- als auch niederländischsprachige Schulen gegeben hätte und in dem alle Amtsträger, vom Parlamentsabgeordneten bis zum Richter, beide Sprachen hätten beherrschen müssen. Diese Vorstellung war für die Wallonen jedoch inakzeptabel. Es war ihnen nach ihrer festen Überzeugung einfach nicht zuzumuten, sich die „provinzielle" und „hässliche" Sprache anzueignen, deren Verbreitungsgebiet auf einen überschaubaren Teil Nordwesteuropas beschränkt war. Die Wallonische Bewegung, die sich mittlerweile als Reaktion auf die Flämische Bewegung gebildet hatte, lehnte jede Forderung nach einer Gleichstellung des Niederländischen vehement ab. Die vielen tausend Flamen, die in Wallonien arbeiteten, sollten sich gefälligst anpassen und Französisch sprechen. Gleichzeitig verlangte die Wallonische Bewegung aber durchaus ein zweisprachiges Flandern, in dem Wallonen ihre Kinder weiter auf französische Schulen schicken und auch ohne ein Wort Niederländisch durchs Leben gehen konnten.

Dies war für die Flämische Bewegung natürlich inakzeptabel: Sie bestand auf der gleichen Sprachpolitik in beiden Teilen des Landes. Ihr nächstes Etappenziel war es nun, eine eigene niederländischsprachige Elite herauszubilden. Dies war nach ihrer Meinung aber nur möglich, wenn an den Schulen und Universitäten von Flandern ausschließlich Niederländisch gesprochen wurde. Während die Flaminganten bis dahin für Zweisprachigkeit eingetreten waren, verlangten sie nun also Einsprachigkeit. Die Niederlandisierung der Universität Gent wurde ihre neue Hauptforderung.

So ist es dazu gekommen, dass Belgien heute in weiten Teilen kein zweisprachiges Land ist, sondern ein Land mit zwei Sprachen. Im Norden wird Niederländisch gesprochen, im Süden Französisch. Jede Sprachgruppe grenzte ihr Territorium ab. Schon zu Beginn des 20. Jahrhunderts war die Spaltung Belgiens so offensichtlich, dass der wallonische Sozialist Jules Destrée 1912 in einem berühmt gewordenen Brief an König Albert erklärte: *Sire, (...) Vous régnez sur deux peuples. Il y a en Belgique des Wallones et des Flamands; il n'y a pas de Belges.* – „Sire, Sie regieren über zwei Völker. In Belgien gibt es Flamen und Wallonen; es gibt keine Belgier."

Stichwort: Art nouveau

Ausdruck eines neuen Lebensgefühls

1893 stellte der junge Architekt Victor Horta (1861–1947) in Brüssel ein Stadthaus fertig, das ihn auf einen Schlag berühmt machte, weil es ganz anders war als alles, was man bis dahin gekannt hatte. Das Hôtel Tassel – Wohnhaus des Physik- und Chemieprofessors Emile Tassel – war nicht in einem historisierenden Retrostil wie der Neogotik oder dem Neoklassizismus gebaut, sondern spiegelte die Gegenwart. Seine geschwungenen Linien vermittelten den Eindruck von Bewegung und Energie, zeitgemäße Materialien wie Eisenträger – die man bis dahin nur aus Fabriken oder Bahnhöfen kannte – wurden nicht länger verkleidet, sondern freige-

Das verlorene Kronjuwel. Das 1899 eröffnete und 1965 abgerissene Maison du Peuple (Volkshaus) des Art-nouveau-Architekten Victor Horta in Brüssel.

stellt. Dadurch verliehen sie dem Gebäude „Wahrhaftigkeit“. Obwohl das Grundstück nur schmal war, wirkte das Haus groß und geräumig, weil durch ein Glasdach Licht in das offene Treppenhaus fiel. Es war, als würde von oben ein großes Auge in alle Stockwerke hineinschauen. Hortas Entwurf war das erste Beispiel für einen Stil, der schon bald viele Städte Europas prägen sollte. In Belgien und Frankreich nennt man ihn Art nouveau, in Österreich Secession, in Spanien Modernismo, in Italien Stile floreale und in Deutschland Jugendstil. Aber in keiner anderen Metropole setzte sich das neue Stilempfinden so schnell und so flächendeckend durch wie in Brüssel. Die neuen Reichen erkannten in der avantgardistischen Formensprache ihr eigenes Lebensgefühl wieder: Sie brachen mit der Vergangenheit, verschrieben sich dem Fortschritt und glaubten an die Machbarkeit der Welt. So erlebte Brüssel einen wahren Schönheitsschub und verpackte ganze Viertel wie Ixelles und Saint-Gilles in zart verschlungene Jugendstilranken. In schnellem Tempo entstanden in nur gut zehn Jahren Kaufhäuser, Geschäfte, Fabriken und Badeanstalten in den neuen fließenden Formen. Florale Motive wie Blumenblätter, Gräser und Seerosen gaben den Konstruktionen eine organische Komponente. Die Art-nouveau-Architekten wollten die gesamte Lebenswelt ästhetisch umformen und lieferten deshalb nicht nur leere Häuser, sondern auch die dazugehörigen Möbel und Tapeten, ja Türklinken, Heizkörper, Glühlampenfassungen und Klobrillen. Jeder Handlauf war ein Kunstwerk in Form einer grazilen Metallschlange oder geschmeidigen Holzschnecke. Kolonialverwalter, Großindustrielle und Eisenbahnmagnaten engagierten junge, oft links orientierte Baumeister wie Paul Hankar, Henry Van de Velde, Ernest Blerot, Gustave Strauven und Gustave Serrurier-Bovy. Aber der begehrteste blieb doch der „Erfinder“ des neuen Stils, Victor Horta, Schustersohn aus Gent. Er baute Luxusvillen und Konsumtempel, doch sein Meisterwerk wurde die Kathedrale der belgischen Arbeiterbewegung: das 1897 fertiggestellte *Maison du Peuple*, Büro- und Versammlungsgebäude der sozialistischen Partei BWP. Die gesamte Architektur war hier in ein Stahlskelett aufgelöst, dazwischen ließen große Fenster das Licht herein. Eisenrippen reihten sich an Glasfelder, Mauerwerk gab es kaum noch. Schon von außen konnte man nun die Struktur des Gebäudes „lesen“. Keinen Palast hat der Architekt bauen wollen, „sondern ein Haus, dessen Luxus in Licht und Luft bestand, die den Arbeitern so lange vorenthalten waren“.

KAPITEL 4

Herz der Finsternis – Kolonialmacht Belgien

Die Handabschneider. Der Kongo-Freistaat Leopolds II.

Im August 1890 kämpfte sich ein alter verrußter Heckraddampfer mit qualmendem Schornstein den Kongo hinauf. Die Luft war schwer und drückend, an beiden Ufern breitete sich Urwald aus. Immer tiefer drang das Schiff in die Wildnis vor, passierte Sandbänke, auf denen Krokodile und Nilpferde dösten, Wasserfälle und Stromschnellen. Kapitän Józef Konrad Korzeniowski hatte seit seiner Kindheit in Polen davon geträumt, ins Innerste Afrikas zu reisen. Wie vielen Europäern erschien es ihm als wilde und rätselhaft fremde Gegenwelt zur bürgerlichen Gesellschaft. Aber jetzt, da dieser Traum wahr wurde, war alles ganz anders, als er es sich vorgestellt hatte. Der 32 Jahre alte Korzeniowski im Ruderhaus auf dem Oberdeck des Dampfers litt an einem Fieber, und der endlose, schweigende Dschungel bedrückte ihn. Aber das wirklich Schlimme war noch etwas anderes. Er hatte den Eindruck, als führe ihn der Fluss geradewegs ins Grauen – zum blinden Fleck der menschlichen Zivilisation. Berichte über furchtbare Grausamkeiten waren zu ihm vorgedrungen: weiße Kolonisatoren, die ihren Gartenzaun mit den Schrumpfköpfen getöteter Einheimischer verzierten. Selbst sah er später an Land Leichen am Weg liegen und ein Skelett an einem Pfosten hängen. Am Stützpunkt Stanley Falls angekommen, verschlechterte sich sein Gesundheitszustand. Mittlerweile hatte er nur noch einen Gedanken: Raus aus dieser Hölle!

Neun Jahre später verarbeitete er seine Erlebnisse zu einem Roman in englischer Sprache, den er später unter dem Autorennamen Joseph Conrad veröffentlichte: *Heart of Darkness*, „Herz der Finsternis“ – ein literarischer Angriff auf den Kolonialismus. Dieses Werk der Weltliteratur hat wesentlich dazu beigetragen, das Interesse an einer Geschichte wach zu halten, die ebenso unglaublich wie schrecklich ist: die Inbesitznahme und Ausplünderung eines gewaltigen Teils Zentralafrikas durch einen einzigen Menschen. Der altersschwache Dampfer, auf dem Korzeniowski seine Fahrt in die Finsternis angetreten hatte, war nach diesem Mann benannt. *Roi des Belges* hieß das Schiff – König der Belgier; gemeint war Leopold II.

Die Geschichte beginnt am Morgen des 7. Januar 1876 im Palast von Laken, hoch über Brüssel. Leopold II., König der Belgier seit nunmehr elf Jahren, war wie stets schon seit fünf Uhr morgens auf den Beinen. Er war ein eindrucksvoller, großer und hagerer Mann mit dem Bart eines Propheten und einer langen, gebogenen Nase, die ihn nach den Worten des englischen Premierministers Benjamin Disraeli aussehen ließ wie einen „jungen Märchenprinzen, den eine böse Fee verwunschen hat". Wenn er ging, sah man, dass er hinkte. Zum Frühstück erhielt der König die „Times", die ihm täglich in einem zylinderförmigen Behälter per Eisenbahn und Dampfschiff in die Hauptstadt geliefert und anschließend von einem Butler gebügelt wurde. Auf Seite 6 erregte eine kleine Meldung aus Angola das Interesse des Monarchen: Der schottische Entdecker Verney Lovett Cameron hatte nach einer dreijährigen Reise durch Zentralafrika die Westküste des Kontinents erreicht. Zwar sei er zu krank, um sofort nach Großbritannien zurückzukehren, doch habe er Briefe an die Royal Geographical Society gesandt, die am darauffolgenden Montag öffentlich verlesen werden sollten. Vier Tage später las Leopold in der „Times", dass der Präsident der Gesellschaft, Sir Henry Rawlinson, Camerons Reise in den höchsten Tönen gelobt hatte. Nach Camerons Worten sei das Innere Afrikas ein „Land von unvorstellbarem Reichtum", dessen Erschließung sich „für jeden geschäftstüchtigen Kapitalisten, der die Sache in die Hand nehmen würde", binnen kürzester Zeit auszahlen könne. Natürlich müssten zuvor noch einige „diplomatische Hürden" überwunden werden, da das Traumland bekanntlich bisher noch von keiner europäischen Macht beansprucht worden sei.

Diese Worte müssen den König der Belgier geradezu elektrisiert haben. War nicht genau er der „geschäftstüchtige Kapitalist", der dieses Projekt in Angriff nehmen konnte? Leopold war reich – er hatte von seinem Vater Leopold I. 15 Millionen Francs geerbt und diese Summe durch erfolgreiche Spekulation in Aktien des Suezkanals noch vergrößert. Und seit vielen Jahren war es sein größter Wunsch, für Belgien eine Kolonie zu erwerben. Noch als Kronprinz hatte er 1862 einen Monat in Sevilla verbracht: „Ich bin hier sehr eifrig damit beschäftigt, die Westindischen Archive zu durchforsten und den Gewinn zu berechnen, den Spanien aus seinen Kolonien gezogen hat und bis heute zieht", schrieb er an einen Freund. Es gab allerdings zwei scheinbar unüberwindliche Hindernisse für die Verwirklichung seiner Pläne: Erstens hatten seine Untertanen und deren Regierung nicht das geringste Interesse daran – es war leider nur ein „kleines Land mit kleinen Leuten", wie Leopold grollte – und zweitens sahen die etablierten Kolonialmächte, allen voran England und Frankreich, keine Notwendigkeit dafür, dem kleinen Belgien freiwillig irgendwelche Plätze an der Sonne zu überlassen.

Leopold hatte schon alles versucht. Immer wieder hatte er den Globus abgetastet, aber am Ende war doch jede Hoffnung zerstoben. Zu den Gebieten, um die er sich vergeblich bemüht hatte, zählten Kreta, Kuba, Teile von Texas, die Färöer-Inseln, verschiedene Karibik-Inseln, Guatemala, Borneo, die Neuen Hebriden, die Fidschi-Inseln, die Salomonen, die Provinz Entre Rios in Argentinien, Formosa (Taiwan), die Philippinen, Neu-Guinea. Im Ganzen unternahm er nicht weniger als 55 Versuche für die Gründung einer Kolonie. Aber das Ende kam immer spätestens dann, wenn ihm das Foreign Office in London den diskreten Hinweis gab: *Do not go there*. Das Britische Empire wünschte keine Mitbewerber.

Und nun also ein „Land von unvorstellbarem Reichtum“. Diesmal, so schwor sich der König insgeheim, würde er sich die Beute nicht entgehen lassen. Aber dazu musste er alles richtig machen.

Der erste Schritt bestand darin, dass Leopold die bekanntesten Afrika-Kenner seiner Zeit zu einem Geografischen Kongress nach Brüssel einlud. Die Planung dieses Treffens überwachte er bis ins kleinste Detail, so kontrollierte er selbst die Schreibweise der Namen auf den Einladungskarten. Am Abend des 11. September 1876 stiegen die berühmtesten Entdecker ihrer Zeit die Stufen des Königlichen Palastes in Brüssel hinauf. Aus Deutschland angereist war Gerhard Rohlfs, der als erster Europäer die Sahara durchquert hatte; mit einem eigenen Schiff aus England abgeholt worden war Sir Henry Rawlinson, der Entzifferer persischer und assyrisch-babylonischer Keilschriften; aus Frankreich kam Victor de Compiègne, der den Ogowe-Fluss erkundet hatte. Aber auch Philanthropen wie der Präsident der britischen Gesellschaft gegen die Sklaverei, Vertreter wichtiger Handelsgesellschaften und Admiräle waren dabei. Sie alle wurden in den von 7000 Kerzen erhellten Thronsaal geführt, in dem sie der König persönlich in gleichermaßen perfektem Französisch, Deutsch oder Englisch begrüßte. Den Gästen wurde für die Dauer ihres Aufenthalts jeder Wunsch von den Augen abgelesen. Sir Henry Rawlinson schrieb noch am ersten Abend an seine Frau: „Ich habe ganz für mich eine prachtvolle Suite von Appartements – nichts als karminroter Damast und Gold. Alles ist rot, sogar die Tinte und das Toilettenpapier.“

Am nächsten Tag begrüßte Seine Majestät die Gäste mit einer meisterhaften Rede: „Meine Herren, erlauben Sie mir, Ihnen auf das Herzlichste zu danken für den Enthusiasmus, mit dem Sie meiner Einladung gefolgt sind. Der Zivilisation den einzigen Teil unseres Planeten zu erschließen, in den sie noch nicht vorgestoßen ist, die Dunkelheit zu durchdringen, die ganze Völkerschaften umhüllt, darf ich wohl als einen Kreuzzug bezeichnen, der diesem Zeitalter des Fortschritts wohl ansteht." Und um gar keine Missverständnisse aufkommen zu lassen, fügte er hinzu: „Belgien, ein zentral gelegenes und politisch neutrales Land, schien mir ein passender Ort für eine solche Versammlung. Muss ich eigens erwähnen, dass kein Eigennutz mich leitete, als ich Sie nach Brüssel einlud? Nein, meine Herren, Belgien mag ein kleines Land sein, aber es ist glücklich und zufrieden mit seinem Los."

Der Kongress wurde ein großer Erfolg. Er endete mit der Gründung einer Internationalen Afrikanischen Gesellschaft, die ihren Hauptsitz in Brüssel haben sollte. Überflüssig zu erwähnen, dass Leopold zu ihrem ersten Präsidenten gewählt wurde. Es war geplant, die letzten weißen Flecken auf der Landkarte zu erschließen und dort Urwald-Krankenhäuser und Forschungsstationen einzurichten. Sofort nachdem die Zeitungen darüber berichtet hatten, begannen Spenden zu fließen. Ferdinand de Lesseps, der Erbauer des Suezkanals, erklärte das Projekt zum „größten humanitären Werk unserer Zeit".

Mit diesem Mandat ausgestattet, kontaktierte Leopold den berühmten Journalisten und Afrika-Forscher Henry Morton Stanley (1841–1904), eben jenen Mann, der 1871 den noch berühmteren verschollenen Entdecker David Livingstone aufgespürt hatte. Nach seinem eigenen Bericht – Stanley war Bestsellerautor – hatte er ihn dabei mit den Worten *„Doctor Livingstone, I presume?"* angesprochen. 1879 brach Stanley im Auftrag Leopolds – oder offiziell im Auftrag der Internationalen Afrikanischen Gesellschaft – auf, um die auf dem Kongress beschlossenen Hospize und Forschungsstationen zu gründen. Ungefähr zu dieser Zeit begann der Name *Kongo* in Europa allmählich von dem Fluss selbst auf sein gesamtes Umland überzugehen: das Kongobecken mit seinem Geflecht aus Zuflüssen und unermesslichen Regenwäldern (die größten nach dem Amazonasgebiet). Leopold konnte nun nichts anderes tun als abzuwarten. Ob Stanley jemals zurückkehren würde, war völlig ungewiss. Nicht genug, dass viele Weiße in Äquatorialafrika binnen kürzester Zeit an Krankheiten starben: Da der Kongo aufgrund starker Stromschnellen nur teilweise schiffbar war, musste Stanley mit seinen Söldnern zur Umgehung dieser Katarakte Trassen durch den Urwald anlegen. Durch diese Schneisen schleppten sie ihre gesamte Ausrüstung einschließlich ihrer auseinandergebauten Dampfboote über Berge und durch Täler. Unter unvorstellbaren Strapazen und im Wettlauf mit dem in französischen Diensten stehenden Rivalen Pierre Savorgnan de Brazza gründete Stanley am Unterlauf des Flusses tatsächlich mehrere Stützpunkte. Einen davon nannte er *Léopoldville* – heute die zweitgrößte Stadt Afrikas, Kinshasa. 1882 kehrte Stanley schwerkrank nach Europa zurück, doch Leopold ließ ihn gleich wieder umkehren. Ausgerüstet mit einer kleinen Privatarmee, Schnellfeuergewehren und Krupp-Kanonen schloss Stanley etwa 400 Verträge mit Häuptlingen. Per Kreuzchen stellten sich die des Lesens unkundigen Bantu-Führer unter den Schutz des belgischen Königs, wofür sie ihm die Erforschung und den Abbau von Rohstoffen in ihren Stammesgebieten zugestanden.

Damit hatte sich Leopold auf dem Papier riesige Gebiete des Kongobeckens angeeignet. Ohne die Zustimmung der europäischen Großmächte war dies jedoch wenig wert. Er gründete deshalb zunächst eine weitere Gesellschaft mit dem klangvollen Namen *Association Internationale du Congo* (AIC). Diese Gesellschaft, so ließ er wissen, wolle den Kongo erschließen, die Bevölkerung von der Geißel afro-arabischer Sklavenhändler befreien und im Übrigen Handelsfreiheit für alle interessierten Nationen garantieren. Diese Botschaft ließ Leopold so erfolgreich von bezahlten Diplomaten und Journalisten verbreiten, dass als erstes Land 1884 die USA seinen Anspruch auf den Kongo anerkannten. Als nächstes folgte Frankreich. Die Franzosen fürchteten vor allem die Konkurrenz der Briten – der König des kleinen Belgien flößte ihnen dagegen keinerlei Angst ein. Im Gegenteil, die Regierung in Paris war davon überzeugt, dass Leopold – der noch nicht einmal die Unterstützung seines eigenen Staates besaß – nicht über die finanziellen Reserven verfügte, um das riesige Stromgebiet des Kongo zu erschließen. Überaus geschickt ging Leopold darauf ein, indem er Frankreich das Vorkaufsrecht für den Kongo garantierte, falls er das Land tatsächlich würde aufgeben müssen.

Doch damit hatte er den Kongo immer noch nicht in der Hand. Leopold wusste, dass er dafür die Zustimmung des mächtigsten Manns auf dem europäischen Kontinent benötigte – er brauchte Reichskanzler Otto von Bismarck. Der Fürst war vielleicht der einzige Staatsmann, der es an Schläue und Durchtriebenheit mit Leopold aufnehmen konnte. Er erkannte sofort, dass die Knebelverträge, die Stanley in Leopolds Auftrag mit den afrikanischen Häuptlingen geschlossen hatte, nicht mit den hehren Zielen der AIC zu vereinbaren waren. Als ihn Leopold in einem Schreiben davon zu überzeugen versuchte, dass er den Sklavenhandel bekämpfen wollte, notierte Bismarck am Rand das Wort „Schwindel“. Allerdings sah auch er den Kongo lieber in der Hand des belgischen Königs denn als Teil des französischen Kolonialreichs. Um die Sache zu klären, berief er von November 1884 bis Februar 1885 eine internationale Konferenz auf seinem Amtssitz in der Berliner Wilhelmstraße ein – die berühmte Kongo-Konferenz oder auch *Berlin Conference*. Ihr Hauptergebnis war, dass die von Leopold für seine AIC beanspruchten Gebiete als neutraler Staat mit ihm als Souverän anerkannt wurden. Dabei glaubten die im verschneiten Berlin versammelten Diplomaten daran, eine Art internationale Freihandelszone aus der Taufe

Väter eines Schurkenstaats. Neben König Leopold II. und dem Entdecker Henry Morton Stanley wird auf dieser Zeichnung auch der deutsche Reichskanzler Otto von Bismarck als Gründer des Kongo-Freistaats dargestellt. Er hatte 1884/85 die Kongo-Konferenz in Berlin ausgerichtet.

zu heben, über die Leopold so etwas wie eine Schirmherrschaft ausübte. Kaufleute aller Nationen sollten im Kongo ohne Zölle und Tarife gleichberechtigt Handel treiben dürfen. Gleichzeitig hoffte man, dass dieser neutrale Staat als Puffer zwischen den beiden großen Kolonialmächten auf dem afrikanischen Kontinent – Frankreich und Großbritannien – dienen würde. An eine belgische Kolonie war absolut nicht gedacht. Auf der Abschlusssitzung der Konferenz sprach Bismarck seine besten Wünsche „für eine gedeihliche Entwicklung" des neuen Staates und seines „illustren Gründers" aus. Die Teilnehmer sprangen von ihren Plätzen auf und spendeten Beifall.

Leopold war in Berlin nicht selbst zugegen, aber er hatte die Konferenz von Brüssel aus mit größter Aufmerksamkeit verfolgt. Nun war er am Ziel – er war „Inhaber des Kongo", wie er es selbst ausdrückte. Viele Millionen Afrikaner wurden über Nacht einem Mann unterstellt, von dem sie noch niemals gehört hatten und der ihr Land auch niemals betreten würde. In Europa stand Leopold an der Spitze einer konstitutionellen Monarchie, in der das Parlament das Sagen hatte. In Afrika dagegen war er absoluter Herrscher über ein Reich, das fast 80-mal so groß war wie Belgien, mit Bergen, höher als die Alpen. All dies hatte er gleichsam im Alleingang erreicht – ohne Hilfe des belgischen Staates. Er nannte seine Privatkolonie *Etat Indépendant du Congo* – Kongo-Freistaat. Die Nationalflagge war ein gelber Stern auf tiefblauem Untergrund. Das Blau stand für den dunklen Kontinent, das Gelb für das Licht der Zivilisation.

Allerdings hatte Leopold nun ein großes Problem: Sein Herrschaftsanspruch über den Kongo bestand nur aus vereinzelten Stützpunkten. Um den Kongo auch tatsächlich unter seine Kontrolle zu bekommen, musste er Eisenbahnlinien und

Straßen anlegen, eine Verwaltung aufbauen und Soldaten anwerben. Eben damit begann er nun, doch die Investitionen überstiegen selbst seine finanziellen Mittel. Bald war sein Vermögen aufgebraucht. 1889 ließ er deshalb noch einmal eine Konferenz in Brüssel einberufen, diesmal zur Bekämpfung des innerafrikanischen Sklavenhandels. Um dies finanziell zu ermöglichen, ermächtigten ihn die europäischen Regierungen, Einfuhrzölle zu erheben – mit dem Freihandel war es somit vorbei. Der ebenfalls anwesende Stanley hielt den Belgiern bei dieser Gelegenheit vor: „Worin besteht die Größe eines Monarchen? Wenn ausschlaggebend die Größe seines Territoriums ist, dann ist der Zar von Russland der größte von allen. Wenn die Großartigkeit und Macht des Militärapparats entscheidend ist, dann gebührt Wilhelm II. der erste Platz. Wenn aber königliche Größe in der Weisheit und Güte eines Herrschers besteht, der über sein Volk so umsichtig wacht wie ein Hirte über seine Herde, dann ist der größte Herrscher der eure."

Dieser Herrscher verkehrte nach wie vor in akuter Geldnot. Zunächst hatte er es auf Elfenbein abgesehen, das „weiße Gold", aus dem in Europa Klaviertasten, Billardkugeln, Kruzifixe und falsche Zähne hergestellt wurden. Aber gemessen an Leopolds Bedürfnissen floss nur ein Rinnsal an Elfenbein aus den Tiefen des Urwalds zu ihm. 1890 war er praktisch bankrott und musste die belgische Regierung um ein Millionendarlehen anflehen. Lange würde er aber auch damit nicht mehr durchhalten können.

Doch dann geschah etwas, das alles veränderte. 1888 hatte der schottische Tierarzt John Boyd Dunlop den aufblasbaren Gummireifen erfunden. Diese Neuheit revolutionierte den Verkehr – denn sie löste einen Fahrradboom aus. Und da Gummi aus Kautschuk bestand, explodierte 1890 die Nachfrage nach diesem Pflanzensaft. Auf einen Schlag wurde der Kongo ungeheuer wertvoll, denn Kautschuklianen wuchsen dort in Hülle und Fülle. Leopold war gerettet. Es musste jetzt nur alles ganz schnell gehen, denn man wusste, dass Kautschukpflanzen bald in Asien und Lateinamerika angebaut werden würden. Das würde allerdings ein paar Jahre dauern – und so lange gab es ausschließlich Wildkautschuk. Leopold war entschlossen, diese Zeit zu nutzen. Und er wusste auch schon, wer das Naturgummi für ihn ernten sollte: die einheimische Bevölkerung. Jeder Bewohner des Kongo-Freistaats sollte von nun an eine Kautschuk-Steuer entrichten.

Sehr plötzlich verstärkte sich der Zugriff auf die Menschen. Leopolds Instrument dafür waren belgische Lizenzunternehmen sowie die 1885 gegründete *Force Publique*, die stärkste Armee Zentralafrikas. Weiße Offiziere befehligten dort schwarze Soldaten. Sie besaßen nahezu unumschränkte Befehlsgewalt; das einzige, was von ihnen erwartet wurde, war, für genügend Nachschub an Kautschuk zu sorgen. Zu diesem Zweck zwangen sie die Einheimischen massenhaft, in den Wald auszuschwärmen, die Kautschukranken anzuritzen, den klebrigen

Die Force Publique war hier. Auf dem Stuhl sitzend Mola, der durch zu festes Abbinden seine Hände verlor. Yoka (stehend) wurde wegen unzureichender Kautschuklieferungen die rechte Hand abgehackt.

Saft aufzufangen und zu Brocken zu verarbeiten. Dabei mussten die Sammler oft 35 m hoch auf Bäume klettern, auch während der Regenzeit, wenn sich der Urwald in einen Sumpf verwandelte, und in ständiger Gefahr, von Leoparden angegriffen zu werden. Um den Kautschuk zu trocknen, schmierten sie sich ihn auf den nackten Oberkörper und die Beine – die geronnene Masse von dort wieder abzuziehen, war schmerzhaft. Für drei bis vier Kilo Kautschuk musste ein Sammler zwei Wochen lang arbeiten. Kein Wunder, dass ein Offizier in seinem Tagebuch festhielt: „Der Eingeborene hat nichts dafür übrig, Gummi zu produzieren. Er muss dazu gezwungen werden."

Die gängige Methode dafür war, die Frauen und Kinder eines Dorfes als Geiseln zu nehmen und so lange festzuhalten, bis die Männer die verlangte Menge von Kautschuk gesammelt hatten. Wer nicht spurte, bekam die *chicotte*, die gefürchtete Peitsche aus geflochtener Nilpferdhaut, zu spüren. 100 Schläge damit waren tödlich. Doch noch berüchtigter sollte der Kongo für eine andere Grausamkeit werden: Da die belgischen Kommandanten ihre Soldaten im Verdacht hatten, Kugeln für die Jagd zu verschwenden, verlangten sie von ihnen, für jede verschossene Kugel eine abgetrennte Hand vorzulegen – zum Beweis dafür, dass sie die Munition nicht zweckentfremdet hatten. Um doch ein Tier schießen zu können, zwangen die Soldaten Dorfbewohner mitunter, bei lebendigem Leib eine Hand zu opfern. Es gibt Fotos, die Körbe voller abgehackter Hände zeigen, oder Kinder, die nur noch zwei Armstümpfe hochhalten. Ob die Verstümmelung lebender Menschen tatsächlich häufig vorkam, ist unklar. Fest steht hingegen, dass die Willkür der Offiziere keine Grenzen kannte. Gescheiterte Existenzen, die bis dahin in irgendeiner flämischen oder wallonischen Ortschaft ein monotones Dasein gefristet hatten, stiegen in Afrika zu Herren über Leben und Tod auf. Der wallonische Bauernsohn Léon Fiévez hatte schon nach vier Dienstmonaten 572 Menschen ermordet. Der Offizier René De Permentier – Beiname „Bajunu" („Auf die

Knie!“) – ließ rund um seine Residenz alle Bäume und Sträucher umhacken, damit er ein freies Schussfeld hatte. Wenn er auf dem gefegten Hof noch ein Blatt fand, ließ er gleich ein paar Frauen hinrichten. Waren die Wege im Wald nicht gut unterhalten, musste im nächsten Dorf ein Kind sterben.

Wie viele Menschen durch den Kautschuk-Terror gestorben sind, lässt sich nicht sagen. Die Zahl von zehn Millionen, die immer wieder genannt wird, ist nicht belegt. Auch ist es nicht zutreffend, im Zusammenhang mit dem Kongo von „Genozid“ oder gar „Holocaust“ zu sprechen: Es ging hier nicht um einen geplanten Völkermord, sondern um ein Ausbeutungssystem, das die Bevölkerung als Arbeitssklaven missbrauchte und dabei so menschenverachtend gegen sie vorging, dass sehr viele umkamen. Kein Zweifel kann daran bestehen, dass das Verbrechen apokalyptische Ausmaße annahm. Ganze Landstriche wurden entvölkert. Die meisten Menschen starben dabei nicht durch Gewehrkugeln, sondern durch Krankheiten. Die um 1900 ausbrechende Schlafkrankheit hatte auch vorher schon in Afrika grassiert, doch nun fielen ihr viel mehr Menschen zum Opfer, weil ihre Widerstandskräfte durch Ausbeutung, Entwurzelung und Hunger geschwächt waren. Viele Kongolesen zogen auch weg, immer weiter ins Landesinnere, um sich dem Zugriff ihrer weißen Peiniger zu entziehen.

Leopold, zuvor schon der größte Landbesitzer der Welt, war nun Eigentümer der profitabelsten Kolonie des afrikanischen Kontinents. Er wurde unermesslich reich. Und was sagte er zu den abgehackten Händen? Das fand er gar nicht gut! „Hände abhacken, das ist idiotisch!“, soll er einmal gesagt haben, als ihm eine deutsche Karikatur vorgehalten wurde, auf der er mit seinem Schwert Hände abtrennte. „Ich würde eher alles Übrige abschneiden, aber doch nicht die Hände! Genau die brauche ich doch im Kongo!“

Porträt: Leopold II.

Der Dämon Belgiens

Leopold II. (1835–1909) ist vielleicht die faszinierendste, mit Sicherheit aber die schrecklichste Gestalt der belgischen Geschichte. Ausgestattet mit überragender Intelligenz, großer Menschenkenntnis und atemberaubender Skrupellosigkeit, unterwarf er sich im Alleingang ein Land von der Größe halb Europas. Diejenigen, die ihm dabei – oft ungewollt – halfen, bemerkten meist erst hinterher, wie geschickt sie manipuliert worden waren. Als der US-Botschafter in Brüssel einmal gegenüber einem Mitglied des Hofstaats bemerkte, er sei beeindruckt davon, die Büsten zweier amerikanischer Staatsmänner beim König gesehen zu haben, bekam er zur Antwort, dieser besitze eine ganze Sammlung davon und tausche sie je nach Gelegenheit aus. Fast jeder, der Leopold persönlich begegnete,

Letzte Runde am Spieltisch. „...aber entscheidend ist, meine Herren, es lohnt sich nicht mehr, die Sache weiter zu betreiben. Mittlerweile sind Leichen unsere einzige Belohnung." Zeitungskarikatur von 1908 zur Übertragung des Kongo an Belgien. Leopold II. steht mit blutverschmierten Händen an einem Casinotisch: Er hat seine Millionen gemacht und hinterlässt ein totes Land.

zeigte sich beeindruckt. Noch größer war die Wertschätzung für den Monarchen, wenn man ihn zum zweiten Mal traf und er sich sofort an die Namen von Frau und Kindern des Gastes erinnerte. Er wusste genau, wie man sich Menschen verpflichtet. Doch diese Behandlung wurde ausschließlich denjenigen zuteil, die ihm nützlich erschienen. „Er behandelt Menschen wie Zitronen", klagte einmal der belgische Premierminister und Friedensnobelpreisträger Auguste Beernaert. „Wenn er sie ausgepresst hat, wirft er sie weg." Was trieb ihn an? Keineswegs Selbstbereicherung, so wie es Adam Hochschild in seinem Bestseller „Schatten über dem Kongo" (1998) darstellt. Vielmehr haderte er wie schon sein Vater mit der eingeschränkten Machtstellung, die ihm die fortschrittliche belgische Verfassung zuwies. Er wollte gestalten, aber er hatte nicht die Möglichkeiten dafür. Deshalb erschloss er sich seinen eigenen Etat – die Einkünfte aus dem Kongo-Freistaat. Damit finanzierte er ein Ausmaß von Glanz und Grandeur, wie man es in Belgien bis dahin nicht gekannt hatte. Das mondäne Seebad Ostende ist wesentlich sein Werk, und auch der Hauptstadt hat er für alle Zeit seinen Stempel aufgedrückt. Seine auf Überwältigung und Einschüchterung zielenden Bauten transformierten das Brüsseler Stadtbild und sind bis heute stumme Zeugen seiner Megalomanie. „Mein Ziel ist es, Belgien größer, stärker und schöner zu machen", hatte er schon bei seinem Amtsantritt erklärt. Als sein Neffe und Thronfolger Albert die Pläne für den Ausbau des Lakener Schlosses sah und daraufhin einwandte: „Aber Onkel, das wird ein kleines Versailles!", bekam er zur Antwort: „Kleines?" Persönliche Schuld an der Schlächterei in seiner Privatkolonie hat Leopold immer bestritten und wohl auch nicht empfunden. „Wenn es im Kongo Missstände gibt, dann müssen wir sie beenden", schrieb er an einen Vertrauten. Ein anderes Mal betonte er: „Diese Gräuel müssen enden oder ich werde mich aus dem Kongo zurückziehen." Schöne Worte, aber ihnen folgten keine Taten. Wenn er wirklich gewollt hätte, hätte er das Ausbeutungssystem sofort abschaffen können. Aber dann wäre er wieder nur der König eines „kleinen Landes mit kleinen Leuten" gewesen – und dieser Preis erschien ihm zu hoch.

Der Mann, der König Baudouin widersprach. Belgisch-Kongo

Auf dem Schlosshügel von Laken, hoch über dem Häusermeer von Brüssel, erhebt sich eine Stadt aus Glas, bei Dunkelheit geheimnisvoll schimmernd wie ein Palast aus Tausendundeiner Nacht. Unter grünen Eisenstreben und gerippten Kuppeln strecken sich haushohe Palmen nach dem Licht. Baumkronen verhaken sich ineinander. Wurzeln ziehen sich wie Tentakel über den Boden. Mannshohe Farne breiten ihre Fächer aus, Blütenschwaden lodern, Stauden schrauben sich in die Höhe. Schlingpflanzen hängen wie zottige Bärte auf den Boden hinab, und riesige Blätter bewegen sich sachte in der Zugluft wie fächernde Elefantenohren.

Unter dem Spinnennetz der Gewächshausdächer übersieht man leicht eine schwarze Büste, die in einem der Häuser etwas versteckt an der Wand steht: ein Mann mit langer gebogener Nase und Nikolausbart. Auf ihn, so weiß der illustrierte Führer zu berichten, gehe der Paradiesgarten aus Glas und Eisen zurück. Im Kongohaus und in der zentralen Rotunde hielt er Hof zwischen Bananen-

Der Kongo in Brüssel. Blick in den Wintergarten, dessen 25 Meter hohe Glaskuppel auf einem Metallskelett und kreisförmig angeordneten Steinsäulen ruht. Dieses größte der Königlichen Gewächshäuser wurde von 1874 bis 1876 im Auftrag Leopolds errichtet. Die weitläufige Anlage im Schlosspark von Laken ist jedes Jahr im April für drei Wochen öffentlich zugänglich.

stauden und Zimtbäumen, einige Pflanzen stammen gar noch aus seiner Zeit. „Das geheimnisvolle Äquatorialafrika mit seiner exotischen Fauna und Flora und seinen unerschöpflichen Reichtümern – Elfenbein, Kupfer, Gummi, Tropenhölzer usw. – faszinierte den König.“ Der Text ist symptomatisch dafür, wie das belgische Königshaus bis heute mit seiner Altlast Leopold II. umgeht.

1909 ist der König eben hier, im Palmen-Pavillon, mit 74 Jahren gestorben. Die Gewächshäuser waren zuletzt zur Fluchtwelt eines alten Mannes geworden, dessen Name weltweit zu einem Synonym für abgehackte Hände geworden war. Der amerikanische Schriftsteller Mark Twain schmähte ihn als wilde Bestie, der Sherlock-Holmes-Erfinder Arthur Conan Doyle geißelte die Kongo-Gräuel als „das größte Verbrechen der Weltgeschichte“. All das hatte

Leopold zu einem verbitterten Exzentriker gemacht. Er kapselte sich ab, bewegte sich bevorzugt durch ein Labyrinth von Geheimgängen, sprach von sich selbst in der dritten Person, wurde zum Hypochonder, der seinen langen Bart aus Angst vor Erkältungen in eine speziell angefertigte Schutzhülle einpackte. Obschon einer der reichsten Männer der Welt, lief er in verschlissenen Uniformen herum und kontrollierte den Verbrauch von Streichhölzern, Seife und Kohlen. Immer nörgelnd, immer grantelnd: „Alles, was ich für mein Land getan habe, habe ich ohne mein Land getan."

Wie war es dazu gekommen? Edmund Morel, ein junger Brite, arbeitete in Antwerpen für eine Schifffahrtsgesellschaft, die den Frachtverkehr mit dem Kongo abwickelte. Ihm fiel auf, dass die Schiffe stets reich beladen mit Kautschuk und Elfenbein zurückkehrten, auf dem Weg nach Afrika aber leer waren. Die Afrikaner erhielten also keine Gegenleistung. Morel folgerte daraus: „Nur kontinuierliche Zwangsarbeit der abscheulichsten Art kann solche unglaublichen Gewinne erklären. Es muss schrecklich genug sein, auf einen Mord zu stoßen. Ich aber war auf einen ganzen Geheimbund von Mördern gestoßen – mit einem König als Oberhalunken." Er gründete daraufhin eine Wochenzeitung, die ganz der Situation im Kongo-Freistaat gewidmet war. Mit den nötigen Informationen versorgten ihn protestantische Missionare, die voller Idealismus aus den USA, Großbritannien und Skandinavien in den Kongo gegangen waren und nun die Übergriffe der *Force Publique* mit ansehen mussten. Morel rief die *Congo Reform Association* ins Leben, eine Stiftung, die die Missstände kritisierte und bald namhafte Mitglieder und Geldgeber fand. Er veröffentlichte Bücher, die Leopolds Regime anprangerten, und schrieb Artikel für Zeitungen in Großbritannien, Frankreich und nicht zuletzt Belgien. Besondere Verbreitung fanden die Fotos von Frauen und Kindern mit abgehackten Händen. In der „Times", die ihm weiterhin jeden Morgen nach Laken geliefert wurde, musste Leopold jetzt über Londoner Protestkundgebungen gegen ihn lesen.

Dass im benachbarten Französisch-Kongo ähnlich mörderische Zustände herrschten, dass auch Deutsche und Briten in ihren afrikanischen Kolonien Zwangsarbeit praktizierten, wurde einfachheitshalber unterschlagen. Die vorgebrachte Kritik richtete sich nie gegen den Kolonialismus an sich, sondern nur gegen den König der Belgier. Leopold nutzte dies geschickt aus, indem er die Vorwürfe in einer groß angelegten PR-Kampagne als Propaganda neidischer englischer Kaufleute hinstellte. Gegen die Macht der Bilder von den abgehackten Händen kam er aber nicht an: 1903 verabschiedete das Unterhaus in London eine Entschließung, in der er aufgefordert wurde, die Bewohner des Kongo „nach den Grundsätzen der Menschlichkeit" zu regieren. Daraufhin beauftragte das britische Außenministerium seinen Konsul im Kongo, Roger Casement, damit, einen ausführlichen Bericht über die Lage im Inneren des Landes zu erstellen. Casements 1904 veröffentlichter Rapport war im Ton bewusst nüchtern abgefasst – und in der Sache vernichtend. Da der Ire den Kongo seit 20 Jahren kannte, konnte er überall Vergleiche zu früher ziehen. „Vielleicht die erschütterndste Veränderung, die ich bei meiner Reise ins Innere beobachten konnte, war der überall festzustellende Verfall des Eingeborenenlebens", stellte er fest. „Gemeinwesen, Orte, die ich von früher her als große, blühende Bevölkerungszentren gekannt hatte, existieren einfach nicht mehr oder sind dermaßen zusammengeschrumpft, dass sie nicht wiederzuerkennen sind." Viele Menschen waren getötet worden, andere an Krankheiten oder Entkräftung gestorben, und wieder andere hatten ihre Heimat verlassen und waren in entfernte Gegenden gezogen. Warum? „Wegen der Kautschuk-Abgaben, die uns die Regierungsposten auferlegt haben." Casement fand auch heraus, dass die Soldaten der *Force Publique* Männern oft nicht die Hände, sondern die Geschlechtsteile abschnitten, um beweisen zu können, dass sie Männer und keine Frauen getötet hatten. „Kein Zweifel – diese Leute haben das nicht erfunden", urteilte Casement. „Ihre Lebhaftigkeit, ihre blitzenden Augen und ihre Erregung waren nicht erheuchelt."

Leopold stand nun international unter einem solchen Druck, dass er etwas tun musste. Er setzte eine Untersuchungskommission ein, der ein Belgier, ein Schweizer und ein Italiener angehörten. Sie sollten den Kongo bereisen und sich ein Bild von den Zuständen machen. Ohne Zweifel erwartete Leopold, entlastet zu werden. Doch die drei Kommissionsmitglieder wurden im Kongo binnen kürzester Zeit von Beweisen für die Verbrechen geradezu überwältigt. Tief bewegt waren sie unter anderem von der Aussage eines Häuptlings, der ihnen Zweige unterschiedlicher Größe vorlegte: Jeder Zweig stand für einen Mann, eine Frau oder ein Kind, die er gekannt hatte. Alle waren tot. So kam es, dass die Kommission zu Leopolds großer Bestürzung alle Vorwürfe bestätigte. Der Brüsseler Jura-Professor Félicien Cattier folgerte aus dem Bericht: „Die klarste und unwiderlegbarste Wahrheit, die dieses Werk beweist, ist, dass der Kongo-Staat kein kolonisierender Staat ist, ja dass er kaum ein Staat ist, sondern ein finanzielles Unternehmen. Die Kolonie wurde nicht im Interesse der Eingeborenen verwaltet, nicht einmal im wirtschaftlichen Interesse Belgiens: Dem königlichen Souverän ein Maximum an Mitteln zu verschaffen, das war die Triebfeder." Der Führer der belgischen Sozialisten, Emile Vandervelde, erklärte im Parlament, die von Leopold errichteten Prestigebauten würden „eines Tages die Triumphbögen der Abgeschnittenen Hände heißen".

In Großbritannien und den USA wurden nun Forderungen nach einer Re-Internationalisierung des Kongo laut. Für die belgische Regierung stand der Ruf des Landes auf dem Spiel, und so machte sie dem König höflich, aber doch unmissverständlich klar, dass das Spiel aus war: Gegen eine sehr großzügige finanzielle Entschädigung musste er den Kongo an den belgischen Staat abtreten. Am 15. November 1908 war es so weit – die Fantasie-Flagge mit dem gelben Stern auf blauem Grund wurde eingeholt und stattdessen die belgische Trikolore gehisst. Kurz vorher hatte Leopold noch die Archive des Freistaats verbrannt. Er überlebte den Abschied von seinem Lebensprojekt nur um ein Jahr.

So war Belgien nun also ohne viel eigenes Zutun zu einem Kolonialreich gekommen. Es umfasste zwar nur eine einzige Kolonie, aber die war so groß wie zwei Drittel von Indien. Regierung und Parlament sowie der neue König Albert waren entschlossen, von nun an alles anders und besser zu machen. Die Gewinne aus der Kolonie sollten nicht mehr für Brüsseler Prachtbauten verwendet werde, sondern den Kongolesen zugutekommen. Im Gegensatz zur Ignoranz der Kongo-Freistaat-Epoche wollte die belgische Regierung auch viel mehr über die dortigen Bewohner in Erfahrung bringen. Anthropologen schwärmten aus und teilten die Bewohner der Kolonie in streng abgegrenzte Rassen mit eigener Identität ein. Statt der vielen Gemeinsamkeiten der Bantu-Völker wurden ihre Unterschiede herausgestellt. Damit legten die Belgier ungewollt einen der Keime für die späteren ethnischen Konflikte im Kongo und in Ruanda, das sie ebenso wie Burundi im Ersten Weltkrieg von den Deutschen eroberten. In den katholischen Missionsschulen sangen die Kinder nun zur Melodie der Brabançonne: „Wir wurden Sklaven der Arabisierten / Die Belgier haben uns befreit."

Eben jene Befreier hatten mittlerweile auch entdeckt, dass das Land ungeheure Bodenschätze besaß: Kupfer, Uran, Zink, Kobalt, Zinn, Gold, Diamanten. Die Wirtschaftsgeschichte des Kongo habe sich eigentlich durch unwahrscheinliches Glück ausgezeichnet, schreibt der belgische Historiker David Van Reybrouck in seinem preisgekrönten Buch über die Geschichte des Kongo (2010). „Jedes Mal, wenn in den vergangenen 150 Jahren auf dem Weltmarkt akute Nachfrage nach einem bestimmten Rohstoff herrschte – Elfenbein in der viktorianischen Zeit, Kautschuk nach der Erfindung des luftgefüllten Reifens, Kupfer in der Zeit der vollen industriellen und militärischen Expansion, Uran während des Kalten Krieges, Strom aus Wasserkraft während der Ölkrise der 70er-Jahre, Coltan in Zeiten der Mobiltelefone –, zeigte sich, dass der Kongo über riesige Vorkommen der begehrten Güter verfügte." Nur: „Von den sagenhaften Gewinnen kam für gewöhnlich kein Krümel bei der Mehrheit der Bevölkerung an."

Dennoch verbesserten sich allmählich die Lebensbedingungen. Die Kongolesen wurden registriert, geimpft, im Lesen und Schreiben unterrichtet und zum Katholizismus bekehrt. Viele Menschen verließen ihre Heimatregion und zogen in die rasant wachsenden Städte. Dort bildete sich eine kleine einheimische Elite heraus, die europäische Kleidung trug und ein gepflegtes Französisch sprach. Im Zweiten Weltkrieg, als das „Mutterland“ von Deutschland besetzt war, blieb Belgisch-Kongo der Exilregierung in London treu, und die *Force Publique* kämpfte für die Alliierten in Äthiopien gegen die Truppen Mussolinis. Kongolesisches Uran war entscheidend für den Bau der amerikanischen Atombomben. Als nach dem Krieg viele Kolonien unabhängig wurden, blieb es im Kongo ruhig. 1955 besuchte der belgische König Baudouin die Kolonie und wurde begeistert empfangen. *Mwana kitoko* nannte man ihn – schöner junger Mann. Der Kongo galt als die afrikanische Vorzeigekolonie schlechthin: 14 000 km Eisenbahnlinie, 140 0000 km Straßen, 40 Flugplätze, 100 Wasserkraft- und Elektrizitätswerke, mehr als 300 Krankenhäuser, 1,7 Millionen Grundschüler im Jahr 1959. Ja, die Belgier glaubten mit Fug und Recht behaupten zu können, dass sie dem Kongo die Zivilisation gebracht hatten.

Doch unter der Oberfläche brodelte es: Trotz des technischen Fortschritts gab es im ganzen Land nicht einen einzigen schwarzen Richter, Arzt, Ingenieur oder auch Offizier. Die Gesellschaft funktionierte wie ein Apartheidsstaat, explizite Rassengesetze wie in Südafrika waren dafür gar nicht nötig. „Keine Elite, keine Probleme“, war das Motto der Belgier. Dass das nicht ewig gutgehen konnte, ahnten aber wohl auch die Kolonialherren. Als 1959 nach einem Fußballspiel im König-Baudouin-Stadion in Léopoldville plötzlich Unruhen ausbrachen, verfiel die Regierung in Brüssel in Panik: Sie fürchtete einen zweiten Algerienkrieg. Schon eine Woche nach dem Gewaltausbruch mit 47 Toten hörten die Kongolesen König Baudouin im Radio sagen: „Unser heutiger Beschluss lautet, ohne nachteiliges Zögern, aber ohne unbesonnene Eile, die Völker des Kongo zur Unabhängigkeit in Wohlstand und Frieden zu führen.“ Eine Konferenz am Runden Tisch in Brüssel legte im Januar 1960 das Datum für die Unabhängigkeit fest: den 30. Juni jenes Jahres. Die kongolesischen Delegierten konnten nur staunen. Doch die Belgier waren davon überzeugt, dass sie keine andere Wahl hatten: Der Kolonialismus hatte sich überlebt – allein 1960 erlangten 17 afrikanische Länder ihre Unabhängigkeit.

Für den Übergang blieben gerade noch fünf Monate Zeit. Fünf Monate zur Schaffung eines Parlaments, einer Zentralbank, einer Währung. Fünf Monate, um den gesamten Staatsapparat an die Kongolesen zu übergeben. Das war nicht zu machen. Aber genau das war auch der Hintergedanke der Belgier. Die Parole lautete: „Wir gehen, um zu bleiben.“ Im Hintergrund wollte die Regierung die Interessen der belgischen Konzerne und der im Kongo lebenden belgischen Staatsbürger sicherstellen und die Geschicke des Landes weiter beeinflussen. Man war deshalb in Brüssel alles andere als begeistert, als die ersten Wahlen im Mai 1960 ausgerechnet von der sehr antikolonialen Nationalpartei des Patrice

Lumumba (1925–1961) gewonnen wurden. Der 34-Jährige war einer der wenigen schwarzen Intellektuellen, ein hochgewachsener Mann mit einem Kinnbart wie ein amerikanischer Beatnik und einer Brille als Ausweis seiner Belesenheit. Er sprach geschliffenes Französisch, verstand es aber genauso, die Massen mit eingängigen Reden zu begeistern. Wenn er das Unrecht der Kolonialherren anprangerte, die Jahrzehnte der Ausbeutung und Erniedrigung, dann hörten ihm die Menschen zu, selbst wenn gerade ein tropischer Regenguss niederging.

Anfangs hatte Lumumba alles getan, um den Belgiern zu gefallen. Zur Belohnung hatte er während des Besuchs des Königs 1955 sogar zehn Minuten mit ihm sprechen dürfen. Er ging auf Studienreise nach Belgien und fiel als Lobredner Leopolds II. und des belgischen Kolonialismus auf. Dann aber geschah etwas, das seine ganze Einstellung veränderte: Lumumba kam vor Gericht. Es war aufgefallen, dass er als Postbeamter seit Jahren Geld von fremden Konten für sich abgezweigt hatte. Das Urteil: zwölf Monate Gefängnis. Während dieser Zeit wandelte sich Lumumba zum erbitterten Gegner der Belgier. „Habe ich etwas anderes getan, als ein bisschen von dem Geld zurückzunehmen, das die Belgier dem Kongo gestohlen haben?“, fragte er.

Nun hatte er die Schmach ausgelöscht – er wurde erster Ministerpräsident des Kongo. Joseph Kasavubu, dessen Partei vor allem das Volk der Bakongo vertrat, bekam das weniger einflussreiche Amt des Präsidenten.

29. Juni 1960, einen Tag vor der Unabhängigkeit. Wieder war König Baudouin gekommen. In einer offenen Limousine stehend, nahm er in weißer Galauniform eine Parade ab. Da drängte sich plötzlich ein Mann nach vorn und riss dem König den Degen weg – das Symbol belgischer Macht. Es war nur der erste Eklat.

30. Juni 1960. Die große Stunde war gekommen. Im Palast der Nation – bis dahin Residenz der Königsfamilie – sollte in einem Festakt die Unabhängigkeit würdig vollzogen werden. König Baudouin sprach als Erster. „Die Unabhängigkeit des Kongo stellt den Höhepunkt des Werkes dar, welches vom Genie Leopolds II. entworfen, von ihm mit zähem Mut umgesetzt und schließlich von Belgien mit Ausdauer fortgesetzt wurde. 80 Jahre lang hat Belgien dem Kongo seine besten Söhne geschickt, zuerst, um das Kongobecken vom abscheulichen Sklavenhandel zu befreien, der die Bevölkerung dezimiert hatte; dann, um die einst verfeindeten Stämme zusammenzubringen, die nun den größten aller unabhängigen Staaten Afrikas ausmachen werden.“ Und gleich einem Vater, der sich an seine Kinder wendet, folgten dann noch die Worte: „Jetzt liegt es an Ihnen, meine Herren, sich unseres Vertrauens würdig zu erweisen. Haben Sie keine Scheu, sich an uns zu wenden. Wir sind bereit, Ihnen weiterhin zur Seite zu stehen und Ihnen mit unserem Rat zu helfen.“

Wutentbrannt trat danach Lumumba ans Mikrofon und hielt eine Rede, die als Anklage des Kolonialismus weltweiten Widerhall fand. Die Unabhängigkeit – ein Geschenk? „Wenn die Unabhängigkeit auch im Einvernehmen mit Belgien – einem Land, mit dem wir nun von gleich zu gleich verhandeln werden – proklamiert wird, so soll doch kein Kongolese, der dieses Namens würdig ist, vergessen, dass sie durch Kampf erreicht wurde. Dies war unser Schicksal während der 80 Jahre des kolonialen Regimes. Wir haben erleben müssen, dass man uns verhöhnte, beleidigte, schlug, tagaus, tagein, von morgens bis abends, nur weil wir *Neger* waren. Wer von uns wird vergessen, dass man einen Schwarzen selbstverständlich duzte – und zwar nicht etwa, weil man ihn als Freund betrachtete, sondern weil das ehrbare *Sie* für Weiße reserviert war? Wir haben gesehen, wie unser Land im Namen von angeblich rechtmäßigen Gesetzen aufgeteilt wurde – Gesetzen, die in Wahrheit nur das Recht des Stärkeren anerkannten. Wir haben gesehen, dass es in den Städten herrliche Häuser für die Weißen gab und baufällige Hütten für die Schwarzen. Dass Schwarze weder in die Kinos gelassen wurden, noch in die Restaurants, noch in die Geschäfte der Europäer. Dass Schwarze im Rumpf der Schiffe reisten, zu Füßen der Weißen in ihren Luxuskabinen. Wer wird je die Massaker vergessen, in denen so viele unserer Geschwister umgekommen sind, die Zellen, in die jene geworfen wurden, die sich weigerten, sich einem Regime der Unterdrückung und Ausbeutung zu unterwerfen? All dies, meine Brüder, haben wir erlitten. All dies hat nun ein Ende. Die Republik von Kongo ist ausgerufen worden, und unser Land ist nun in der Hand der eigenen Kinder. Zusammen, meine Brüder, meine Schwestern, werden wir einen neuen Kampf beginnen. Wir werden der Welt zeigen, was Schwarze tun können, wenn sie in Frieden arbeiten, und wir werden Kongo zum Zentrum des strahlenden Glanzes der Sonne für ganz Afrika machen. Es lebe die Unabhängigkeit und die afrikanische Einheit. Es lebe der unabhängige Kongo!“ Achtmal wurde die Rede von Beifall unterbrochen, am Ende bekam Lumumba Ovationen. Aber der König wirkte versteinert. Er war so fassungslos über diese öffentliche Abrechnung während der Feierstunde, dass er auf der Stelle abreisen wollte. Nur mit Mühe konnte er daran gehindert werden.

Binnen weniger Wochen schlitterte das Land nun ins Chaos. Die Armee meuterte, die Europäer ließen sich zu Zehntausenden ausfliegen, das belgische Militär griff ein, um seine Staatsbürger zu schützen. Die wirtschaftlich stärkste Provinz Katanga erklärte ihre Unabhängigkeit, gefolgt von der zweitwichtigsten Bergbauregion, Süd-Kasai. Präsident Kasavubu enthob Ministerpräsident Lumumba seines Amtes und umgekehrt. Daraufhin putschte nach nur zwei Monaten die Armee. Ihr Chef: Joseph-Désiré Mobutu (1930–1997), kurz zuvor noch Lumumbas Freund und Privatsekretär. Hinter ihm stand die CIA,

Das Entsetzen im Gesicht. Der gestürzte Ministerpräsident des Kongo, Patrice Lumumba, kurz nach seiner Verhaftung durch Truppen Mobutus im November 1960.

denn die Amerikaner befürchteten, dass Lumumba aus dem Kongo einen kommunistischen Staat machen wollte – er hatte nach Moskau telegraphiert und Hilfe erbeten. Auch Belgien arbeitete zielstrebig an der Entmachtung des gewählten Regierungschefs mit, um seine wirtschaftlichen Interessen im Kongo zu sichern. Lumumba wurde in Léopoldville unter Hausarrest gestellt. US-Präsident Dwight D. Eisenhower hielt ihn aber auch als Gefangenen noch für hochgefährlich und gab der CIA nach einer späteren Aussage eines Protokollführers im Weißen Haus schon im August den Auftrag zu seiner „Eliminierung“. Im Memorandum zu einem Treffen Eisenhowers mit dem britischen Außenminister Lord Alexander Douglas-Home vom 19. September heißt es: „Der Präsident gab seinem Wunsch Ausdruck, Lumumba möge unter die Krokodile fallen.“ Die belgische Regierung verfolgte die gleiche Absicht: „Die staatlichen Organe vor Ort haben die Pflicht, Lumumba unschädlich zu machen“, betonte Außenminister Pierre Wigny am 10. September, und am 6. Oktober verlangte Afrikaminister Graf Harold d'Aspremont Lynden dessen „endgültige Eliminierung“.

Für kurze Zeit sah es noch einmal so aus, als würde der entmachtete Premier seinen Häschern entgehen: Versteckt in einem Auto, gelang ihm Ende November die Flucht. Sein Ziel war Stanleyville (Kisangani), eine Hochburg

Porträt: Pater Damian

Seelsorger auf der Insel der Aussätzigen

1840 wird in einem Dorf bei Löwen ein flämischer Bauernsohn geboren, Jozef de Veuster, Rufname Jef. Sein Vater will, dass er einmal den Hof übernimmt, doch er selbst fasst mit 18 Jahren einen anderen Entschluss: Er tritt in ein Kloster ein, wie sein älterer Bruder. Als Pater nimmt er den Namen Damian an. Die anderen Novizen nennen ihn das „gute kleine Dickerchen“. Er gilt als flämischer Bauernschädel. Als sein Bruder 1863 eine Stelle als Missionar auf Hawaii wegen einer Erkrankung nicht antreten kann, springt er ein. Von Bremerhaven aus segelt er auf einem Dreimaster nach Honolulu und wird dort zum Priester geweiht. Irgendwann hört er zum ersten Mal von der Insel Molokai, dem „lebendigen Friedhof“. Dorthin werden auf Anweisung der Gesundheitsbehörde alle Lepra-Kranken deportiert. Jeder, bei dem auch nur der kleinste Ausschlag sichtbar ist, wird unverzüglich aufgegriffen und eingesperrt, bis das nächste Schiff nach Molokai abfährt. Vor der Insel setzt man die Verbannten in ein Ruderboot, das sie zum Strand bringt. Bei schlechtem Wetter werden sie manchmal auch einfach ins Meer geworfen. Ein Entkommen ist unmöglich: Die Landzunge mit dem Lager der Unglücklichen ist an drei Seiten von der tosenden See umgeben und an der vierten durch ein Kliff abgeriegelt. In primitiven Grashütten vegetieren mehrere hundert Aussätzige vor sich hin. Für Damian steht fest: Genau dort will er Seelsorger werden. Auf der Insel der Todgeweihten. „Seien Sie vorsichtig!“, schärft ihm sein Provinzial ein. „Begeben Sie sich nicht in Gefahr, um nicht von diesem grässlichen Übel angesteckt zu werden!“ Aber Pater Damian bleibt nicht auf Distanz. Er reinigt die Wunden der Aussätzigen, isst mit ihnen aus derselben Schüssel, umarmt sie, spielt mit den Kindern. Leicht fällt ihm das nicht. „Die Leprakranken sehen furchterregend aus. Zehen und Finger werden abgefressen und verbreiten einen abscheulichen Gestank“, schildert er in einem Brief. Manchmal glaubt er, vor lauter Ekelgefühl die Hostie nicht hinunterschlucken zu können. In solchen Momenten will er davonlaufen – aber er bleibt. Und mit der Zeit macht es ihm immer weniger aus. Bald spricht man auf ganz Hawaii von dem Helden, der sich auf Molokai um die Aussätzigen kümmert. Seine Vorgesetzten finden allerdings, dass er es übertreibt und zu eigenmächtigem Handeln neigt. Nach elf Jahren unter den Aussätzigen bemerkt Damian, dass er selbst von der Krankheit befallen ist. In den nächsten fünf Jahren zerstört sie schrittweise sein Gesicht und seinen Körper, bis er nicht mehr wiederzuerkennen ist. 1889 stirbt er im Alter von 49 Jahren. Die Berichte über den „Apostel der Aussätzigen“ haben sich zu diesem Zeitpunkt schon um die ganze Welt verbreitet. Mahatma Gandhi wird später sagen, die Welt kenne „nur wenige Helden, die mit Pater Damian von Molokai zu vergleichen sind“. Heute steht im Kapitol von Washington seine Statue als Repräsentant des 50. US-Staates Hawaii. Die katholische Kirche verehrt ihn als Heiligen. Und seine Landsleute? Sie haben seine sterblichen Überreste nach Löwen übergeführt und ihn 2005 in einer Fernsehabstimmung zum größten Belgier gewählt. Wobei: Nur die Flamen haben das getan. Die Wallonen votierten für Jacques Brel.

Keine Berührungsängste. Pater Damian mit Mitgliedern eines Frauenchors aus der Leprakolonie von Molokai. Foto von ca. 1875.

seiner Anhänger im Nordosten des Landes. Doch ein Aufklärungsflugzeug spürte ihn auf, und kurz bevor er sicheres Gebiet erreichte, griffen Mobutos Soldaten zu. Am Strick wurde er in Léopoldville Fotografen und Kameraleuten vorgeführt. Es gibt ein beklemmendes Schwarzweißfoto dieser Szene: Die Arme sind ihm auf dem Rücken zusammengebunden, seine Brille hat er nicht mehr. Einer der Soldaten zieht ihm an den Haaren, offenbar, weil er seinen Kopf in Richtung der Kamera drehen will. Lumumba schaut zur Seite – man sieht das blanke Entsetzen in seinem Gesicht. Die Angst vor dem, was nun kommt. Ihm stand ein Martyrium bevor. Eine Filmsequenz zeigt den Beginn davon: Sein Gesicht ist schmerzverzerrt, weil er von den Soldaten geschlagen wird. In einem anderen Ausschnitt sieht man, wie ihm ein Soldat ein zusammengeknülltes Blatt Papier in den Mund stopfen will – es ist die nach seiner Flucht herausgegebene Erklärung, wonach er sich weiterhin als rechtmäßigen Regierungschef betrachtete.

In den darauffolgenden Wochen wurde Lumumba ständig gefoltert und verprügelt. Am 17. Januar 1961 lieferte Mobutu ihn schließlich an seine Erzfeinde, die Separatisten in Katanga, aus. Das war sein Todesurteil: Keine fünf

Stichwort: Pralinen

Man weiß nie, was man bekommt

„Sankt Nikolaus in Not“ heißt eine früher auch in Deutschland populäre Weihnachtsgeschichte des flämischen Schriftstellers Felix Timmermans (1886–1947). Sie dreht sich um das Prunkstück des Süßwarengeschäfts „Zum verzuckerten Nasenflügel“, ein Schokoladenschiff mit der Aufschrift „Kongo“. „Einen halben Meter war es hoch und so lang wie von hier bis dort! Wie wunderschön stand es da hinter den flaschengrünen Scheiben ihres Lädchens, lustig mit Silberpapier beklebt, verziert mit rosa Zuckerrosetten, mit Leiterchen aus weißem Zucker und mit Rauch in den Schornsteinen. Der Rauch war weiße Watte.“ Hier verbinden sich zwei belgische Leidenschaften: der Kongo und die Schokolade. Belgien ist international bekannt für seine Schokolade und insbesondere für seine Schokoladenpralinen, die hier erfunden worden sein sollen. Genauer gesagt in der Chocolaterie Neuhaus in den Brüsseler Galeries Royales Saint-Hubert, einer der ältesten Ladenpassagen Europas. Die Familie Neuhaus stammte aus Neuchâtel in der Schweiz. 1857 hatte Jean Neuhaus sein Geschäft in der Passage eröffnet, ursprünglich als Apotheke. Um seinen Kunden das Schlucken bitterer Pillen zu erleichtern, soll er diese mit einer Schokoladenschicht überzogen haben. Das kam so gut an, dass sein Sohn Frédéric bereits vom Apotheker zum *Confiseur – Chocolatier* mutierte. Enkel Jean soll es dann gewesen sein, der 1912 mit einer weichen Füllung in einer Schokoladenumhüllung experimentierte und so die Praline erschuf. Seiner Gattin Louise Agostini war drei Jahre später die Erfindung der Pralinenschachtel vorbehalten. Der Überlieferung zufolge konnte sie es einfach nicht länger ertragen, wie das mit so viel Liebe hergestellte Naschwerk beim Ankauf durch den Kunden in einer Papiertüte verschwand und dort zerdrückt wurde. Andernorts erhebt zum Beispiel Regensburg Anspruch darauf, Schauplatz der ersten Pralinen-Schöpfung gewesen zu sein. Demnach kreierte ein französischer Koch ein „Reichstagskonfekt“, das er zu Ehren des französischen Gesandten Graf von Plessis-Praslin *Praline* taufte. Wie dem auch sei, Brüssel ist laut „New York Times“ *„the World Capital of Chocolate“*. In der belgischen Hauptstadt kommt demnach auf 2000 Einwohner ein Chocolatier. Bekannte Marken sind Godiva, inspiriert von der Legendenfigur Lady Godiva, Leonidas, begründet von einem griechischen Einwanderer, und Côte d'Or, benannt nach der Goldküste, wo viel Kakao angebaut wurde. Daneben gibt es viele selbstständige Pralinenhersteller. Mit ihnen kann man bei jedem einzelnen Konfekt darüber diskutieren, ob die Mandelcreme eher mit schwarzer oder brauner Schokolade zu empfehlen sei oder ob die Haselnuss-Crème fraîche mit einer Schicht hellen Nougats unterlegt sein sollte. Neben dem sinnlichen Genuss des zarten Schmelzes ist es wohl auch das Überraschungsmoment, das den Zauber der kulinarischen Versuchung ausmacht. „Meine Mama hat immer gesagt: Das Leben ist wie eine Pralinenschachtel“, erzählt Tom Hanks als Forrest Gump im gleichnamigen Film. „Man weiß nie, was man bekommt.“

Stunden später wurde er im Beisein belgischer Polizisten erschossen. Seine letzten Worte: „Jetzt werden wir getötet, nicht wahr?" Die Antwort gab ihm der belgische Polizeikommissar Frans Verscheure: „Ja."

Eine Kommission des belgischen Parlaments kam 2001 zum Ergebnis, dass der belgische Staat eine moralische Mitverantwortung an diesem Mord trage. Besonders kritisch äußerte sich der Untersuchungsbericht über König Baudouin, der von den Mordplänen gewusst habe. 2002 bat die Regierung für Belgiens Anteil an dem Verbrechen um Entschuldigung.

Der Kleptokrat Mobutu errichtete nach seiner Machtübernahme eine fast 40 Jahre währende, durchgehend vom Westen unterstützte Militärdiktatur, die sehr viel Ähnlichkeit mit dem Kongo-Freistaat Leopolds II. aufwies. Heute sind Infrastruktur, Verwaltung und Wirtschaft des Kongo zerrüttet. Nur per Flugzeug kann man noch von einer Stadt zur anderen reisen, Straßen oder Eisenbahnverbindungen existieren nicht mehr. Die durchschnittliche Lebenserwartung beträgt weniger als 45 Jahre. Lumumbas Traum vom Kongo als strahlendem Herzen Afrikas hat sich in einen Alptraum ohne Hoffnung auf Erwachen verwandelt.

Die Kolonialvergangenheit ist heute der bekannteste Aspekt der belgischen Geschichte, die Kongo-Gräuel sind Hollywood-Stoff. So verlegte der Harry-Potter-Regisseur David Yates 2016 eine Neuverfilmung von „Tarzan" in Leopolds Kongo. Als Gegenspieler des Dschungelmanns fungierte der von Oscar-Preisträger Christoph Waltz verkörperte Belgier Léon Rom. Einen grausamen Kolonialoffizier dieses Namens gab es tatsächlich, allerdings dürfte er anders als im Film seine Opfer nicht mit einem Rosenkranz stranguliert haben.

Belgien selbst tut sich noch immer schwer mit seiner Kolonialvergangenheit. Das Afrikamuseum in Tervuren verlor bis ins 21. Jahrhundert kaum ein Wort über die Kongo-Gräuel. Der frühere EU-Kommissar und Außenminister Louis Michel bezeichnete Leopold II. noch 2010 als „ambitionierten Visionär". Es sei „reine Demagogie" zu behaupten, dass er den Kongo in ein riesiges Arbeitslager verwandelt habe. „Mein Instinkt sagt mir, dass Leopold II. ein Held war. Ein Held mit Ambitionen für ein kleines Land wie Belgien."

KAPITEL 5

Pickelhaube und Hakenkreuz – Unter deutscher Besatzung

August 1914. Überfall auf Belgien

Er ist wunderschön, dieser Sommer. Jeden Tag strahlt die Sonne vom Himmel, sogar hoch im Norden, in Norwegen. Dort macht der 18 Jahre alte Peter aus Berlin-Prenzlauer Berg Urlaub mit Freunden. Sie durchwandern Europas größten Gletscher, den Jostedalsbreen. Lange schon hat sich Peter auf das Abenteuer gefreut, hat es sich ausgemalt, wenn er mit den anderen abends nach dem Schwimmen im Zeuthener See am Feuer beisammensaß. Hinaus in die Wildnis wollten sie, jenseits aller ausgetretenen Pfade. Es ist Peters erste große Reise allein. Seine Mutter ist nicht ohne Sorge zurückgeblieben, das zeigen ihre Briefe: Sind seine Schuhe in Ordnung? Hat er sich neue Strümpfe gekauft? Hat er das Seil auch nicht vergessen? Mütter eben …

Der österreichische Schriftsteller Stefan Zweig verbringt zur selben Zeit seine Sommerferien in De Haan, einem kleinen Seebad bei Ostende. Die Urlauber suchen Abkühlung im Meer oder verkriechen sich vor der Sonne in bunten Zelten. Kinder lassen Luftvögel steigen, junge Leute tanzen. Viel später wird er sich an diese Tage erinnern. „Alle denkbaren Nationen fanden sich friedlich zusammen, man hörte insbesondere viel Deutsch sprechen, denn wie alljährlich entsandte das nahe Rheinland seine sommerlichen Feriengäste am liebsten an den belgischen Strand." Es gibt nur eine Störung in diesem Jahr: Immer wieder kommen Zeitungsjungen an den Strand und brüllen die Schlagzeilen heraus: „Österreich provoziert Russland!" „Deutschland bereitet die Mobilisierung vor!" Dann verdüstern sich jedes Mal die Mienen der Badegäste – aber nicht lange. „Schließlich kannten wir diese diplomatischen Konflikte schon seit Jahren; sie waren immer in letzter Stunde, bevor es ernst wurde, glücklich beigelegt worden. Warum nicht auch diesmal? Eine halbe Stunde später sah man dieselben Leute schon wieder vergnügt prustend im Wasser plätschern, die Drachen stiegen, die Möwen flatterten, und die Sonne lachte warm und hell über dem friedlichen Land."

Ein paar Tage später sitzt Zweig in einem Café in Ostende mit belgischen Freunden zusammen. „Es heißt, dass die Deutschen im Falle eines Krieges bei uns durchbrechen wollen", sagt der eine. Zweig protestiert: „Ausgeschlossen! Wenn etwas passieren sollte und Frankreich und Deutschland sich gegenseitig bis auf den letzten Mann vernichten, werdet ihr Belgier ruhig im Trockenen sitzen!" Stärker noch: „Hier an dieser Laterne könnt ihr mich aufhängen, wenn die Deutschen in Belgien einmarschieren!"

Aber dann geht es Schlag auf Schlag: 23. Juli: Österreich stellt Serbien ein Ultimatum. 26. Juli: Russland zieht Reservisten ein. 28. Juli: Kaiser Franz Joseph erklärt Russland den Krieg. Jetzt rastet die Mechanik der Militärbündnisse ein. „Mit einem Mal wehte ein kalter Wind von Angst über den Strand und fegte ihn leer", schildert Zweig. „Zu Tausenden verließen die Leute die Hotels, die Züge wurden gestürmt, selbst die Gutgläubigsten begannen jetzt schleunigst ihre Koffer zu packen. Auch ich sicherte mir, kaum ich die Nachricht von der österreichischen Kriegserklärung an Serbien hörte, ein Billett, und es war wahrhaftig Zeit. Denn dieser Ostende-Express wurde der letzte Zug, der aus Belgien nach Deutschland ging."

Kurz hinter der Grenze stoppt der Zug plötzlich auf freiem Feld. Vom Fenster aus sieht Zweig im Dunklen lange Reihen von Güterzügen in Richtung Belgien fahren. „Offene Waggons, mit Plachen bedeckt, unter denen ich undeutlich die drohenden Formen von Kanonen zu erkennen glaubte. Mir stockte das Herz. Das musste der Vormarsch der deutschen Armee sein." Im Bahnhof von Herbesthal angekommen, ist ihm der Wartesaal verschlossen. Hinter den Türen hört er das Klirren von Säbeln und das dumpfe Aufstellen von Gewehrkolben. Nun endlich ist auch er überzeugt: „Das Ungeheuerliche war im Gang, der deutsche Einbruch in Belgien wider alle Satzung des Völkerrechts."

Auch den Norwegen-Urlauber Peter hat die Nachricht vom Kriegsausbruch jetzt erreicht, auf der Rückfahrt von seiner Gletschertour. Im Zug sitzen seine Freunde und er mit Engländern und Franzosen im selben Abteil, die Stimmung ist freundschaftlich. Gerade noch erreichen sie in Oslo den letzten Dampfer nach Deutschland. „Abends – ich saß bei Tisch – rasche Schritte auf dem Korridor – der Peter!" So hält seine Mutter den Moment in ihrem Tagebuch fest. „Ein wunderschöner Abend des Wiedersehns! Wir alle drei bis spät nachts zusammen." Peter ist ein Junge, dem alle Herzen zufliegen. Er darf sich sogar über das „alte Gurkengesicht" seiner Mutter lustig machen – sie weiß ja, wie sehr er sie bewundert. Er will in ihre Fußstapfen treten und Künstler werden, auch wenn er nicht damit rechnen kann, so erfolgreich zu werden wie sie, die berühmte Käthe Kollwitz.

Am Sonntag, den 2. August, geht in der deutschen Botschaft in Brüssel ein Telegramm aus dem Auswärtigen Amt in Berlin ein. Um 19 Uhr überreicht

Botschafter Claus von Below die Note dem Außenminister Julien Davignon. Das Deutsche Reich lässt sein Nachbarland wissen, aus sicherer Quelle erfahren zu haben, dass die Franzosen durch belgisches Staatsgebiet gegen Deutschland vorrücken wollten. Es teilt weiter mit, dass es die deutsche Regierung „mit größtem Bedauern erfüllen würde, wenn Belgien einen Akt der Feindseligkeit gegen sich darin erblicken würde, dass die Maßnahmen seiner Gegner Deutschland zwingen, zur Gegenwehr auch seinerseits belgisches Gebiet zu betreten". Nach Beendigung der Feindseligkeiten werde Deutschland das belgische Staatsgebiet unverzüglich räumen und für sämtliche etwaigen Schäden aufkommen. Sollte Belgien hingegen Widerstand leisten, werde Deutschland „zu seinem Bedauern gezwungen sein, das Königreich als Feind zu betrachten". Belgien hat zwölf Stunden Zeit für seine Antwort.

Um 20 Uhr betritt Premierminister Graf Charles de Broqueville mit einer französischen Übersetzung des Textes den Königspalast. Um Mitternacht steht endgültig fest: Belgien wird sich mit allen Mitteln verteidigen. Im Außenministerium wird die offizielle Antwort an Deutschland ausgearbeitet, die um 3 Uhr nachts vorliegt: Darin bringt die Regierung ihre „große und schmerzhafte Verwunderung" über die deutschen Forderungen zum Ausdruck. „Wenn die belgische Regierung die ihr unterbreiteten Vorschläge annähme, würde sie die Ehre der Nation opfern und gleichzeitig ihre Pflichten gegenüber Europa verletzen."

Die Sonne geht auf – auch dieser Montag, der 3. August, ist ein strahlender Sommertag. Pünktlich um 7 Uhr morgens, als das Ultimatum ausläuft, erhält die deutsche Botschaft Antwort: Belgien sagt „Nein". Das Königreich werde „jeden Angriff mit allen ihm zu Gebote stehenden Mitteln abwehren". Was folgt, ist banges Abwarten der Regierung. Jeden Moment wird mit der Nachricht vom Beginn der deutschen Invasion gerechnet. Aber nichts geschieht. Mittlerweile hat der Pariser „Figaro" Wind von der Sache bekommen, rasend schnell verbreitet sich die sensationelle, die schreckliche Nachricht in ganz Belgien: Krieg mit Deutschland! Krieg überhaupt zum ersten Mal, seit Belgien gegründet worden ist! Die Menschen reagieren ungläubig, aber vor allem sind sie empört. In den Brüsseler Cafés erklingen patriotische Lieder, junge Männer melden sich freiwillig zum Militärdienst – die Wehrpflicht ist erst kurz zuvor eingeführt worden. In den zur Schau gestellten Trotz mischt sich Angst. Was wird jetzt geschehen?

Das Grenzland von Aachen im Morgengrauen des 4. August. Auf holprigen Feldwegen nähern sich Patrouillen zu Pferde, Lanzen tragende Ulanen mit Furcht einflößenden Helmen. Sie sind die Vorhut der größten Armee, die die Welt je gesehen hat. Bald ziehen endlose Kolonnen über die belgische Grenze – der Krieg hat begonnen. Eine Million deutsche Soldaten werden in den nächsten Wochen durch Belgien marschieren. Das Schicksal Europas wird jetzt durch die

Logik des Schlieffen-Plans bestimmt, benannt nach Alfred Graf von Schlieffen, bis 1906 Chef des Generalstabs in Berlin. Da Kaiser Wilhelm II. seinen früheren Verbündeten Russland in eine Allianz mit Frankreich getrieben hat, droht Deutschland ein Zwei-Fronten-Krieg. Die Armee des riesigen Zarenreiches benötigt zur Mobilisierung allerdings Wochen. Diese Zeit wollen die deutschen Militärs nutzen, um zunächst mit voller Wucht gegen Frankreich anzurennen und das Land binnen kurzer Zeit niederzuwerfen. Anschließend soll das Heer dann gen Russland ziehen.

Anders als beim triumphalen Sieg über Frankreich im Jahr 1870 ist den Deutschen diesmal der direkte Weg über die französische Grenze versperrt. Zum Schutz gegen eine neue Invasion aus dem Osten haben die Franzosen 166 Festungen errichtet. Der Schlieffen-Plan sieht deshalb vor, dass die deutsche Streitmacht über die Niederlande, Belgien und Luxemburg in Frankreich einfällt. Es ist ein offener Bruch des Völkerrechts, aber die deutschen Chefstrategen nehmen ihn in Kauf. Schlieffens Nachfolger, Generaloberst Helmuth von Moltke, hat den Plan allerdings leicht abgeändert: Er will die Niederlande verschonen, unter anderem deshalb, weil er glaubt, Großbritannien werde dann nicht in den Krieg eintreten. Außerdem sollen über die neutralen niederländischen Häfen Nahrungsmittel eingeführt werden. Dadurch bleibt allerdings nur noch ein schmaler Korridor für den deutschen Vormarsch übrig – Belgien und Luxemburg. Und mitten in diesem Korridor liegt Lüttich, eine der stärksten Festungen Europas mit einem Panzer aus Stahlbeton.

Im Parlament in Brüssel hält König Albert (1875–1934) an diesem Vormittag die Rede seines Lebens. Er ruft auf zu *résistance opiniâtre* – unerbittlichem Widerstand. „Ein Land, das sich verteidigt, verdient die Hochachtung aller", erklärt er. „Ein solches Land geht nicht unter. Gott wird uns in dieser gerechten Sache beistehen. Es lebe das unabhängige Belgien!" Anschließend verlässt er die Stadt, um als Oberbefehlshaber der Streitkräfte selbst die Verteidigung des Landes zu organisieren. In den Straßen von Brüssel jubeln ihm die Volksmassen zu wie wohl noch nie einem belgischen König. Doch Albert selbst ist keineswegs in Hochstimmung. Der kluge, scheue Mann ahnt, was jetzt kommt. „Seien Sie still!", herrscht er wenig später einen schneidig daherredenden Offizier an. „Sie wissen nicht, was Krieg bedeutet."

Im Berliner Reichstag gibt am selben Tag Reichskanzler Theobald von Bethmann Hollweg eine Erklärung ab. Dass Deutschland mit dem Einmarsch in Belgien das Völkerrecht gebrochen hat, gibt er ohne Umschweife zu. „Das Unrecht – ich spreche offen – das Unrecht, das wir damit tun, werden wir wieder gutzumachen suchen, sobald unser militärisches Ziel erreicht ist. Wer so bedroht ist wie wir und um sein Höchstes kämpft, der darf nur daran denken,

Der hässliche Deutsche. Dieses amerikanische Propagandaplakat warb 1918 für den Ankauf von Kriegsanleihen, indem es auf die Vergewaltigung von jungen Belgierinnen durch deutsche Soldaten verwies.

wie er sich durchhaut. Wir sind jetzt in Notwehr, und Not kennt kein Gebot." Am selben Abend um 19 Uhr bekommt Bethmann Hollweg dann den Schreck seines Lebens. Jetzt ist er es, der ein Ultimatum erhält: von Sir Edward Goschen, dem britischen Botschafter. Die Regierung Seiner Majestät fordert die unverzügliche Einstellung aller Kriegshandlungen gegen Belgien. Sie gibt Deutschland bis Mitternacht Zeit. Andernfalls, so Sir Edward, werde er für sich und seine Frau „um die Pässe bitten". Es ist die alte Garantie aus den Tagen der belgischen Revolution, als sich die Großmächte verpflichtet hatten, für Belgiens Neutralität einzustehen. Bethmann Hollweg ist außer sich. Wegen eines „Fetzens Papier" will Großbritannien einen Krieg gegen Deutschland anzetteln? Goschen bleibt ganz kühler Diplomat: Großbritannien müsse seiner Beistandspflicht nachkommen, erklärt er. „Aber um welchen Preis!", ruft der Kanzler. Kurz darauf kabelt Goschen ans Foreign Office: „Seine Exzellenz war so erregt, dass ich darauf verzichtete, durch weitere Ausführungen Öl ins Feuer zu gießen." Noch in derselben Nacht befindet sich Deutschland im Krieg mit dem Britischen Empire. Nun plötzlich hat Kaiser Wilhelm Bedenken: „Das habe ich gleich gedacht", beschwert er sich bei Moltke. „Mir hat dieses Vorgehen gegen Belgien den Krieg mit England auf den Hals gebracht."

Moltke setzt darauf, dass die Belgier weitgehend auf Widerstand verzichten – was haben sie der deutschen Dampfwalze schon entgegenzusetzen mit ihrer schlecht ausgebildeten Armee von 120 000 Mann? Doch zu seiner Überraschung stoßen die Deutschen auf heftige Gegenwehr. Lüttich wird nicht wie geplant im Handstreich genommen, sondern muss tagelang belagert werden. Hat der Schlieffen-Plan für die Einnahme von Lüttich und der weiter im Landesinneren gelegenen Festung Namur lediglich eine Division vorgesehen, so müssen in der Praxis allein für Lüttich acht Divisionen eingesetzt werden. Es ist schließlich die „Dicke Bertha“, das schwerste Geschütz aus der Rüstungsschmiede von Krupp, die die Lütticher Forts nacheinander zerschießt. Als dabei eine Munitionskammer explodiert, kommen auf einen Schlag 300 belgische Soldaten ums Leben. In der Nacht zum 6. August steigt zudem ein riesiges Flugobjekt über Köln auf und schwebt nach Lüttich. Um 2.30 Uhr in der Nacht verharrt der lang gestreckte Riesenleib über dem Zentrum der belagerten Stadt und lässt Granaten hinabfallen. Es ist das erste Luftbombardement der Geschichte, ausgeführt vom Zeppelin *Cöln*. Die Besatzung hat den expliziten Befehl, Wohngebiete zu treffen, um dadurch „die Bevölkerung Lüttichs mürbe zu machen“. 13 Menschen kommen um.

Ganz Europa schaut jetzt nach Belgien. Und zahllose junge Männer in Deutschland haben nur noch einen Gedanken: Sie wollen dabei sein – ehe es zu spät und der Krieg schon vorbei ist! Auch Peter Kollwitz will sich freiwillig melden, unbedingt. Er redet von nichts anderem mehr. Doch sein Vater Karl ist radikal dagegen. Der Sozialdemokrat hat Angst um seinen Sohn. Mit flehendem Blick wendet sich Peter daraufhin an seine Mutter: Kann sie ihn nicht erweichen? Auch Käthe Kollwitz steht politisch links, doch der nationale Taumel ist nicht spurlos an ihr vorübergegangen. Sie bewundert den Idealismus des Sohns. Und so kommt es, dass sie ihren Mann überredet, Peter ziehen zu lassen. Ein kleiner Trost: Er muss nicht sofort gehen, sondern erst eine Ausbildung auf einem Truppenübungsplatz machen. Ein paar Wochen bleiben der Familie also noch bis zum Abschied. Vielleicht ist der Krieg bis dahin schon gewonnen.

Am Morgen des 16. August weht auch auf den letzten Lütticher Forts die weiße Flagge. Endlich! Die Deutschen haben 5300 Mann verloren und dazu kostbare Zeit – jetzt müssen sie sich sputen. Die Augustsonne brennt auf sie herunter, immer wieder gibt es Feindberührung mit den belgischen Streitkräften, die nicht gerade die „Schokoladen-Soldaten“ sind, über die man vorher gespottet hat. Die Zivilisten, denen die durchziehenden Deutschen in Dörfern und Städten begegnen, stehen ihnen durchweg feindselig gegenüber. Bald schon behaupten die deutschen Soldaten, von Heckenschützen aus dem Hinterhalt beschossen zu werden. Als Reaktion darauf nehmen sie Zivilisten gefangen und treiben sie als menschliche Schutzschilde vor sich her.

Wie zahlreich die Angriffe von Freischärlern wirklich sind, bleibt unklar. Aus den Tagen der belgischen Revolution hat sich die *Garde civique*, eine Bürgermiliz, erhalten, die eigentlich nicht mehr viel darstellt, in den ersten Kriegstagen aber noch einmal mobilisiert wird. Mitunter beschießen sich die Deutschen aber auch selbst, zumal bei Dunkelheit und nach Zechgelagen. Möglich auch, dass sie Opfer ihrer eigenen Ängste werden und Gespenster sehen. Viele von ihnen haben wohl Geschichten über die Franc-tireurs gehört, irreguläre Kämpfer im Deutsch-Französischen Krieg von 1870/71. Dazu kommt: Die deutschen Soldaten sind wütende junge Männer. Wütend, weil sie in ihrem Wahn nicht damit gerechnet haben, dass sich ihnen das kleine, unbedeutende Belgien entgegenstellen könnte. Dazu kommt, dass sie unter Schock stehen, denn jetzt erst begreifen die frisch aus dem Zivilleben abkommandierten Jünglinge, was das überhaupt ist – Krieg. Ihre Reaktion auf diese traumatisierende Erfahrung ist eine Explosion von Gewalt, unvergleichlich grausamer als die Angriffe belgischer Partisanen. Es ist der erste große Zivilisationsbruch im Europa des 20. Jahrhunderts. Schon am 5. August, einen Tag nach Beginn der Invasion, gibt es die ersten Massenerschießungen. Bis zum 8. August sind 850 Zivilisten tot und 1300 Gebäude abgebrannt. Die Kleinstadt Visé bei Lüttich ist zerstört. Aber das ist nur der Anfang. Die Deutschen ziehen eine Blutspur quer durch Ost- und Südbelgien. Insgesamt töten sie etwa 5500 Zivilisten, darunter Frauen, Kinder und Säuglinge. Auch auffallend viele Priester werden ermordet, da sie als Rädelsführer verdächtigt werden. Der Kunstmäzen Harry Graf Kessler, ebenfalls von Kriegseuphorie ergriffen, erlebt in dem einen belgischen Ort ein „Bild des friedlichsten Landstädtchens mit schläfrigen Spießbürgern vor den Türen, Gärten, Blumen, Springbrunnen“ und im nächsten ein Bild der Zerstörung: „Die kahlen ausgebrannten Wände stehen Straße für Straße da, wo nicht, was noch grässlicher ist, Haushaltsgegenstände, Familienbilder, zerbrochene Spiegel, umgestürzte Tische und Stühle, halb heruntergebrannte Tapeten von dem vorgestrigen Zustande zeugen.“

Die beiden größten Massaker ereignen sich in den wallonischen Orten Tamines und Dinant. In dem zu Sambreville bei Namur gehörenden Tamines kämpfen die Deutschen gegen französische Truppen, die den Belgiern beistehen, um einen wichtigen Flussübergang. Die Bewohner des Ortes werden von ihnen verdächtigt, den Franzosen unter Führung katholischer Priester Schützenhilfe zu leisten. Daraufhin treiben sie einen Teil der Bevölkerung in der örtlichen Kirche zusammen. Nach 24 Stunden bringen sie sie zum Ufer der Sambre, zwingen sie dort, „Vive l'Allemagne!“ zu rufen, und mähen sie dann nieder. Anschließend wird ein Überlebender dazu abkommandiert, die Toten zu begraben. „Während wir dies nachmittags besorgten, sah ich zum ersten Mal die Leichen meiner Frau und meines Kindes. Meine Frau hatte Bajonettstiche im Kopf und der linken Brust; mein kleines Mädchen hatte eine Stichwunde am Hals.“

Am allerschlimmsten trifft es Dinant in der Nähe der französischen Grenze. Die Kleinstadt liegt am Ufer der Maas in einem felsigen Tal in den Ardennen. Als die Deutschen angreifen – es ist die sächsische Armee –, wird der Flussübergang von französischen Truppen gehalten. Wieder verdächtigen die

Deutschen die Einwohner, aus ihren Häusern auf sie zu schießen. Sobald sie den Ort in ihre Gewalt gebracht haben, nehmen sie Geiseln und erschießen sie. Unter den Opfern sind Frauen, Kinder und sieben Babys. Der 15 Jahre alte Félix Bourdon überlebt, weil er sich bei den ersten Schüssen fallen lässt und dann unter Toten und Verletzten begraben wird. Später wird er berichten: „Im ganzen Tumult konnte ich deutlich die Stimmen kleiner Kinder vernehmen." Sein Bruder liegt mit schweren Verletzungen an einer Mauer und ruft immer wieder nach seinen Eltern – ein Grenadier macht seinen Schreien schließlich ein Ende, indem er ihn erschießt. Insgesamt sterben 674 Einwohner, fast jeder zehnte. Von der Stadt selbst bleibt nicht viel übrig. Es ist der 23. August – nur einen Monat nach den gemeinsamen Urlaubsfreuden von Deutschen und Belgiern an der Nordsee.

Trotz niedrigerer Opferzahl ist es jedoch eine andere Stadt, die zum Symbol für deutsche Barbarei und belgischen Opfergang wird: Löwen. In die unbefestigte Universitätsstadt können die Deutschen widerstandslos einziehen, doch nach einigen Tagen greift die belgische Armee Stellungen im Norden der Stadt an, so dass die Einwohner das Artilleriefeuer hören können. In dieser angespannten Situation fallen am Abend des 25. August Schüsse in mehreren Straßen. Sind das Freischärler – irreguläre Einheiten, die aus dem Hinterhalt heraus operieren? Für die Deutschen ist die Sache klar. Wieder erschießen sie zur Abschreckung etwa 200 Zivilisten. Aber diesmal gehen sie noch weiter: Sie legen Feuer – mit verheerenden Folgen. Noch in der Nacht brennt ein großer Teil der Altstadt ab, darunter auch die Universitätsbibliothek mit ihren mittelalterlichen Handschriften, untergebracht in der alten Tuchhalle von Löwen. Das bedeutendste Bauwerk, das Rathaus, bleibt glücklicherweise verschont – es dient als Unterkunft der deutschen Offiziere.

In den nächsten Tagen wehen angekohlte Buchseiten aus der Universitätsbibliothek bis weit ins Umland von Löwen hinaus. Als der amerikanische Diplomat Hugh Gibson aus Brüssel in die Stadt kommt, erlebt er selbst mit, wie die Deutschen weiterhin Häuser plündern und in Brand setzen. Ein Offizier brüstet sich vor ihm: „Wir werden aus diesem Ort eine Wüste machen. Wir werden ihn ausmerzen, so dass es schwer sein wird, festzustellen, wo Löwen einmal stand. Auch noch nach Generationen werden die Menschen hierherkommen, um zu sehen, was wir getan haben, und es wird sie lehren, Deutschland zu respektieren und es sich zweimal zu überlegen, gegen Deutschland die Waffen zu erheben. Nicht ein Stein auf dem anderen!"

Die Berichte über die Verwüstung Löwens lösen international Empörung aus, nicht nur in Europa und den USA, sondern bis nach Südamerika und Asien. Im Gegensatz zu Orten wie Dinant und Tamines ist diese Stadt ein

Begriff – die „Times“ bezeichnet sie als das „Oxford von Belgien“. Keinen Monat nach Beginn der Feindseligkeiten hat Deutschland damit den Propagandakrieg schon verloren. „Remember Belgium!“ Diese beiden Wörter auf Plakaten reichen in Großbritannien aus, um junge Männer dazu zu bringen, ihr Leben im Krieg zu riskieren. Auch neutrale Länder sehen die Deutschen nun als neue „Hunnen“, als Pickelhauben-Barbaren, die vor der mutwilligen Zerstörung europäischer Kulturschätze nicht zurückschrecken. Der französische Schriftsteller Romain Rolland fragt den deutschen Dramatiker Gerhart Hauptmann in einem Brief: „Sind Sie der Nachkomme Goethes oder Attilas?“ Daraufhin veröffentlichen 93 deutsche Geistesgrößen, unter ihnen der Maler Max Liebermann und die Physiker Max Planck und Wilhelm Röntgen, einen „Aufruf an die Kulturwelt“, in dem sie das Vorgehen rechtfertigen: „Es ist nicht wahr, dass unsere Truppen brutal gegen Löwen gewütet haben. An einer rasenden Einwohnerschaft, die sie im Quartier hinterhältig überfiel, haben sie durch Beschießung der Stadt schweren Herzens Vergeltung üben müssen.“ Prinz Max von Sachsen, der Bruder des sächsischen Königs, der als Feldgeistlicher die deutschen Verbrechen miterlebt, vertraut dagegen einem anderen Seelsorger an: „Wenn es einen gerechten Gott im Himmel gibt, müssen wir diesen Krieg verlieren wegen der Gräuel, die wir in Belgien verübt haben.“ In der britischen und französischen Presse vermischen sich die tatsächlichen deutschen Verbrechen mit Propagandalügen von abgehackten belgischen Kinderhänden – inspiriert von den Kongo-Gräuel, die noch in frischer Erinnerung sind.

Anfang September stehen die Deutschen vor Paris. Die französische Regierung weicht nach Bordeaux aus, der Eiffelturm mit seiner Funkstation wird zur Sprengung vorbereitet. Dann aber machen die Angreifer einen entscheidenden Fehler: Deutsche Kommandanten verfolgen auf eigene Faust flüchtende französische Einheiten und geben dadurch ihre Flanke frei, was die Gegner sofort ausnutzen. Franzosen und Briten greifen die etwa 750 000 Deutschen mit einer Million Mann an und bringen ihnen schwere Verluste bei – das „Wunder von der Marne“. Die Deutschen weichen zurück, der Schlieffen-Plan ist gescheitert. Der deutschen Öffentlichkeit wird das verschwiegen, aber manche erraten doch, was los ist: „Aus Frankreich nichts zu hören durch Tage“, notiert Käthe Kollwitz in Berlin. „Als endlich Nachrichten kommen, entnimmt man daraus, dass die Deutschen zurückgewichen sind.“ Peter hat eine Kniegelenkentzündung und kommt deshalb noch einmal für zehn Tage nach Hause. Beim Essen sitzt er jetzt wieder an seinem Platz, „ganz wie früher“. Es sind „ein paar sehr schöne Tage“. Sie lesen viel zusammen und kaufen in der Stadt Sachen ein. In den Zeitungen verfolgen sie die Entwicklung des Kriegsgeschehens.

König Albert ist vor der heranrückenden Invasionsarmee nicht nach Frankreich zurückgewichen, sondern hat sich mit dem Großteil seiner Einheiten in das Bollwerk Antwerpen im Nordwesten des Landes zurückgezogen. So will er verhindern, dass die Franzosen und Briten Belgien vorschnell verloren geben. Aus Antwerpen unternehmen die Belgier zwei Ausfälle gegen die Deutschen, die dadurch immer einen Angriff in ihrem Rücken fürchten müssen. Die Einnahme Antwerpens hat für die Deutschen deshalb höchste Priorität. Anfang Oktober brechen sie schließlich durch die Verteidigungslinien, und Albert muss die mittlerweile verwüstete und entvölkerte Stadt aufgeben. Gedeckt von den Briten, zieht er sich mit den Resten seiner Armee entlang der Nordseeküste in einen schmalen Streifen belgischen Gebiets zwischen dem Fluss Yser und der französischen Grenze zurück. Dann lässt er in der Mündung der Yser die Schleusen öffnen – Westflandern wird geflutet. Durch diese Wüste aus Wasser und Schlamm gibt es kein Durchkommen. Vier Jahre lang wird hier an der Yser die Frontlinie des Stellungskriegs verlaufen, der nun den Bewegungskrieg ablöst. Belgien bleibt so eine kriegführende Partei – obwohl Albert jetzt ein König fast ohne Land ist. Während des ganzen Krieges führt er das Kommando über die Armee in einem letzten Zipfel nicht eroberten Belgiens. Anders als die deutschen, französischen und britischen Kommandeure verheizt er seine Männer nie in aussichtslosen Gefechten, notfalls verweigert er die Beteiligung an Offensiven: „Der Soldat muss es ausbaden“, sagt er dann. „Die Fehlentscheidungen der Führer bekommen unvermeidlich er und das Volk zu spüren.“ So wird Albert zum belgischen Nationalheiligen. Die Regierung verbleibt während des Krieges in der französischen Hafenstadt Le Havre.

„Antwerpen ist gefallen“, schreibt Käthe Kollwitz in ihr Tagebuch. „Zum ersten Mal in unserm Leben hängen wir – Sozialdemokraten, die wir bewusst sind und bleiben – heut am 10. Oktober die schwarz-weiß-rote Fahne heraus. Das gilt unserm Peter und Antwerpen. Vor allem, vor allem aber unserm Sohn.“ Zwei Tage später der endgültige Abschied: Sie begleitet den Jungen zur Kaserne. Sie gehen Hand in Hand in der Dunkelheit. „Er zeigt mir die Sternbilder, wie er es so oft getan hat.“ Letzte Küsse an einem Bahnübergang. „Er sagt, er kommt sicher wieder.“ Aus Hannover schickt er eine Karte. Dann hört man nichts mehr. Die Mutter schreibt zurück: „Mein lieber Junge – keine Nachricht von Dir aus Belgien. Vielleicht seid Ihr schon im Feuer.“ Ihr Mann sitzt nur da und sagt leise: „Unser liebes Kind.“ Sie fragt sich: „Wo ist er? Friert er? Hungert er? Ist er in Gefahr?“ In den Zeitungen wenig Neues. „Der erbitterte Kampf an der belgisch-französischen Grenze um Ypern, Nieuport, Dixmuiden.“ Sie schreibt wieder: „Mein lieber Junge – bekommst Du unsere Karten? Es ist ein merkwürdiges

Porträt: Hercule Poirot

Ein fiktiver Flüchtling als bekanntester Belgier

Im Herbst 1914 waren etwa 1,5 Millionen der insgesamt gut sieben Millionen Belgier auf der Flucht vor den Deutschen. Die meisten, schätzungsweise eine Million, wichen in die Niederlande aus, die restlichen brachten sich in Frankreich und England in Sicherheit. Etwa 600 000 Belgier blieben für die gesamte Dauer des Krieges im Ausland. Viele Briten engagierten sich in der Flüchtlingshilfe. Eine von ihnen war Agatha Mary Clarissa Miller (1890–1976) aus Torquay. Sie verfolgte schriftstellerische Ambitionen, wollte eine Detektivgeschichte schreiben. Aber was sollte dieser Detektiv für ein Typ sein? Später erinnerte sie sich: „Es war im Frühherbst 1914 – überall im Land wimmelte es von belgischen Flüchtlingen. Warum also nicht einen belgischen Flüchtling nehmen, eine einstige Lichtgestalt der Polizei?" Es war die richtige Zeit für einen belgischen Helden, denn das kleine, von den Deutschen überrannte Land genoss viele Sympathien auf der Insel. Während die Franzosen zwar Verbündete waren, aber doch immer *frogs* blieben. Die junge Agatha entwickelte die Idee weiter – und heiratete am Heiligen Abend desselben Jahres einen Flieger der britischen Heeres-Luftwaffe, Leutnant Archibald Christie. 1920 erschien ihr erster Kriminalroman „Das fehlende Glied in der Kette". Der ermittelnde Detektiv in diesem Buch ist ein Belgier, der nach der deutschen Invasion als Flüchtling nach England gekommen und dort geblieben ist, obwohl er die Küche verachtet. Ein kleiner, dandyhafter Mann mit krankhaftem Ordnungssinn, einem beeindruckenden gezwirbelten Schnurrbart, Eierkopf und Haaren, die er nach eigenen Worten färbt, um ihnen ihre natürliche Farbe zurückzugeben. Wobei all dies Nebensächlichkeiten sind, denn das einzig Entscheidende sind natürlich seine „kleinen grauen Zellen". Gestatten: „Mein Name ist Hercule Poirot, und ich bin der wohl größte Detektiv der Welt." Man könnte hinzufügen: der berühmteste Belgier der Welt. Agatha Christie hat 55 Jahre mit ihm zusammengelebt. Im Laufe der Zeit ließ sie immer mehr biografische Details über ihren Helden einfließen: Er stammt aus der Nähe von Spa in den Ardennen, ist natürlich katholischen Glaubens, spricht neben Französisch und Englisch auch Deutsch und arbeitete seit mindestens 1893 bei der Brüsseler Polizei. Niemals verliert er die Contenance, selbst dann nicht, wenn man ihn mal wieder für einen Franzosen hält, was er wirklich nicht mag: „Aus Belgien, bitte, nicht aus Frankreich!" Immer mal wieder müssen das belgische Genie und seine Schöpferin Krisen durchstehen. „Es gab Momente, in denen ich dachte: Warum musste ich diese abscheuliche, aufgeblasene kleine Nervensäge erfinden?" Aber dann empfand sie doch wieder Zuneigung für ihn. Schließlich hält Monsieur Poirot die Werte der Zivilisation hoch: Gerechtigkeit, Vernunft und Logik. 1975 veröffentlichte sie das letzte zu ihren Lebzeiten erscheinende Buch, den Roman „Vorhang", in dem Poirot eines natürlichen Todes stirbt. Als erster fiktionaler Charakter erhielt er daraufhin einen Nachruf in der „New York Times": „Hercule Poirot, ein belgischer Detektiv von internationaler Bekanntheit, ist in England gestorben", hieß es dort. „Sein Alter war unbekannt."

Gefühl, dass alles, was man schreibt, Dich vielleicht gar nicht erreicht. Wo magst Du sein? Es ist, als ob man in den Nebel denkt."

Einige Zeit später liegen mehrere ihrer Briefe wieder im Briefkasten. Ungeöffnet. Auf dem Umschlag steht: „Zurück. Tot."

Faustpfand des Reichskanzlers.
Belgien im Ersten Weltkrieg

Bis heute feiern die Briten und auch alle anderen Commonwealth-Nationen am 11. November den Remembrance Day, inoffiziell auch *Poppy Day* genannt. Eine *Remembrance Poppy* – eine künstliche rote Mohnblüte – wird rund um diesen Gedenktag herum von zahllosen Menschen am Revers getragen. Die stilisierten Papierblumen erinnern an die flämischen Klatschmohnwiesen. Da Mohnsamen keimen, wenn der Boden, in dem sie liegen, aufgewühlt wird, blühte der rote Mohn auf den Schlachtfeldern und frisch aufgeworfenen Gräbern wie wild. Als Symbol des Krieges wurde die Blume von dem kanadischen Sanitätsoffizier John McCrae (1872–1918) in dem Gedicht „In Flanders Fields" verewigt: „Auf Flanderns Feldern blüht der Mohn ... Wir sind die Toten. Vor wenigen Tagen noch lebten wir, fühlten den Morgen und sahen den leuchtenden Sonnenuntergang, liebten und wurden geliebt. Und nun liegen wir in Flanderns Feldern."

The Great War. In Deutschland und Frankreich ist vor allem Verdun zur Chiffre für seine Schrecken geworden, doch in Großbritannien und den Commonwealth-Staaten sind es die Namen Flandern, Ypern und Passendale, ein benachbartes Dorf. Hunderttausende junge Männer wurden hier von den Generälen ins Feuer geschickt, ohne dass irgendwelche Geländegewinne erzielt wurden. Es waren Männer aus vieler Herren Länder. In Flandern trafen von 1914 bis 1918 die Völker der Welt aufeinander, denn die Briten setzten Truppen aus dem ganzen Empire ein. Sikhs, Senegalesen und Gurkhas kämpften gemeinsam in Hitze und Schnee, dazu kamen französische Kolonialtruppen aus Algerien und ab 1918 noch das Portugiesische Expeditionskorps.

Ypern war an drei Seiten von deutschen Stellungen umringt, doch die Stadt selbst wurde von den Briten gehalten – der berüchtigte Ypern-Bogen. Mit der Zeit verwandelte sich das Umland in eine Szenerie, die am ehesten an eine unter Wasser gesetzte Mondlandschaft erinnerte. Hier und dort ragten noch die verkohlten Stümpfe eines Walds in den Himmel, der vor dem Krieg zu einem Schloss gehört hatte. Otto Dix hat die apokalyptische Szenerie in seinem Bild „Flandern" verewigt, die Soldaten sind darauf mit ihrer Umgebung verschmolzen. Auch der ers-

Stichwort: Weihnachtsfrieden

Stille Nacht in der Todeszone

Sie ist still, klar und kalt, diese Heilige Nacht des Jahres 1914. Zu kalt zum Kämpfen. Am Himmel steht ein voller weißer Mond und beleuchtet die weißen Felder von Flandern. Der Schnee hat alle Grausamkeiten zugedeckt. Die abgebrannten Gehöfte, die Leichen im Niemandsland zwischen den feindlichen Stellungen bei Ypern. Irgendwann schauen die Briten aus ihren Gräben und trauen ihren Augen nicht: Auf den Brüstungen des deutschen Schützengrabens, nur 80 bis 100 m von ihnen entfernt, stehen kleine Weihnachtsbäume mit brennenden Kerzen! Ist das eine neue, besonders perfide Kriegslist der „Hunnen"? Äußerste Vorsicht scheint geboten. Doch plötzlich hören sie – Gesang. Die Deutschen singen „Stille Nacht, heilige Nacht". Als das Lied zu Ende ist, herrscht für einige Momente wirklich heilige Stille. Dann ertönt von drüben aus den deutschen Schützengräben: „Fröhliche Weihnachten!" Unwillkürlich antworten die Briten: „Merry Christmas!" Und nun beginnen auch sie zu singen: „O Come, All Ye Faithful!" Nach einiger Zeit bemerken sie: Die Deutschen stimmen mit ein. Sie singen auf die Melodie des Liedes den lateinischen Text „Adeste Fideles". Nun geschieht das Unglaubliche: Soldaten beider Seiten klettern langsam aus ihren Gräben über die Böschung aus aufgeworfener Erde. Sie stapfen durch das Niemandsland aufeinander zu, setzen sich tödlicher Gefahr aus, denn hier sind sie den Scharfschützen der Gegenseite ausgeliefert. Manche Deutsche halten kleine Tannenbäume in der Hand – Fichten, die ihnen von der Heeresleitung zugeschickt worden sind, auf dass es gemütlich werde in der Todeszone. Man kommt ins Gespräch, zeigt sich Fotos von Frau und Kindern oder Freundin, tauscht Geschenke aus: Plumpudding gegen Dresdner Stollen, Zigaretten gegen Corned Beef. Am Ende ein Händedruck. Jetzt werden auf den Erdwällen so viele Kerzen aufgestellt, dass es die reinste Illumination ist. Ähnliche Szenen ereignen sich in dieser Nacht an der gesamten Westfront, von der flämischen Nordseeküste bis hinunter in die Gegend westlich von Lille. Mindestens 100 000 Soldaten beteiligen sich, vor allem Deutsche und Briten, in geringerem Maße Franzosen und Belgier. Die Erklärung dafür ist einfach: Die Deutschen stehen in ihrem Land, sie sind nicht nur Gegner, sondern auch Besatzer. Am Weihnachtsmorgen geht die Sonne strahlend über der flämischen Landschaft auf. „Good morning, Fritz!", rufen die Briten den Deutschen zu. „Good morning!", tönt es zurück. Es dauert nicht mehr lange, und die Männer spielen mit Konservenbüchsen Fußball. Nicht alle Soldaten sind mit der Verbrüderung einverstanden. So etwas dürfe auf keinen Fall geduldet werden, wettert ein bei Wijtschate gelagerter Gefreiter des 16. Bayerischen Reserveinfanterieregiments. Sein Name: Adolf Hitler. Und dann ist Weihnachten vorbei, und der Krieg geht weiter. Mancherorts weigern sich die Soldaten zunächst, doch als ihre Offiziere ihnen schwere Strafen androhen, fügen sie sich. Manche hoffen auf ein Wiedersehen, haben Adressen ausgetauscht. Sie können nicht wissen, dass der Krieg gerade erst angefangen hat.

Im Totenwald. Während der dritten Flandernschlacht im Oktober 1917 passieren australische Soldaten auf Bohlen einen zerschossenen Wald in der Nähe von Ypern. Der von Granaten umgepflügte Boden ist nach heftigen Regenfällen verschlammt.

te deutsche Giftgasangriff im April 1915 führte nicht zur Aufgabe Yperns oder besser gesagt: des Gebiets, auf dem vormals Ypern gestanden hatte. Die Stadt selbst hatte aufgehört zu existieren. Nur noch ein Stumpf des Belfrieds der berühmten Tuchhalle und einige andere Mauerreste ragten in den Himmel.

Während bei Ypern unaufhörlich gestorben wurde, herrschte im Rest des Landes bleierner Friede. *Poor little Belgium* war jetzt von den Deutschen besetzt. Was sie damit tun sollten, wussten sie nicht. Die Eroberung Belgiens war kein Ziel deutscher Politik gewesen, sondern ein Nebeneffekt des Schlieffen-Plans. Dieser war nun gescheitert – Frankreich blieb unbesiegt –, aber dafür beherrschte das Kaiserreich ein wenn auch kleines, so doch wirtschaftsstarkes Nachbarland.

Die bei Kriegsbeginn vor aller Welt abgegebene Beteuerung des Reichskanzlers Bethmann Hollweg, man wolle das den Belgiern zugefügte „Unrecht" umgehend wieder gutmachen, galt schon wenige Tage später nicht mehr. Die Berichte über Freischärler-Angriffe belgischer Zivilisten lösten in der Bevölkerung Wut, Bitterkeit und den Ruf nach Vergeltung aus. Durch die Zeitungen geisterten Horrorgeschichten wie die Meldung, ein Krankenhaus in Aachen habe einen Behandlungssaal speziell für deutsche Soldaten mit ausgestochenen

Augen eingerichtet. Trotz Dementi verbreitete sich das Gerücht weiter – selbst im Belgien-fernen Berlin sollte ein kleiner Junge einen Eimer mit Soldatenaugen gesehen haben. Viele Berichte bedienten antikatholische Ressentiments, so hieß es, belgische Priester hätten deutschen Soldaten Gift in den Kaffee getan oder plötzlich ein Maschinengewehr hinter dem Altar hervorgezogen und sie niedergemäht. Das „Hamburger Fremdenblatt" warnte vor großzügig von Belgiern verteilten Zigarren: Sie enthielten Schießpulver. All diese *fake news* erzeugten eine dermaßen antibelgische Stimmung, dass Bethmann Hollweg wegen seiner anfänglichen Zusicherungen stark unter Druck geriet. In einer Pressemitteilung distanzierte er sich von seiner Äußerung und gab nun sogar selbst Geschichten zum Besten, wonach „belgische Mädchen wehrlosen Verwundeten auf dem Schlachtfelde die Augen ausgestochen" hätten.

Fortan war eine große Mehrheit des Reichstags und wohl auch der Bevölkerung davon überzeugt, dass Belgien annektiert, zumindest aber zu einem Vasallenstaat gemacht werden müsse. Auch eher gemäßigte Politiker wie der spätere Außenminister und Friedensnobelpreisträger Gustav Stresemann dachten so. Dessen Nationalliberale Partei erklärte Belgien offenbar mit Blick auf das alte Reichsflandern kurzerhand zur „alten deutschen Westgrenze". Sein Parteifreund, der Reichstags-Vizepräsident Hermann Paasche, beteuerte: „Das mit so viel deutschem Blut eroberte feindliche Land geben wir nicht mehr heraus!" Die Haltung der SPD war zwiespältig: Einerseits lehnte sie die Annexionspläne ab, andererseits weigerte sie sich, einen Antrag ihres Abgeordneten Karl Liebknecht vom linken Parteiflügel mitzutragen, der Belgiens Wiederherstellung „in uneingeschränkter innen- und außenpolitischer Selbständigkeit" forderte. Entschieden befürwortet wurde eine Einverleibung Belgiens von der deutschen Schwerindustrie. Krupp und Thyssen hatten es besonders auf die wallonischen Kohlegebiete abgesehen. In seinen Erinnerungen schrieb Bethmann Hollweg über diese Periode: „Allgemeiner Gefühlsstimmung entsprang die Vorstellung, dass gänzliche Preisgabe des mit so viel Blut eroberten Landes Pflichtverletzung gegen die Gefallenen sei. In Belgien zu suchende Sicherungen gegen England waren so populär, dass sie von einer großen Reichstagsmajorität bis in das Frühjahr 1917 zähe festgehalten wurden."

Der Kanzler selbst vertrat dagegen eine andere Haltung, die er allerdings nicht publik machte, da er befürchtete, dass ihn dann „der Sturm der öffentlichen Meinung hinwegfegen" würde. Er hatte im Herbst 1914 bereits erkannt, dass ein großer Sieg für Deutschland kaum noch im Bereich des Möglichen lag. Einen Erschöpfungskrieg in den Schützengräben konnte das Reich mit seinen geringeren Reserven an Menschen und Material nicht gewinnen. Folglich kam er zu dem Schluss, dass Deutschland eine dauerhafte Beherrschung Belgiens kaum würde durchsetzen können. Das Reich konnte lediglich versuchen, Belgien bei Friedensverhandlungen als Faustpfand einzusetzen, um im Gegenzug Zugeständnisse der Entente-Mächte zu erzielen. Oder gab es vielleicht indirekte Möglichkeiten, die deutschen Interessen in Belgien zu sichern? Über diese Frage dachte er intensiv nach und ließ sich dabei von Experten beraten. Er entwickelte zwei Pläne: Zum einen wollte er Belgien während der Besatzungsjahre so stark mit deutschem Kapital durchdringen, dass es auch nach dem Krieg vom Reich abhängig sein würde. Vor allem aber gedachte er den Konflikt zwischen Flamen und Wallonen auszunutzen. Er wollte den Flamen zu Gleichberechtigung und Autonomie verhelfen und sie so dauerhaft an Deutschland binden. Sein Kalkül war, dass sie dann auch nach einer Wiederherstellung der belgischen Unabhängigkeit eine enge Anlehnung an das Reich suchen würden. Schon Ende 1914 ließ er darum den jetzt im Brüsseler Königspalast residierenden Generalgouverneur Moritz von Bissing (1844–1917) wissen: „Unabhängig von der Frage des späteren territorialen Schicksals Belgiens scheinen mir unsere Interessen schon jetzt zu erfordern, dass das Deutsche Reich bei einem starken Teil der belgischen Bevölkerung sich die Stellung eines natürlichen Beschützers und zuverlässigen Freundes erwirbt und sichert." Ein Jahr später ging er noch weiter und pochte auf eine „energische Förderung des Vlamentums". Deutschland werde bei Friedensverhandlungen sehr davon profitieren, „wenn wir auf eine vorhandene starke national-vlämische Bewegung hinweisen können, die von sich aus gegen die Regierung in Le Havre und ihre Helfershelfer Front macht". Im Reichstag gelobte der Kanzler am 5. April 1916, Deutschland werde den „lange niedergehaltenen flämischen Volksstamm nicht wieder der Verwelschung preisgeben". Er garantiere ihm fortan eine „Entwicklung auf der Grundlage seiner niederländischen Sprache und Eigenheit".

So stellte Bethmann Hollweg die Deutschen also als Befreier der Flamen hin – ungeachtet der tatsächlichen Stimmung im Land. Am ersten Jahrestag des deutschen Überfalls steckten sich zum Beispiel in Brüssel viele Menschen ein Stück Papier ins Knopfloch – ein spöttischer Kommentar zu der bekannt gewordenen Äußerung des Reichskanzlers, die britische Beistandsgarantie für Belgien sei doch nur ein „Fetzen Papier". Nur die radikalsten Flamen dachten anders. Sie hatten sich bereits im Oktober 1914 in der Gesellschaft *Jong-Vlaanderen* organisiert und die Aufhebung Belgiens sowie die Gründung eines Königreichs Flandern gefordert. Bissing warnte Bethmann Hollweg davor, auf diese isolierte Gruppe zu setzen. Stattdessen müsse man sich durch „vorsichtig abwägende Kleinarbeit" um eine möglichst große Breitenwirkung bei den Flamen bemühen.

Einer der ersten von Bethmann Hollweg angeregten Schritte war die „Ausgestaltung der Universität Gent zu einer flämischen Lehranstalt". Seit vielen Jahren war dies die Hauptforderung der Flaminganten gewesen, weil sie sich davon die Ausbildung einer niederländischsprachigen Elite erhofften. 1916 wurde ihr Wunsch endlich erfüllt – von den Deutschen! Es war ohne Zweifel ein geschickter Schachzug, mit dem sich die Besatzer die Sympathien der radikalsten Flamen sicherten. Aber eben auch nur jener. So widersetzten sich die Professoren der Genter Universität den deutschen Plänen entschieden, darunter auch diejenigen, die die Einführung des Niederländischen grundsätzlich befürworteten. Die beiden schärfsten Kritiker, die Historiker Henri Pirenne und Paul Fredericq, wurden kurzerhand nach Deutschland deportiert. Diese Abschreckungsmaßnahme half aber wenig – die „Bissing-Universität", wie sie nach dem Generalgouverneur spöttisch genannt wurde, führte ein Schattendasein. Die belgische Regierung in Le Havre drohte Kollaborateuren unterdessen mit einer harten Bestrafung.

Für Bethmann Hollweg war die Verbannung der französischen Sprache aus dem Genter Universitätsleben nur der Anfang. Sein Ziel war es, „während unserer Okkupation den Flamen möglichst schnell eine so feste und gesicherte Stellung" zu verschaffen, „dass eine künftige Regierung – welcher Art sie auch sei – nicht mehr die Möglichkeit hat, ihnen die so gegebenen Rechte wieder zu entreißen". Der Kanzler wollte Fakten schaffen, von denen er glaubte, dass sie auch nach einer erneuten Unabhängigkeit Belgiens nicht mehr rückgängig gemacht werden könnten. Darum teilte er Belgien administrativ in zwei Hälften: Flandern mit Brüssel als Hauptstadt und Wallonien mit der Hauptstadt Namur. 1917 wurden jeweils separate niederländisch- und französischsprachige Ministerien gebildet. Die erste Spaltung Belgiens war also das Werk der Deutschen. Kaiser Wilhelm zeigte sich hocherfreut und äußerte mit dem für ihn typischen Überschwang sofort die Hoffnung, dass die Verwaltungstrennung lediglich eine „Vorstufe der von uns anzubahnenden staatsrechtlichen Aufteilung Belgiens in ein flämisches und ein wallonisches Staatsgebilde" sein möge. Eben darauf zielten auch die radikalsten flämischen Aktivisten, wie sie genannt wurden. Sie wollten nicht nur die administrative, sondern die politische Teilung Belgiens. Die Reichsregierung schreckte davor jedoch zurück, da sie Großbritannien und Frankreich mit Blick auf einen möglichen Verständigungsfrieden nicht zu sehr provozieren wollte. Der Kaiser dagegen betonte noch im Juli 1918 die Notwendigkeit für die Gründung eines selbstständigen Staates Flandern.

Letztlich ließ sich durch all das nur eine kleine Minderheit der Flamen ködern. Dennoch markiert die deutsche Flamenpolitik einen entscheidenden Punkt in der belgischen Geschichte: Es war die Geburtsstunde des anti-belgischen flämischen Nationalismus. Zum ersten Mal bildete sich innerhalb der Flämischen Bewegung eine Strömung heraus, die Belgien grundsätzlich ablehnte und einen eigenen flämischen Staat anstrebte.

Viele andere Flamen waren dagegen so radikal gegen die deutsche Besatzung eingestellt, dass sie sich aus freien Stücken der belgischen Armee hinter der Yser-Linie anschlossen. Insgesamt wurde Alberts kleine Streitmacht während des Krieges um 130 000 Mann verstärkt. Die Flamen machten dabei 65 % des belgischen Heeres aus. Obwohl sie also die Mehrheit stellten, mussten sie sich doch in eine komplett französischsprachige Streitmacht integrieren. Ein Teil von ihnen protestierte dagegen in Pamphleten und Broschüren und forderte eine Einbeziehung der niederländischen Sprache; diese Initiative wurde als *Frontbewegung* bekannt. Doch die wallonischen Offiziere betrachteten vor dem Hintergrund der deutschen Flamenpolitik jedes Zugeständnis an die niederländische Sprache als subversiv. Sie gingen in keiner Weise auf die Beschwerden der niederländischsprachigen Soldaten ein und trugen dadurch langfristig zur Radikalisierung der Flämischen Bewegung bei. Dagegen ist es eine Legende, dass die wallonischen Offiziere die flämischen Soldaten bedenkenlos als Kanonenfutter opferten oder dass die Flamen zuweilen ins offene Feuer liefen, weil sie die französischen Befehle nicht verstanden. Insgesamt starben während des Krieges 26 000 belgische Soldaten, die Hälfte davon in den ersten Wochen während der Invasion. Zum Vergleich: Allein in der ersten Flandernschlacht – es folgten drei weitere – starben im Herbst 1914 24 000 britische und 50 000 deutsche Soldaten. Einer davon war Peter Kollwitz. Die Überlebenschancen der belgischen Soldaten waren siebenmal höher als die der Briten und Franzosen.

Das deutsche Werben um die Sympathie der Flamen stand in einem merkwürdigen Kontrast zu der gleichzeitig stattfindenden schamlosen Ausplünderung Belgiens. Mehr als 120 000 Männer wurden von 1916 bis 1918 zur Zwangsarbeit nach Deutschland verschleppt und kehrten oft als gesundheitliche Wracks wieder zurück. Walther Rathenau von der Kriegsrohstoffabteilung wollte sogar 700 000 Zwangsarbeiter aus dem besetzten Land herauspressen. Belgische Unternehmen wurde systematisch demontiert und ausgeplündert. Anfang 1916 hatte Bissing für die deutsche Kriegswirtschaft alle hochwertigen Erze, Metallbestände, Eisen- und Stahlvorräte beschlagnahmt. Dies bedeutete das Ende der belgischen Schwerindustrie – alle Hochöfen erloschen. Ende 1916 ging der Generalgouverneur noch weiter und legte sämtliche Betriebe mit mehr als zwölf Mitarbeitern still, die für das deutsche Heer nicht von Nutzen waren. Ganze Branchen mussten dadurch über Nacht ihre Arbeit einstellen. In den Fabriken zerstörten die Deutschen wertvolle Maschinen, um an billiges Alteisen heranzukommen. Auch Privathaushalte mussten alles hergeben, was aus Kupfer, Zinn, Nickel, Messing oder Bronze war, von Hauswirtschaftsgeräten bis zu Namensschildern. Intern äußerte selbst Bissing Zweifel daran, dass es klug sei, das Land dermaßen zugrunde zu richten. Er betrachte Belgien „nicht als Zitrone, die man auspressen soll“, protestierte er. Die Oberste Heeresleitung entgegnete, dass „jeder Tropfen, der aus der Zitrone Belgien nicht herausgepresst wird, aus der Zitrone oder besser dem Kürbis Deutschland herausgepresst werden muss“. Mit sprichwörtlicher deutscher Gründlichkeit wurde Belgien ruiniert, der Lebensstandard der Bevölkerung fiel dramatisch. Wenn er nach dem Krieg auch langsam wieder ansteigen sollte, so erlangte Belgien doch nie mehr die Bedeutung unter den großen Wirtschaftsmächten, die es vor dem deutschen Überfall gehabt hatte.

Bethmann Hollweg hatte zwischenzeitlich noch eine weitere Idee entwickelt, um zu verhindern, dass Belgien nach dem Krieg zu einem Verbündeten Frankreichs und Großbritanniens werden würde: Ohne Wissen der belgischen Regierung begann er über Mittelsmänner streng geheime Verhandlungen mit König Albert über einen Separatfrieden – einen Friedensschluss, an dem die Entente-Mächte nicht beteiligt sein sollten. Dementsprechend hätte man auch keine Rücksicht auf englische und französische Interessen nehmen müssen. Albert ließ sich auf die Verhandlungen ein und zeigte sich bereit, den Deutschen weit entgegenzukommen. Der König betrachtete Belgien keineswegs als Mitglied der Entente, sondern weiterhin als neutrales Land, dessen einziges Kriegsziel die Wiederherstellung seiner Unabhängigkeit in seinen alten Grenzen war. Die deutschen Bedingungen für einen Sonderfrieden erwiesen sich jedoch letztlich als inakzeptabel.

1918 setzte Deutschland seine letzten Reserven für eine Entscheidungsoffensive ein und erzielte dabei zunächst große Geländegewinne. Anfang Juni standen die Truppen des Kaisers 90 km vor Paris. Doch gerade dieser Erfolg war der Anfang vom Ende, denn die Deutschen besaßen längst nicht mehr die Mittel, eine so lange Frontlinie zu sichern. Der Vormarsch blieb stecken. Spätestens jetzt hätte Deutschland einen Waffenstillstand anbieten müssen, um vielleicht noch einen ehrenhaften Frieden auszuhandeln und dabei das „Faustpfand“ Belgien einzubringen. Doch nun rächte sich, dass das Reich nicht mehr von einer zivilen Regierung geführt wurde, sondern von einer Militärclique um Erich Ludendorff, dem jedes politische Verständnis fehlte. Bethmann Hollweg war schon im Juli 1917 auf Druck der Militärs und des Reichstags zurückgetreten.

Im September wurde die deutsche Niederlage offenkundig. Mit einem Mal verlangte Ludendorff einen sofortigen Waffenstillstand auf der Grundlage des 14-Punkte-Plans von US-Präsident Woodrow Wilson. Darin waren unter anderem die Räumung besetzter Gebiete und die volle Wiederherstellung Belgiens vorgesehen. Ende Oktober kam es zu einem Aufstand in der deutschen Marine, und am 9. November rief der SPD-Politiker Philipp Scheidemann die Republik aus. Einen Tag später konnte man im Bahnhof des niederländischen Grenzortes Eijsden Kaiser Wilhelm II. ausmachen. Im kaiserlichen Hofzug war er aus dem Großen Hauptquartier in Spa zunächst nach La Reid gefahren und dort aus Angst vor revolutionären Truppen in ein unauffälligeres Auto umgestiegen. Vorbei an Lüttich ließ er sich nach Eijsden fahren, um dort politisches Asyl zu beantragen. Eijsden lag unmittelbar neben Visé, dem ersten Ort, der im August 1914 von deutschen Soldaten zerstört worden war. Während der Kaiser mit einem niederländischen Major auf dem Bahnsteig auf und ab ging, wurden mehr und mehr Menschen auf ihn aufmerksam, überwiegend belgische Arbeiter. Sie riefen „Vive la France!“ und „Ah, Kamerad kaputt!“, schrien „Pfui!“, pfiffen und drohten ihm mit den Fäusten. Der Kaiser tat, als bekäme er von all dem nichts mit. Es war das einzige Mal, dass er so direkt mit dem Unmut der Leidtragenden seiner Politik konfrontiert wurde. Schließlich fuhr der Hofzug ein, und der abgehalfterte Monarch konnte sich in den Speisewagen flüchten. In höchster Anspannung musste er bis Mitternacht ausharren, ehe die Nachricht eintraf, die niederländische Regierung habe beschlossen, ihn aufzunehmen. Am frühen Morgen, während der Kaiser noch in Eijsden im Zug saß und auf die Abfahrt wartete, unterzeichnete der deutsche Regierungsbevollmächtigte Matthias Erzberger in einem Eisenbahnwaggon im Wald von Compiègne das Waffenstillstandsabkommen. Der Krieg war zu Ende.

Le Roi Chevalier. Albert I. in Uniform. Der „Ritterkönig“, der seine Soldaten selbst ins Feld führte, verlustreiche Offensiven aber vermied und nach dem Krieg die Demokratisierung seines Landes und den Ausbau des Sozialstaats vorantrieb, gilt als belgischer Nationalheld schlechthin.

Noch am selben Tag rief König Albert Parteiführer und Wirtschaftsvertreter auf Schloss Loppem in Westflandern zusammen. Nicht nur im Deutschen Reich, auch in anderen Ländern Europas lag zu diesem Zeitpunkt eine sozialistische Revolution in der Luft. Der abgesetzte russische Zar Nikolaus II. war vier Monate zuvor von den Bolschewisten ermordet worden. In Brüssel verbrüderten sich abziehende deutsche Soldaten mit belgischen Arbeitern. Albert war davon überzeugt, dass in Belgien weitgehende Reformen nötig waren, um die konstitutionelle Monarchie zu sichern. Gleichzeitig hatten sich die belgischen Sozialisten während des Krieges als treue Patrioten und loyale Demokraten erwiesen – sie hatten die Situation nicht für sich ausgenutzt. Dementsprechend mussten sie jetzt belohnt werden. Alberts enormes Ansehen als triumphierender „Ritterkönig", der seine Soldaten selbst ins Feld geführt hatte, ermöglichte es ihm, weitreichende Reformen gleichsam per Handstreich durchzusetzen. Rechtskonservative Politiker – die er sicherheitshalber gar nicht erst nach Loppem eingeladen hatte – sprachen deshalb später auch von einem „Coup" oder einer „Revolution". Die Übereinkunft von Loppem sah die Einführung des allgemeinen gleichen Wahlrechts für Männer vor. Jeder erwachsene Mann hatte künftig nur noch eine Stimme. Bei den Frauen dauerte es noch: Von 1921 an durften sie sich zunächst an Kommunalwahlen beteiligen, 1948 wurde das Frauenstimmrecht auch für Parlamentswahlen eingeführt.

Es dürfte in der Geschichte nicht viele Monarchen gegeben haben, die sich derart um die Demokratie verdient gemacht haben wie der in jeder Hinsicht außergewöhnliche Albert. In seiner ersten Thronrede nach dem Krieg kündigte er am 22. November 1918 auch noch die Einführung des Achtstundentags und die Aufhebung von Streikbeschränkungen an – das Belgien der niedrigen Löhne und langen Arbeitstage sollte Vergangenheit sein. All dies bedeutete tatsächlich eine geradezu revolutionäre Veränderung der belgischen Politik und Gesellschaft. Die Arbeiterpartei BWP wurde dadurch ähnlich groß wie die Katholische Partei. In Kombination mit dem schon vor dem Krieg eingeführten Verhältniswahlrecht führte dies dazu, dass fortan nie mehr eine Partei allein regieren konnte. Belgien ist seitdem ein Land von Koalitionsregierungen.

Die BWP war somit endgültig in die parlamentarische Demokratie eingebunden. Dadurch wurde am linken Rand Platz frei für eine Partei, die das System nicht reformieren, sondern abschaffen wollte: die Kommunistische Partei Belgiens (KPB).

König Albert hatte in Loppem auch Zugeständnisse gegenüber der Flämischen Bewegung angemahnt, doch in diesem Punkt konnte er sich nicht durchsetzen. Die Bewegung war durch die Flamenpolitik der Deutschen vorerst diskreditiert, ihre Anhänger standen als Landesverräter da. Dieser Vorwurf war natürlich überzogen, da im Ganzen nur ein paar tausend Leute mit den Deutschen paktiert hatten. Dennoch blieb bei der politischen Elite als Haupteindruck zurück: Es war nicht die vor dem Krieg so gefürchtete Arbeiterrevolution, die den belgischen Staat bedrohte, es waren die flämischen Separatisten. Diejenigen, die direkt mit den Deutschen zusammengearbeitet hatten, wurden so hart bestraft, dass dies auch bei vielen gemäßigten Flamen Unmut hervorrief. Vor allem aber fühlte sich die große Mehrheit der Flamen, die die deutsche Besatzung ebenso wie die Wallonen abgelehnt hatte, völlig zu Unrecht als Vaterlandsverräter gebrandmarkt. Viele hatten sich ja sogar freiwillig der Armee von König Albert hinter der Yser-Linie angeschlossen und ihre Loyalität somit unter Einsatz ihres Lebens unter Beweis gestellt. Aus der zu dieser Zeit entstandenen Frontbewegung ging nach dem Krieg die Frontpartei hervor, die erste flämisch-nationalistische Partei. Sie zog vor allem Wähler der Katholischen Partei ab. Die Frontpartei veranstaltete jedes Jahr eine „Yser-Gebetsfahrt" an die einstige Front bei Diksmuide, wo 1926 ein Mahnmal für die gefallenen flämischen Soldaten errichtet wurde, der Yser-Turm. Darauf sind in Kreuzform die Buchstaben AVV/VVK eingraviert: *Alles Voor Vlaanderen, Vlaanderen Voor Kristus* (Alles für Flandern, Flandern für Christus). Die Gebetsfahrten entwickelten sich zu großen Manifestationen flämischen Autonomie- und Unabhängigkeitsstrebens. Die Frontpartei wurde mit der Zeit zunehmend radikaler und formte sich 1933 in den rechtsextremen Flämischen Nationalverband (VNV) um. Auf wallonischer Seite entstand zu dieser Zeit ebenfalls eine rechtsextreme Partei, genannt Rex, nach dem „König und Herrn" Jesus Christus. Ihr Gründer Léon Degrelle (1906–1994) verübelte es der Katholischen Partei, dass sie Bündnisse mit den Sozialisten einging.

Die deutsche Flamenpolitik wurden von der belgischen Regierung zunächst zurückgedreht – und dann unter flämischem Druck doch wieder umgesetzt. Die Einführung des allgemeinen und gleichen Wahlrechts hatte den Einfluss der Flamen innerhalb des belgischen Parlaments massiv verstärkt: Es gab zwar mehr reiche Wallonen als reiche Flamen, aber insgesamt mehr Flamen als Wallonen. Deshalb konnte die belgische Regierung die flämischen Forderungen bald nicht mehr ignorieren. 1923 wurde die Universität Gent zunächst zweisprachig, 1930 dann einsprachig niederländisch. Ein sog. Sprachgesetz zerlegte das Land 1921 in einen genau abgegrenzten französisch- und einen niederländischsprachigen Teil, während Brüssel zum zweisprachigen Gebiet erklärt wurde. Weitere Gesetze legten die Einsprachigkeit von Flandern und Wallonien für immer neue Bereiche verbindlich fest: Verwaltung (1932), Schulwesen (1932), Justiz (1935) und Militär (1938).

Im äußersten Osten des Landes kam noch eine dritte Sprache dazu: Deutsch. Der Versailler Vertrag hatte Belgien die Gegend um Eupen, Malmédy und Sankt Vith bei Aachen zugeschlagen. Außerdem musste Deutschland Reparationen bezahlen und die verbrannten Bücher der Löwener Universitätsbibliothek aus eigenen Beständen ersetzen. Das Gebäude der Bibliothek wurde mit amerikanischem Geld wieder aufgebaut (um im Zweiten Weltkrieg erneut von den Deutschen zerstört zu werden). Winston Churchill äußerte un-

Stichwort: Deutschsprachige Gemeinschaft

Die letzten Belgier

Nach dem Zweiten Weltkrieg sollen auf dem Dachboden des Eupener Rathauses Nazi-Spruchbänder neben Akten aus der Franzosenzeit und einem alten Preußen-Adler gelegen haben. Kaum eine Region ist so oft zwischen den Ländern hin- und hergeschoben worden wie die Gegend, die sich heute als Ostbelgien bezeichnet. Im Mittelalter und der Frühen Neuzeit gehörte sie zum niederländischen Raum, etwa zu Burgund und zu den habsburgischen Niederlanden. Von 1795 bis 1815 war sie ein Teil Frankreichs, der Wiener Kongress schlug sie Preußen zu. 1919 verfügte dann der Versailler Vertrag, dass die Kreise Eupen und Malmedy künftig belgisch sein sollten. Für Brüssel war das nur ein Trostpreis; man hatte dort zwischenzeitlich auf das Großherzogtum Luxemburg und die niederländischen Provinzen Zeeland und Limburg spekuliert - der nördliche Nachbar war den Deutschen während des Krieges allzu behilflich gewesen, fand die belgische Regierung. Dem ersten Verwalter des neuen Landeszipfels gab der belgische Premierminister Léon Delacroix die Weisung: „Sie werden wie der Gouverneur einer Kolonie herrschen." In den 1920er-Jahren hätte Belgien die Ostkantone um ein Haar wieder an Deutschland zurückverkauft, doch das verhinderten die Franzosen, die hier einen gefährlichen Präzedenzfall für Elsass-Lothringen sahen. Nach dem erneuten Überfall der Deutschen 1940 wurde Eupen-Malmedy „heim ins Reich" geholt, und ein großer Teil der Bevölkerung jubelte. In Sankt Vith hingen die Hakenkreuzflaggen schon vor dem Einmarsch der Deutschen als Willkommensgruß an den Hausgiebeln. Als das Gebiet am Ende des Kriegs wieder an Belgien zurückging, galten seine Bewohner dementsprechend als Kollaborateure. Heute wird die deutschsprachige Gemeinschaft oft als „bestgeschützte Minderheit der Welt" bezeichnet. Sie umfasst etwa 80 000 Menschen rund um Eupen und Sankt Vith, das dazwischen liegende Malmedy ist französischsprachig. Zusammen machen sie weniger als 1 % der belgischen Bevölkerung aus, verfügen jedoch über ihr eigenes kleines Staatswesen mit Parlament, Ministerpräsident, Rundfunksender und der Zeitung „Grenzecho". All dies ist ihnen zugefallen, weil sie sich aus dem Dauerkonflikt zwischen Flamen und Wallonen zwar immer herausgehalten, aber andererseits davon profitiert haben. Denn die Rechte, die den beiden anderen Sprachgruppen im Laufe der Zeit zuerkannt wurden, bekamen sie ebenfalls - mit dem Ergebnis, dass die deutschsprachige Gemeinschaft der niederländisch- und französischsprachigen heute in der Verfassung gleichgestellt ist. Die Deutschsprachigen haben sich eingerichtet im Königreich, stehen gar im Ruf, die „letzten Belgier" zu sein. Eine Anerkennung besonderer Art erfuhren sie 2008, als sich König Albert II. nach mehreren gescheiterten Versuchen zur Gründung einer neuen Regierung nach Eupen wandte: Er berief den damaligen Ministerpräsidenten der deutschsprachigen Gemeinschaft, Karl-Heinz Lambertz, zu einem von drei Vermittlern. Als neutrale dritte Kraft erschienen die deutschsprachigen Belgier besonders geeignet, einen Ausweg aus der Staatskrise zu finden.

terdessen die Idee, das Vereinigte Königreich könne die Ruinen von Ypern aufkaufen und für immer so erhalten, denn für Briten „gibt es keinen heiligeren Ort auf der Welt". Aber die Bewohner von Ypern dachten anders darüber, sie wollten ihre Stadt zurück. Und zwar genau so, wie sie gewesen war: alt und verwinkelt, voller großartiger Bauwerke. Genauso kam es. Ypern wurde komplett wieder aufgebaut und wirkt heute wie eine besonders gut erhaltene Stadt aus dem Mittelalter. Dabei ist alles bis hin zum schmiedeeisernen Türgriff nur rekonstruiert.

Das gesamte Umland Yperns ist eine einzige Kriegsgedenkstätte. Gräberreihen ziehen sich bis zum Horizont. Auf dem deutschen Soldatenfriedhof Vladslo findet man die Skulptur „Die trauernden Eltern" von Käthe Kollwitz. Die Mutter ist tief gebeugt, der Vater hat die Arme vor sich verschränkt und blickt starr geradeaus. Ursprünglich sollte vor ihnen der gefallene Peter liegen, doch dann verzichtete die Künstlerin auf diese Figur. Peter fehlt, er ist nicht mehr da. Aber er ist spürbar im Schmerz seiner Eltern, die den Verlust nicht verwinden können.

Die trauernden Eltern. Skulptur von Käthe Kollwitz zur Erinnerung an ihren 1914 gefallenen Sohn Peter auf dem Soldatenfriedhof von Vladslo in Flandern.

Porträt: René Magritte

Der Magier mit der schwarzen Melone

Das bekannteste Bild von René Magritte (1898–1967) zeigt eine Pfeife mit der Unterschrift „Das ist keine Pfeife". Der Künstler selbst hat das so erklärt: „Ein Bild ist nicht zu verwechseln mit einer Sache, die man berühren kann. Können Sie meine Pfeife stopfen? Natürlich nicht! Sie ist nur eine Darstellung. Hätte ich auf mein Bild geschrieben ‚Dies ist eine Pfeife', so hätte ich gelogen. Das Abbild einer Marmeladenschnitte ist ganz gewiss nichts Essbares." Nach dem Krieg misstrauten viele Künstler alten Gewissheiten und wollten hinter die Dinge schauen. Anders als die französischen Surrealisten interessierte sich Magritte dabei jedoch nicht für das Unbewusste. Er malte sehr kalkuliert. Das Unmögliche wirkt bei ihm so überzeugend, als wäre es real – und lässt dadurch den Betrachter an seiner Wahrnehmungsfähigkeit zweifeln, ähnlich wie in einer Zaubershow. Magritte, der Magier. Der ungeheure Erfolg seiner Bilder, endlos reproduziert als Kalenderblatt und Postkarte, lässt sich sicher auch damit erklären, dass sie einfach „gut gemalt" sind, sehr ordentlich und detailliert und obendrein jugendfrei. „Ich bin sehr genau", sagte er. „Im Leben wie in der Malerei." Magritte lebte so, wie seine Bilder aussehen: im Kostüm des Bürgers. Immer korrekt gekleidet im dreiteiligen Anzug, mit Schirm und schwarzer Melone, verbrachte er den Großteil seiner Zeit in einer Parterre-Wohnung in einem der ausgefransten Außenbezirke Brüssels. Er malte an einer Staffelei in einer Ecke seines Esszimmers auf einem kleinen ausgerollten Teppich, ohne Kittel, ohne Kleckse. Unterbrochen wurde sein Arbeitsalltag von Spaziergängen mit seinem Hund, der immer ein Spitz war und immer Loulou hieß. Nachdem er nicht mehr darauf angewiesen war, sich als Tapetenzeichner oder Werbegrafiker zu verdingen, verbrachte er seine freien Nachmittage rauchend und Schach spielend im Café Greenwich, einem jener typisch belgischen Lokale mit verräucherter Luft, nikotingelben Wänden, blind gewordenen Spiegeln und hundertmal überstrichenen Bänken. Er brauchte die „Geborgenheit eines gutbürgerlichen, geordneten Lebens", wie er es selbst ausdrückte. Seine Existenz war geradezu surreal normal. Und doch ist da ein Element der Beunruhigung. Magritte liebte das Mysteriöse. Seit seiner Kindheit las er Romane über Fantomas, einen Schurken, der sich immer wieder neue Masken aufsetzt. Wie er wirklich aussieht, bleibt ein Rätsel. Kurz vor seinem Tod sagte Magritte mit qualmender Zigarette in einem Fernsehinterview: „Ich erinnere mich: Das Erste, was ich auf dieser Welt bewusst gesehen habe, war eine Kiste, die als Kind direkt neben meinem Bett stand. Sie erschien mir sehr mysteriös und unheimlich, und ich wusste nicht, welche geheimnisvolle Welt sich in dieser Kiste verbirgt." So ist es auch mit seiner Kunst: Ein tagheller Himmel über einem nächtlichen Haus, ein schwebender Felsen, ein Rennpferd auf dem Dach eines Autos. Was Magrittes Bilder zeigen, ist auf den ersten Blick zu erkennen. Aber ihr Geheimnis geben sie nicht preis.

Nein zum Judenstern. Belgien im Zweiten Weltkrieg

Simon Grosnowski ist elf Jahre alt und unterwegs nach Auschwitz. Er befindet sich in einem Zug. Er hat Angst, versucht, immer ganz nah bei seiner Mutter zu bleiben. In dem Viehwaggon herrscht schreckliches Gedränge.

Der Zug ist noch nicht lange unterwegs, als er ganz plötzlich bremst. Einige Momente ist es still. Von draußen tönen Schreie. Schüsse peitschen durch die Nacht. Was hat das zu bedeuten? Der Zug setzt sich wieder in Bewegung. Simon kuschelt sich an seine Mutter. Er sieht noch, wie sich einige Mitgefangene an der Waggontür zu schaffen machen, dann fallen ihm die Augen zu. Er schläft

Sie sind da. Deutsche Wehrmachtssoldaten marschieren 1940 am Königlichen Palast in Brüssel vorbei.

ein … aber mit einem Mal wird er von seiner Mutter geweckt. Sofort sieht er: Die Waggontür steht jetzt offen. Zwei oder drei Gefangene springen aus dem fahrenden Zug. Seine Mutter nimmt ihn bei der Hand und führt ihn zur Schwelle. Er legt sich mit dem Bauch auf den Boden und lässt die Beine aus dem Zug hängen. Er versucht, mit den Füßen das Trittbrett zu finden, aber seine Beine sind zu kurz. Langsam lässt er sich immer weiter hinabgleiten, während seine Mutter ihn festhält. Endlich berühren seine Füße das Trittbrett. Jetzt könnte er springen. Er ist schon oft aus der Brüsseler Straßenbahn abgesprungen. Aber seine Mutter warnt ihn auf Jiddisch: „Geyt tsu shnel der tsug" – „geht zu schnell, der Zug". Doch dann bremst der Zug ab. Simon ruft: „Ich springe jetzt!" Und er tut es. Er kommt auf dem Schotter im Gleisbett auf und lässt sich den Bahndamm hinabrollen. Er schaut nach oben. Wo ist seine Mutter? Jetzt bleibt der Zug stehen. In der Dunkelheit erkennt Simon Männer, die am Zug entlanglaufen. Deutsche! Sie schreien, sie schießen! Sein erster Impuls ist, zu seiner Mutter zurückzulaufen, aber dann würde er direkt in die Arme der Wachmänner rennen. Der Weg ist versperrt. Simon dreht sich um und läuft in ein Waldstück, läuft die ganze Nacht, bis zum Morgen. Dann kommt er in ein Dorf und klingelt an einer Tür. Eine Frau öffnet ihm. Er habe sich verlaufen, erzählt er. Sie bringt ihn zum Dorfpolizisten. Dort erzählt er das gleiche. Aber er merkt, dass der Mann ihm nicht glaubt. Der Gendarm geht weg. Simon hat Angst, dass er ihn an die Gestapo ausliefern wird. Doch als er wiederkommt, sagt er zu ihm: „Ich weiß alles. Du warst in dem Judenzug und bist geflohen. Du brauchst keine Angst zu haben. Wir sind gute Belgier, wir werden dich nicht verraten." Da wirft sich der kleine Simon ihm in die Arme und erzählt ihm von seiner Mutter.

Erst sehr viel später erfuhr Simon Grosnowski, dass es Widerstandskämpfer gewesen waren, die den Zug in jener Vollmondnacht gestoppt hatten. Es war der einzige Überfall, der in ganz Europa jemals auf einen Deportationszug unternommen wurde – von wohlgemerkt nicht mehr als drei Männern: Youra Livchitz (25), Robert Maistriau (22) und Jean Franklemon (25). Die jungen Brüsseler waren Schulfreunde. Der gut aussehende Youra war der umschwärmte Star der Klasse gewesen; er stammte aus einer reichen jüdischen Familie aus Russland, die es nach Brüssel verschlagen hatte. Robert war drei Jahre jünger, studierte wie Youra Medizin, aber mit deutlich weniger Erfolg. Jean war der Klassenclown gewesen, Spitzname „Pampelmuse". Mittlerweile war er überzeugter Kommunist. Diese drei nun bestiegen an jenem Abend des 19. April 1943 ihre Fahrräder und fuhren zu einem abgelegenen Streckenabschnitt bei Boortmeerbeek, etwa 13 km von Mechelen entfernt. Ihre Ausrüstung bestand aus einer Laterne, einer Pistole und drei oder vier Kneifzangen. Die Laterne, beklebt mit rotem Transparentpapier aus einem Schreibwarenladen, stellten sie auf die Gleise – in der

Hoffnung, sie würde auf den Lokführer wie ein rotes Stoppsignal wirken. Um zehn Uhr abends war der 20. Deportationszug aus dem Durchgangslager Mechelen abgefahren. In den Waggons drängten sich 1631 Insassen, der älteste 91 Jahre alt, die jüngste 39 Tage. Sie selbst glaubten, dass sie in ein Arbeitslager gebracht wurden; in Wahrheit waren sie vorbestimmt für die Gaskammern.

Voller Spannung warteten Youra, Robert und Jean in der Dunkelheit auf den herannahenden Zug. Irgendwann hörten sie das Stampfen der Lokomotive, sahen den Rauch. Und dann – quietschende Bremsen. Der Zug kam zum Stillstand. Was folgte, war ein Moment der Stille, an den sich Robert Maistriau bis ans Ende seiner Tage, 65 Jahre später, erinnern konnte. Während die beiden anderen im Gebüsch blieben, sprang er auf eines der Trittbretter und zerschnitt mit einer Zange den Eisendraht, mit dem die Waggontüren verschlossen waren. Er öffnete die Türen. „Fliehen Sie! Fliehen Sie!“ Es waren die einzigen deutschen Wörter, die er kannte – Youra hatte sie ihm kurz zuvor beigebracht. Die weitaus meisten Juden in Belgien waren Flüchtlinge aus Osteuropa und verstanden eher Deutsch als Französisch. Einige der Gefangenen folgten seiner Aufforderung und sprangen ins Freie. Andere zögerten, schrien den anderen zu, sie sollten doch bloß im Zug bleiben, das sei zu gefährlich. Dann ertönte auch schon das Rattern von Maschinengewehren. Youra feuerte ebenfalls ein paar Schüsse aus seinem kleinkalibrigen Revolver ab. Robert hatte gerade noch Zeit, den Flüchtenden etwas Geld zuzustecken. Dann fuhr der Zug wieder an.

17 Menschen sind durch die tollkühne Aktion aus dem Todeszug entkommen. Ermutigt durch diesen Angriff, flohen auf dem Rest der Strecke durch belgisches Gebiet weitere 215 Insassen, indem sie die Waggontüren von innen aufbrachen und aus dem fahrenden Zug sprangen – einer von ihnen war Simon Grosnowski. Die beiden belgischen Lokführer fuhren in Absprache mit einer Untergrundorganisation zur Rettung von Juden extra langsam, um die Flucht zu begünstigen. Von den insgesamt 232 Zugflüchtlingen starben 26, indem sie sich beim Absprung tödlich verletzten oder erschossen wurden. 87 Geflohene wurden erneut verhaftet und deportiert. 119 entkamen. Sie wurden zumeist von Belgiern versteckt.

Die drei Männer, die den Deportationszug gestoppt hatten, leisteten danach weiter Widerstand und wurden schließlich alle von den Deutschen gefasst. Youra Livchitz wurde 1944 erschossen. Robert Maistriau und Jean Franklemon kamen ins Konzentrationslager, überlebten jedoch. Maistriau sagte später, die ganze Aktion sei völlig undurchdacht und improvisiert gewesen. Man müsse wohl 22 sein, um so etwas zu tun.

Als der Überfall auf den 20. Deportationszug stattfand, litt Belgien schon seit drei Jahren unter der deutschen Besatzung. Am 10. Mai 1940 war das Land zum zweiten Mal in 26 Jahren von seinem Nachbarn überfallen worden. „Belgien ist entschlossen, sich zu verteidigen“, schleuderte Außenminister Paul-Henri Spaak (1899–1972) dem deutschen Botschafter entgegen, der ihm die Kapitulationsaufforderung der Reichsregierung überbrachte. Als der Botschafter ansetzte, seinen vorbereiteten Text zu verlesen, riss ihm Spaak das Blatt aus der Hand. Er wolle ihm diese peinliche Vorstellung ersparen, sagte er.

In der belgischen Bevölkerung brach Panik aus – die deutschen Gräueltaten vom August 1914 waren noch in frischer Erinnerung. Mehr als zwei Millionen Belgier flohen nach Frankreich, unter ihnen der Maler René Magritte und der Comic-Zeichner Hergé. Die deutschen Truppen erwiesen sich diesmal jedoch als diszipliniert, Übergriffe auf die Zivilbevölkerung blieben aus. Die Belgier konnten nicht ahnen, dass sich hinter der Selbstbeherrschung eine mörderische Entschlossenheit verbarg, die die Schrecken des Ersten Weltkriegs weit übertreffen würde.

Die belgische Armee hatte gegen die Wehrmacht keine Chance, hielt aber immerhin 18 Tage stand, während die Niederlande schon nach fünf Tagen die Waffen streckten. Erneut standen die Streitkräfte unter dem persönlichen Kommando des Königs. Dies war jedoch nicht mehr der große Albert, der 1934 beim Bergsteigen in den Ardennen tödlich verunglückt war, sondern sein Sohn Leopold III. (1901–1983). Am 28. Mai erklärte dieser eigenmächtig die Kapitulation. Dadurch kam es zum offenen Bruch zwischen ihm und der belgischen Regierung. Leopold weigerte sich, der Regierung ins Exil nach Frankreich zu folgen und mit den verbleibenden Mitteln – etwa den Bodenschätzen des Kongo – an der Seite der Alliierten weiterzukämpfen. Er war davon überzeugt, dass Deutschland den Krieg gewonnen hatte. Unter diesen Umständen betrachtete er es als seine Pflicht, bei seinem Volk zu bleiben und zu versuchen, Belgiens Eigenständigkeit und den Fortbestand der Monarchie so weit wie möglich zu sichern. Dass dabei für die Demokratie kein Platz mehr sein würde, war für den autokratisch eingestellten König kein Verlust. Nach seiner Auffassung musste Belgien die politische Realität anerkennen: eine Zukunft unter Führung von Nazi-Deutschland.

Er begab sich deshalb freiwillig in deutsche Kriegsgefangenschaft und setzte darauf, unter bestimmten von Berlin vorgegebenen Bedingungen eine neue Regierung bilden zu können. Propagandaminister Joseph Goebbels erklärte jedoch am 1. Juni auf einer Pressekonferenz: „Deutschland regiert in Brüssel. Es gibt keine belgische Regierung mehr.“ Der belgische Premierminister Hubert Pierlot (1883–1963) erklärte daraufhin in einer aus Frankreich übertragenen Radiorede, dass der König als Kriegsgefangener seine Regierungspflichten nicht mehr wahrnehmen könne und seine Befugnisse vom Kabinett übernommen würden. Pierlot und Außenminister Spaak hielten danach noch so lange wie möglich in Frankreich aus. Als sie Ende August 1940 versuchten, ohne Visum aus Vichy-Frankreich nach Spanien auszureisen, um von dort nach London zu gelangen, wurde ihnen die Einreise verwehrt. Dies führte zu der bizarren Situation, dass der belgische Regierungschef, seine Frau und seine sieben Kinder sowie sein Außenminister für drei Tage in einem Streifen Niemandsland zwischen den beiden Staaten unter einem Ehrendenkmal für General Franco kampieren mussten. Schließlich durften sie doch nach Spanien einreisen. Während Madame Pierlot und die Kinder nach Portugal weiterfahren durften, wurden Pierlot und Spaak vom faschistischen Franco-Regime im Hotel Majestic in Barcelona unter Hausarrest gestellt. Im Kommissariat musste der Regierungschef seine Personalien angeben: „Pierlot, Hubert“, erklärte er. „Premierminister von Belgien.“

Die beiden Politiker verbrachten nun mehrere Wochen mit Kartenspielen und Englischlernen. Eines Tages erfuhren sie jedoch, dass sich der „Reichsführer SS“ Heinrich Himmler in Spanien angekündigt hatte. Drohten ihnen womöglich Verhaftung und Auslieferung? Sie beschlossen, alles auf eine Karte zu setzen: Als ihre Bewacher samstags zu einem Fußballspiel gingen, versteckten sie sich in einem Kleinlaster mit doppeltem Boden, den der belgische Konsul in Barcelona für sie bereitgestellt hatte. Wie es sich für einen guten Katholiken und Chef der Katholischen Partei gehörte, nahm Pierlot sogleich seinen Rosenkranz zur Hand und erkundigte sich bei dem Sozialisten Spaak, ob er etwas dagegen habe, wenn er jetzt bete. „Ich gab ihm nicht nur gern meine Zustimmung“, erinnerte der sich später in seinen Memoiren, „sondern ich entsinne mich noch, dass ich mich an alle Götter und Propheten um Hilfe wandte, die ich kannte: Mohammed, Konfuzius, Buddha; ich war der Ansicht, wenn wir schon eine Versicherung eingingen, dann müsse sie so weitgehend wie nur möglich sein.“ Nach 15 Stunden Autofahrt quer durch Spanien erreichten sie die Grenze zu Portugal. Dort wurde der Laster von spanischen Zollbeamten durchsucht – doch das Versteck fanden sie nicht. Spaak vergaß nie, wie ihm Pierlot, der einstige politische Gegner, in diesem dramatischen Moment über die Hand strich. „Diese ungewöhnliche Kundgebung der Freundschaft seinerseits rührte mich tief. Wir waren gerettet.“

Mittlerweile wurde Belgien von einem deutschen General regiert. Das Oberkommando des Heeres (OKH) wollte in den eroberten Ländern im Westen unbedingt Militärregierungen einsetzen, um seine Machtposition gegenüber Funktionären der NSDAP und der SS zu sichern. Es ging den Militärs auch darum, Massenmorde wie nach der Besetzung Polens im Vorjahr zu verhindern, da sie mit solchen Terrorakten nicht in Verbindung gebracht werden wollten. Unmittelbar nach der niederländischen Kapitulation berief das OKH deshalb den

62 Jahre alten General Alexander von Falkenhausen (1878–1966) zum Militärbefehlshaber der Niederlande und des schon eroberten Teils von Belgien. Zur großen Verärgerung der Militärführung befahl Hitler am 18. Mai jedoch, in den Niederlanden eine Zivilverwaltung einzurichten und die Macht an einen von ihm ernannten Reichskommissar zu übertragen, einen überzeugten Nationalsozialisten. Falkenhausen wurde hingegen Militärbefehlshaber Belgiens sowie der beiden nördlichsten französischen Departements Nord und Pas-de-Calais. Die uneinheitlichen Strukturen, die auf diese Weise in den besetzten Ländern entstanden, waren ein typisches Ergebnis der fortwährenden Machtkämpfe innerhalb des NS-Staats. Möglicherweise trug auch die Präsenz Leopolds dazu bei, dass Hitler für Belgien nicht ebenfalls eine Zivilverwaltung anordnete.

Hitler hatte im Ersten Weltkrieg drei Jahre in Flandern verbracht, über das Fronterlebnis hinaus aber wohl kaum bleibende Eindrücke aus dem Land mitgenommen. Im Juli 1940 gab er Falkenhausen einige kurze Instruktionen, die vor allem den Umgang mit dem König betrafen. Er sprach sich dafür aus, die Flamen gegenüber den Wallonen zu begünstigen, doch nähere Anweisungen dazu folgten nie. Alle weiteren Entscheidungen über die Zukunft Belgiens wollte er erst nach dem Krieg treffen. Eine klare Vorstellung davon hatte er offenbar noch nicht. Mal bemerkte er, er wolle mit der „Kleinstaaterei" aufräumen, dann war davon die Rede, Flandern solle ein „Reichsgau" werden, also im Deutschen Reich aufgehen. So blieb es vorerst dabei, dass die Flamen auf Hitlers Geheiß zwar bevorzugt wurden, doch von einer gezielten Flamenpolitik mit strategischen Zielen wie im Ersten Weltkrieg konnte keine Rede sein. Viel wichtiger war den Deutschen, ganz Belgien mit möglichst geringem Aufwand unter Kontrolle zu halten. Die Besatzer ließen deshalb den gesamten Verwaltungsapparat intakt, verstärkt um nur etwa 1200 deutsche Beamte. Ihr zentrales Ziel war die Ausbeutung der belgischen Industrie zugunsten der deutschen Kriegswirtschaft. Der Krieg hatte absolute Priorität.

Die belgischen Wirtschaftsführer wollten umgekehrt um jeden Preis verhindern, dass die Industrie wie im Ersten Weltkrieg demontiert und zerstört wurde. Zudem war ihnen sehr bewusst, dass Belgien auf Nahrungsmittel-Importe aus dem von Deutschland beherrschten Europa angewiesen war. Ein Boykott deutscher Forderungen konnte schnell zu einer Hungersnot führen. Überdies drohte dann wieder die Zwangsverschleppung belgischer Arbeiter nach Deutschland. In dieser Situation gaben einige tonangebende Banken den einzuschlagenden Weg vor, allen voran die mächtige Société Générale, die 40 % der belgischen Industrie kontrollierte: Ihr Chef Alexandre Galopin stellte die nach ihm benannte Galopin-Doktrin auf, wonach die belgische Industrie weiter produzieren sollte, allerdings unter Auflagen. So durften keine Waffen und keine Munition an Deutschland geliefert werden, zudem sollte die Produktion für Deutschland nicht größer sein als die im Gegenzug importierten Lebensmittel und Rohstoffe für die Industrie.

Die belgischen Beamten entschlossen sich ebenfalls fast ausnahmslos, auf ihren Posten zu bleiben und mit den Deutschen zu kooperieren. Sie hofften, deren Politik auf diese Weise abfedern und „Schlimmeres verhindern“ zu können, wie eine oft verwendete Formulierung lautete. Wenn die einzige Alternative darin bestand, den Machtapparat vollständig den Besatzern zu überlassen, war man dann nicht geradezu verpflichtet, das „kleinere Übel“ zu wählen und mit ihnen zusammenzuarbeiten?

Unterdessen ließen auch die Menschenfänger Himmlers nicht lange auf sich warten: An der Avenue Louise in Brüssel richtete sich die Gestapo ein und nahm die Juden ins Visier. Es müssen damals minimal 65 000, wahrscheinlich aber deutlich mehr in Belgien gelebt haben, fast alle in Brüssel und Antwerpen. Mehr als 90 % waren Einwanderer aus Osteuropa, vor allem aus Polen, oder Flüchtlinge aus Deutschland. Der Anteil jüdischer Belgier lag bei weniger als 10 %. Antisemitismus war in Belgien in erster Linie religiös motiviert und besonders in rechtskatholischen Kreisen virulent.

Auf Anweisung aus Berlin forderte die Militärverwaltung die Chefs der belgischen Verwaltung, die sog. Generalsekretäre, im Oktober 1940 dazu auf, alle Juden und ihr Vermögen zu registrieren und sie aus dem öffentlichen Dienst auszuschließen. Dies lehnten die Generalsekretäre ab, woraufhin Militärbefehlshaber Falkenhausen und sein Verwaltungschef Eggert Reeder (1894–1959), ehemals Regierungspräsident von Köln, selbst eine entsprechende „Judenverordnung“ erließen. Diese wurde von den belgischen Kommunalverwaltungen auch tatsächlich befolgt. Auf Anweisung des Innenministeriums riefen die Gemeinden alle örtlichen Juden auf, sich zu melden, und erstellten jene Register, ohne die die spätere Deportation nicht möglich gewesen wäre.

Der nächste große Schritt auf dem Weg zur Vernichtung war die Einführung des Judensterns auf Drängen des Reichssicherheitshauptamts, das sozusagen die oberste Terrorbehörde des Nazi-Staats darstellte. Falkenhausen, der sich im vertrauten Kreis viel auf seine Gegnerschaft zu Hitler zugutehielt, tat, wie ihm geheißen. In Antwerpen kollaborierten die Behörden weisungsgemäß und gaben die Judensterne aus, in Brüssel jedoch nicht. Die 19 Gemeinden, aus denen sich die Stadt zusammensetzte, lehnten die Kennzeichnungspflicht ab. Bürgermeister Jules Coelst (1870–1946), ein feiner alter Herr mit weißem Bart, antwortete den Deutschen: „Wir sind verpflichtet, Ihnen mitzuteilen, dass Sie nicht von uns verlangen können, bei Ihrer Ausführung mitzuwirken. Viele Juden sind Belgier, und wir können uns nicht dazu entschließen, uns an einer Anordnung zu beteiligen, die so offen gegen die Würde des Menschen verstößt, wer er auch immer sei." Entscheidenden Anteil an dieser mutigen Haltung hatte der Bürgermeister des Brüsseler Stadtteils Uccle, Jean Herinckx (1888–1961), der nach seinem Tod in der Gedenkstätte Yad Vashem als Gerechter unter den Völkern geehrt wurde. Er lehnte auch den Ausschluss jüdischer Kinder aus öffentlichen Schulen ab und unterstützte das *Comité de défence des Juifs* (CDJ), das untergetauchten Juden half und jüdische Kinder versteckte. Als wenig später die Aufforderung erging, alle Juden zu verhaften, die ihre Einberufung zur Zwangsarbeit am Atlantikwall ignoriert hatten, weigerte sich Bürgermeister Coelst, dem die Brüsseler Polizei unterstand, abermals. Am 2. Juli 1942 stellte sich die Brüsseler Bürgermeisterkonferenz hinter diese Entscheidung. Sie verbot der Polizei, sich an den Verhaftungen zu beteiligen.

Zu diesem Zeitpunkt hatte das Reichssicherheitshauptamt in Berlin bereits konkrete Zahlen für die Deportation festgelegt: Aus Frankreich sollten noch im Laufe des Sommers 100 000, aus den Niederlanden 15 000 und aus Belgien 10 000 Juden nach Auschwitz geschafft und ermordet werden. Verantwortlich für die Ausführung in Belgien war der dortige Judenreferent im Gestapo-Hauptquartier, SS-Obersturmführer Kurt Asche. Falkenhausen hätte gegen die Deportation ohne Weiteres Einspruch erheben können, er war die oberste Autorität in Belgien. Er tat aber nichts dergleichen. Sein Verwaltungschef Reeder besprach Details der geplanten Verschleppung mit Himmler. Die einzige Einschränkung war, dass vorerst keine Juden belgischer Staatsangehörigkeit aufgegriffen werden sollten. SS-Sturmbannführer Philipp Schmitt wurde mit der Einrichtung eines Sammellagers für die Juden in der Dossin-Kaserne in Mechelen beauftragt. Er führte bereits das gefürchtete Konzentrationslager Fort Breendonk, in dem inhaftierte Widerstandskämpfer zugrunde gerichtet wurden.

Die SS verschickte nun Einberufungsbefehle zum „Arbeitseinsatz" an Tausende Juden. Die Adressen erhielt sie vom Judenrat, einer Zwangsvereinigung, in der sich die Juden auf Anweisung der Deutschen hatten zusammenschließen müssen. Diese *Association des Juifs en Belgique* (AJB) – oder auf Niederländisch *Vereeniging van Joden in België* (VJB) – erstellte die Adressen anhand der kommunalen Register oder eigener Listen. Sie legte den Einsatzbefehlen sogar eigene Schreiben bei, in denen sie sich dafür verbürgte, dass es sich „lediglich um einen Arbeitseinsatz und nicht um eine Deportationsmaßnahme" handele. Vorstandsmitglied Salomon Van den Berg vertraute jedoch seinem Tagebuch an: „Ich fürchte, dass es sich um eine Massendeportation nach Polen handelt. Ich hoffe, dass ich mich irre, aber ich fürchte das Schlimmste." Der bei der Erstellung der Adressenliste federführende Robert Holzinger, ein Jude aus Österreich, wurde im August 1942 von Widerstandskämpfern erschossen.

Ebenso wie der Judenrat in den Niederlanden redete sich auch die AJB in Belgien ein, durch Entgegenkommen „Schlimmeres zu verhindern“. Asche und andere SS-Schergen drohten immer wieder damit, sich andernfalls härterer Mittel zu bedienen. Da sich von den 10 000 Juden, die zunächst aus Belgien deportiert werden sollten, nur 4000 freiwillig im Lager Mechelen meldeten,

Kein Ausweg mehr. Das „Selbstbildnis mit Judenpass“ malte Felix Nussbaum um 1943 im Brüsseler Exil. Vor einer hohen Mauer haben ihn seine Verfolger gestellt. Deren Standpunkt nimmt der Betrachter ein. Nussbaum zeigt den Häschern seinen Ausweis mit dem zweisprachigen Stempel „Juif – Jood“. Ein Jahr später wurde die Szene Wirklichkeit: Zusammen mit seiner Frau Felka Platek wurde er festgenommen, deportiert und in Auschwitz ermordet.

griff Asche schließlich auf diese Mittel zurück und überzog die Judenviertel mit nächtlichen Razzien. Sowohl in Antwerpen als auch in Brüssel forderten die Deutschen die belgische Polizei auf, sich daran zu beteiligen. Erneut wurde ihnen in Antwerpen Folge geleistet, aber Brüssel weigerte sich. Auch in Lüttich leistete die Polizei keine Unterstützung. Hier wie dort holten die Deutschen die jüdischen Familien daraufhin mit eigenen Leuten etwa von der Gestapo oder der Feldgendarmerie aus ihren Wohnungen. Mehrfach nutzten sie die Ausgabe von Lebensmittelkarten als Hinterhalt, um Juden zu verhaften. In Antwerpen nahm der SS-Oberscharführer Erich Holm am ersten Schultag nach den Ferien die an den jüdischen Schulen eintreffenden Eltern und Kinder fest. Die meisten Juden wurden jedoch einzeln oder in kleinen Gruppen aufgegriffen, nachdem sie von Spitzeln, V-Männern, Kollaborateuren oder von Bekannten unter Folter verraten worden waren. Mit all diesen Methoden schafften es die deutschen Besatzer, das „Soll" von 10 000 Deportierten für den Sommer 1942 zu erfüllen. Seit dem 4. August rollten die Züge aus Mechelen nach Auschwitz. Sie rollten auch im Herbst, im Winter und im folgenden Jahr. Im Juni 1943 befahl Himmler, nun auch die Juden mit belgischer Staatsangehörigkeit aufzugreifen, und wieder willigte Falkenhausen ein. Insgesamt gingen 27 Transporte aus Mechelen ab, der letzte am 31. Juli 1944. Zu seinen Insassen gehörten der aus Osnabrück stammende Maler Felix Nussbaum (1904–1944) und seine Frau, die in Brüssel untergetaucht und dann verraten worden waren. Ein weiterer Zug vom Januar 1944 brachte 351 „Zigeuner" nach Birkenau.

Etwa 25 000 der in Belgien lebenden Juden sind der Shoah zum Opfer gefallen. Das sind ungefähr 40 % – im Vergleich zu knapp 75 % in den benachbarten Niederlanden. Auffällig ist der krasse Unterschied zwischen Flandern einerseits und Brüssel und Wallonien andererseits: In Antwerpen wurden schätzungsweise 65 % der Juden deportiert, in Brüssel, Lüttich und Charleroi „nur" 35 %. In Brüssel und Wallonien erschienen auch drei von vier Widerstandszeitungen, obwohl dort weniger als die Hälfte der belgischen Bevölkerung lebte. Insgesamt ging der Widerstand zu 70 % von frankophonen Belgiern aus, wobei Brüssel als das Epizentrum des belgischen Widerstands gelten kann. Nur wenige Städte im besetzten Europa haben sich der Nazi-Herrschaft so mutig und konsequent widersetzt.

Für den schwächeren Widerstand in Flandern lassen sich drei Gründe anführen: Erstens waren Kommunisten und Sozialisten – die entschlossensten Antifaschisten – in Wallonien und Brüssel traditionell stärker vertreten als in Flandern. Zweitens war auch der belgische Patriotismus im französischsprachigen Landesteil seit jeher ausgeprägter, wohingegen sich viele Flamen vom belgischen Staat mit seiner französischsprachigen Elite benachteiligt fühlten. Drittens wurden die Flamen von den deutschen Besatzern bevorzugt, etwa durch die Freilassung der flämischen Kriegsgefangenen.

Insgesamt nahm der Widerstand deutlich zu, seit die Besatzungsbehörden im Oktober 1942 grundsätzlich alle arbeitsfähigen Männer zum „Arbeitseinsatz" in Deutschland verpflichtet hatten. Wie schon im Ersten Weltkrieg setzte erneut eine Verschleppung ein, die zahllose Familien betraf. Insgesamt mussten fast 200 000 Belgier in Deutschland Zwangsarbeit verrichten. Um diesem Schicksal zu entgehen, tauchten viele junge Männer unter. Dadurch vergrößerte sich das Potenzial von „Illegalen", aus dem Widerstandsgruppen Mitglieder rekrutieren konnten. Die Generalsekretäre an den Spitzen der belgischen Ministerien verbreiteten nun zudem strenge Richtlinien, die Kollaboration mit den Deutschen verboten. Die Einberufungen zur Zwangsarbeit bildeten somit die große Zäsur der gut vierjährigen Besatzungszeit. Danach waren mehrere hunderttausend Belgier im Widerstand aktiv – in etwa ebenso viele wie mit den Deutschen kollaborierten. Gemessen an der Gesamtbevölkerung bildeten sowohl Widerstandskämpfer als auch Kollaborateure eine kleine Minderheit von jeweils 2–3 % der Berufsbevölkerung – die weitaus meisten Menschen versuchten wie in allen besetzten Ländern einfach, möglichst so weiterzuleben wie zuvor. In den Widerstand zu gehen, war lebensgefährlich: Etwa 30 000 Beteiligte wurden von den Deutschen festgenommen, nur die Hälfte überlebte.

Porträt: Menschen aus dem Widerstand

Eine Nonne, ein Baron und eine junge Frau

Schwester Marie-Aurélie (?–1948), mit bürgerlichem Namen Eugénie Leloup, war die Mutter Oberin eines Konvents in Brüssel-Anderlecht. Dort versteckte sie 15 jüdische Mädchen im Alter von 20 Monaten bis zu zwölf Jahren. Am 20. Mai 1943 stand die Gestapo vor der Tür. Jemand hatte sie verraten. Jetzt schien alles aus. Da aber drei Mädchen gerade nicht da waren, ließen sich die Häscher von Schwester Marie-Aurélie überreden, ihnen noch eine Nacht Zeit zu geben. Am nächsten Morgen aber würden sie wiederkommen und dann alle mitnehmen, drohten die Männer – oder für jedes fehlende Kind eine Nonne. Eine Nacht also noch, eine Nacht! Tags darauf kehrten sie zurück. Doch was war das? Sie fanden die Nonnen gefesselt und geknebelt, die Möbel umgeworfen, die Telefonleitungen durchschnitten. Und die Mädchen? Alle weg. Befreit von Partisanen. Mit leeren Händen musste die Gestapo wieder abziehen. Natürlich war die Aktion nur inszeniert: Schwester Marie-Aurélie hatte die Nacht genutzt, um all ihre Schützlinge in Sicherheit zu bringen. Die tapfere Nonne geriet danach in Vergessenheit, doch 2001 wurde sie von Yad Vashem posthum als Gerechte unter den Völkern geehrt.

Baron Jean Michel de Selys Longchamps (1912–1943) ließ sich nach der Besetzung Belgiens bei der Royal Air Force zum Bomberpiloten ausbilden und kämpfte seitdem gegen die Deutschen. Am 20. Januar 1943 scherte er über Belgien aus seinem Geschwader aus und steuerte Brüssel an. Er kannte die Stadt gut, war dort geboren. Im Tiefflug donnerte er über die breiten Boulevards, offenbar ein Lebensmüder! Dann ging er noch etwas tiefer, riss seine Hawker Typhoon im letzten Moment hoch und feuerte aus allen Rohren auf die Fassade eines Hochhauses. Dessen Adresse war in der ganzen Stadt bekannt: Avenue Louise 453. Die Gestapo-Zentrale. Viele SS-Männer kamen im Geschosshagel um oder wurden verletzt. Anschließend warf er noch zwei Bomben auf das Gebäude, wodurch unter anderem das Archiv verbrannte. Die Treffsicherheit des jungen Barons war so groß, dass keines der angrenzenden Häuser etwas abbekam. Für einige Tage herrschte Hochstimmung in Brüssel. Von seinen Vorgesetzten wurde er gleichwohl getadelt – schließlich hatte er eigenmächtig gehandelt. Dann bekam er aber doch einen Orden. Noch im selben Jahr ließ er bei einem anderen Einsatz sein Leben.

Andrée de Jongh (1916–2007) schmuggelte abgeschossene britische Piloten und gesuchte Widerstandskämpfer über das besetzte Frankreich und Spanien nach England. Die geheime Fluchtroute trug den Namen Komet-Linie. Ihr Vorbild war die englische Krankenschwester Edith Cavell, die im Ersten Weltkrieg von Brüssel aus eine Fluchthilfe für alliierte Soldaten organisiert hatte, bis sie von den Deutschen verhaftet und hingerichtet worden war. Auch de Jongh ging den Besatzern 1943 ins Netz. Sie gestand unter Folter, aber die Gestapo glaubte ihr nicht: Es erschien ihr zu unwahrscheinlich, dass eine so junge und unschuldig wirkende Frau eine eigene Untergrund-Organisation aufgebaut haben könnte. Deshalb wurde sie nicht erschossen, sondern nur deportiert. „Dédée“, wie sie genannt wurde, überlebte jedoch. Nach dem Krieg setzte sie sich weiter für andere Menschen ein: Jahrzehntelang arbeitete sie in afrikanischen Lepra-Krankenhäusern. Mit internationalen Auszeichnungen überhäuft, starb sie hochbetagt in ihrer Heimatstadt Brüssel.

Auch der kleine Simon Grosnowski hätte ohne mutige Helfer nicht überlebt. Seit seinem Sprung aus dem Zug wohnte er bei einer belgischen Familie in Brüssel. Er vermisste seine Mutter und seine sieben Jahre ältere Schwester, die ebenfalls deportiert worden war. Sein Vater hatte glücklicherweise gerade im Krankenhaus gelegen, als die Häscher von der Gestapo eines Morgens während des Frühstücks geklingelt hatten – er tauchte danach unter. Fast eineinhalb Jahre musste Simon warten. Meist saß er am Fenster und blickte durch einen Gardinenspalt auf die Straße. Er sah besorgte Menschen, die ganz damit beschäftigt waren, die nötigsten Lebensmittel zusammenzubekommen. Sie machten ernste

Gesichter. Nur selten glitt ein Wagen vorbei. Aber dann, am 3. September 1944, veränderte sich das Bild: Autos hupten, junge Mädchen trugen Blumen in der Hand, wildfremde Menschen fielen sich in die Arme. Es war der Tag der Befreiung, auch für Simon.

Seine Mutter und seine Schwester hat er nie wieder gesehen. Warum ist die Mutter nicht gesprungen, damals, in jener Aprilnacht des Jahres 1943? Wahrscheinlich hat sie es einfach nicht mehr geschafft, weil der Zug gleich darauf stehen blieb und die Wachmänner kamen. Vielleicht wollte sie seine Flucht aber auch nicht behindern. Als alter Mann erinnerte sich Simon Grosnowski: „Sie hat mich zur Tür begleitet, als führe sie mich in die Freiheit und das Leben."

Stichwort: Ardennenoffensive

Als der Krieg nach Belgien zurückkehrte

Am 21. Oktober 1944 nehmen US-Truppen erstmals eine deutsche Stadt ein, Aachen. Jetzt kann es nicht mehr lange dauern, und der Krieg ist zu Ende, hoffen viele. Doch am selben Tag führt Hitler im fernen Ostpreußen den SS-Mann Otto Skorzeny – bekannt für seine Beteiligung an der Befreiung Mussolinis nach dessen Absetzung 1943 – durch die schummrig beleuchtete Wolfsschanze. „Ich habe Ihnen heute den vielleicht wichtigsten Auftrag Ihres Lebens zu erteilen", eröffnet er ihm. „Bisher wissen nur einige wenige Leute um die Vorbereitungen zu einem geheimen Plan, in dem Sie eine große Rolle übernehmen sollen." Skorzeny, ein 1,96 Meter großer Hüne mit einer tiefen Narbe vom Ohr bis zum linken Mundwinkel, wird hellhörig – was kann der Führer in dieser prekären Situation noch Großes mit ihm vorhaben? Hitler fährt fort: „Deutschland startet im Dezember eine große, für das weitere Schicksal des Landes entscheidende Offensive." Ein neuer Blitzkrieg soll im letzten Moment doch noch die Kriegswende bringen. Aus der Eifel kommend, soll die Wehrmacht die alliierten Linien durchbrechen und das Anfang September befreite Belgien zurückerobern. Schon 1940 ist die Wehrmacht in einem „Sichelschnitt" von den Ardennen bis nach Dünkirchen an der Kanalküste vorgestoßen – jetzt soll sie diesen Erfolg noch einmal wiederholen. Diesmal ist das Ziel, binnen einer Woche Antwerpen einzunehmen, den einzigen großen Tiefwasserhafen, über den die Alliierten Nachschub anführen können. Von Antwerpen aus will Hitler dann V2-Raketen auf London abfeuern. All das wird die Alliierten nach seinen Vorstellungen dermaßen demoralisieren, dass sie Friedensverhandlungen aufnehmen. Der „Endsieg" im Osten wäre dann wieder möglich. Das zumindest glaubt Hitler – oder will es glauben. Als er Goebbels Anfang Dezember in Berlin in die Details seines großen Plans einweiht, erscheint er dem Propagandaminister wie neu geboren. Der Gedanke daran, selbst wieder die Initiative ergreifen zu können, mobilisiert die letzten Kräfte des gesundheitlich schwer angeschlagenen und vorzeitig gealterten Massenmörders. Goebbels ist sich jedoch darüber im Klaren, „dass der Führer mit Divisionen operiert, die praktisch nicht mehr oder nur noch zum Teil vorhanden sind". Um die Operation „Wacht am Rhein" selbst überwachen zu können, bezieht Hitler am Abend des 10. Dezember das „Führerhauptquartier Adlerhorst" im hessischen Ziegenberg in der Nähe von Bad Nauheim. Mehrfach wird der Beginn der Offensive verschoben, weil das Wetter ungeeignet ist. Hitler benötigt eine dichte Wolkendecke, weil die Alliierten dann nicht fliegen können. Kurz vor Weihnachten ist es schließlich so weit: Es schneit wie verrückt, in der Eifel und den Ardennen sinken die Temperaturen zeitweise auf minus 20 Grad. Am frühen Morgen des 16. Dezember schlägt Hitler los. Auf etwa 140 Kilometern von Monschau in der Eifel bis Echternach in Luxemburg greifen die deutschen Streitkräfte bei dichtem Nebel an – teilweise getarnt mit weißen Schneehemden. Die Amerikaner sind völlig überrascht und überrumpelt. Sie haben mit allem gerechnet – aber nicht damit, dass die Deutschen, die den Krieg doch sowieso verloren haben, noch einmal einen Gegenangriff starten könnten. Den 200 000 Angreifern haben die Alliierten in dem Frontabschnitt nur etwa 80 000 Soldaten entgegenzusetzen. Und ihre 400 Panzer sind den 600 deutschen unterlegen. Die Feuerkraft der amerikanischen Sherman-Panzer reicht nicht aus, um die Stahlpanzerung der neuartigen deutschen Tiger und Panther zu durchschlagen. In der ersten Panik lassen die Amerikaner alles stehen und liegen und fliehen. Bald markieren Hunderte zurückgelassener und ausgebrannter Fahrzeuge ihre Rückzugswege. „Wo zum Teufel nimmt dieser Hundesohn nur die Soldaten her?", fragt sich der US-General Omar Bradley mit Blick auf Hitler. Was er nicht weiß: Viele von ihnen sind Kindersoldaten. Sie sind völlig unerfahren und kommen zudem auf den verschneiten Waldwegen nur langsam voran. Manche Fahrzeuge frieren am Boden fest, es kommt zu regelrechten Panzerstaus. Dennoch kann Goebbels in der Nacht zum 17. Dezember festhalten: „Der erste Erfolg unseres Offensivstoßes ist überraschend." Erstmals seit langem nehmen die Deutschen wieder in großer Zahl gegnerische Soldaten gefangen. Bei Malmédy werden am 17. Dezember mindestens 82 US-Soldaten von einer Kampfgruppe unter dem Befehl des SS-Standartenführers Joachim Peiper ermordet. Weitere deutsche Kriegsverbrechen folgen, bevor am 1. Januar in der Nähe des belgischen Dorfs Chenogne auch mehrere Dutzend deutsche Soldaten von Amerikanern erschossen werden. Belgische Zivilisten werden ebenso Opfer von Kriegsverbrechen. Für sie ist der schon zu Ende geglaubte Krieg über Nacht zurückgekehrt – und die gefürchteten deutschen Soldaten sind nach mehreren Monaten plötzlich wieder da. Die Verwirrung bei den Amerikanern ist groß. Anfangs tippen sie auf ein Ablenkungsmanöver der Deutschen – dass Hitler wirklich eine große Offensive begonnen haben könnte mit dem Ziel der Eroberung Antwerpens, können sie schlicht nicht glauben. Dazu kommen Sabotageaktionen unter Führung von Otto Skorzeny: Fließend Englisch sprechende deutsche Soldaten in US-Uniformen schicken amerikanische Einheiten in die falsche Richtung und zerschneiden Telefonkabel. Als sich das herumspricht, misstrauen sich die GIs in der Schneehölle der Ardennen gegenseitig. Es werden Kontrollfragen eingeführt: „Wie heißt die Freundin von Mickey Mouse?“ Oder: „Was ist die Hauptstadt von Illinois?“ Dass das nicht Chicago ist, sondern Springfield, ist aber auch so manchem Amerikaner nicht bekannt. Fast 2500 amerikanische Soldaten werden auf diese Weise fälschlich als Deutsche verdächtigt und vorübergehend festgenommen. Am 21. Dezember müssen sich bei St. Vith 7500 Amerikaner ergeben – das ist noch nie vorgekommen. Hitler ist bester Laune. Am 23. Dezember stehen die vordersten deutschen Verbände vor Dinant tief in der wallonischen Provinz Namur. Wie eine Riesenbeule ragt ihr Frontbogen in das alliierte Gebiet hinein – was der Schlacht ihren etwas merkwürdigen englischen Namen geben wird: *the Battle of the Bulge* (die Schlacht der Ausbuchtung). Allerdings: Antwerpen ist von hier aus immer noch 135 Kilometer entfernt. Und mittlerweile haben sich die Amerikaner von ihrem Schock erholt und verlegen massiv zusätzliche Truppen ins Kampfgebiet. Manche tragen Schneetarnanzüge, andere hüllen sich in Bettlaken. Bewölkung und Nebel lösen sich auf, so dass die Alliierten ihre Luftüberlegenheit ausspielen können. Als die Deutschen die Amerikaner zur Aufgabe der südbelgischen Stadt Bastogne auffordern, gibt General Anthony McAuliffe eine Antwort, die berühmt werden wird: *„Nuts!“* („Quatsch!“) An Heiligabend zeichnet sich schon ab, dass Hitlers letztes großes Vabanquespiel gescheitert ist: Der Überraschungseffekt verpufft, der Vormarsch stockt. „Wir haben kein Otto und kein Hermann mehr“, funken SS-Einheiten. „Otto“ steht für Benzin, „Hermann“ für Munition. Mitte Januar 1945 haben die Deutschen sämtliche Geländegewinne wieder eingebüßt. Wie gestrandete Schlachtschiffe bleiben ihre schweren Panzer in den Schneewäldern der Ardennen zurück. Die Verluste sind enorm. Mehr als 3000 belgische Zivilisten haben durch Artilleriefeuer, Luftangriffe und Häuserkämpfe ihr Leben verloren. Für die Amerikaner ist die Abwehr der Ardennenoffensive die blutigste Schlacht des ganzen Krieges: 75 000 bis 90 000 Mann werden getötet, verwundet oder gefangen genommen. Auf deutscher Seite betragen die Verluste nach Schätzungen zwischen 63 000 und weit über 100 000 Mann. Dem Vormarsch der Roten Armee im Osten hat Deutschland jetzt kaum noch etwas entgegenzusetzen. Hitlers Kommentar dazu: „Wir haben ausgesprochenes Pech gehabt.“ Am 15. Januar 1945 kehrt er nach Berlin zurück. Er wird es nie mehr verlassen.

KAPITEL 6

Die gespaltene Nation – Belgien seit 1945

Tim und Struppi im Land der Nazis. Der schwierige Neuanfang

Der 3. September 1944, jener Sonntag, an dem Simon Grosnowski beim Blick aus dem Fenster erkannte, dass Brüssel wieder frei war, war ein Unglückstag für den berühmten Schöpfer von Tim und Struppi, Hergé (1907–1983). Mitglieder des Widerstands erschienen in seinem Haus in Brüssel und nahmen ihn vorübergehend fest. In einer „Galerie der Verräter", die 40 Journalisten aufführte, war er gleich zweimal vertreten: unter seinem richtigen Namen Georges Remi und unter seinem Künstlerpseudonym Hergé. Unter den abgebildeten Porträtfotos stand: „Liebe Leser, schaut euch diese Gesichter an! Das Böse steht ihnen im Gesicht geschrieben. Jeder Kommentar ist überflüssig, die Verbrechen dieser Leute sind bekannt. Die Bestrafung, die wir ihnen angedeihen lassen werden, wird gnadenlos sein."

Am 11. September wurde Hergé erneut verhaftet, in einem Gerichtsgebäude vernommen und dann in einer Zelle eingesperrt. Zwei weitere Verhaftungen folgten. Die gesamte Belegschaft der Zeitung „Le Soir", für die er gearbeitet hatte, wurde entlassen. Außerdem wurden alle Journalisten, die während der Besatzungszeit für eine offizielle Zeitung tätig gewesen waren, mit einem Berufsverbot belegt. Tim und Struppi verschwanden damit erstmal von der Bildfläche. Dafür erschien ein ungelenk gezeichneter Satire-Comic mit dem Titel „Die Abenteuer von Tim und Struppi im Land der Nazis". Darin sagt Tim zu Kapitän Haddock: „Kapitän, endlich frei! Hergé musste sich trollen!" Worauf der Seemann seinen Erfinder mit Schmähungen wie „Landratte" belegt und versichert, er selbst sei immer anglophil gewesen. „Und ich habe immer Cowboys gemocht", erklärt Tim – worauf Struppi hinzufügt: „Und aus mir hat er nie einen Deutschen Schäferhund machen können!"

Der 37 Jahre alte Hergé, der aus einem katholisch-konservativen Milieu kam und den Rexisten-Führer Léon Degrelle kannte, hatte seine „Tim und Struppi"-

Comics während der vier Besatzungsjahre in der größten französischsprachigen Zeitung „Le Soir" veröffentlicht. Sie wurde wie alle legalen Blätter von den Deutschen kontrolliert. Während im Politikteil der Zeitung die Siege der Wehrmacht und das harte Vorgehen gegen kommunistische Widerständler gefeiert wurden, sorgte auf den Kinderseiten Tim – im Original Tintin – für Zerstreuung. Mit der neuen Ordnung schien er sich angefreundet zu haben. In seinem Abenteuer „Der geheimnisvolle Stern", das von Oktober 1941 bis Mai 1942 in „Le Soir" erschien, bekämpfte Tim einen amerikanischen Plutokraten mit dem jüdischen Namen Blumenstein und langer Hakennase, angelehnt an gängige antisemitische Klischees.

Der Widerstand und viele andere Belgier, die unter der Besatzung gelitten hatten, brannten 1944 auf eine Abrechnung mit Verrätern und Profiteuren. Etwa 100 Kollaborateure wurden gelyncht. Die Justiz begann mit einer gigantischen Säuberungsaktion. Offensichtliche Schuldige waren alle führenden Köpfe der flämisch-nationalistischen VNV und der antidemokratischen wallonischen Rex, die sich den Nazis angedient hatten. VNV-Leute waren auf zahlreiche Posten in Regierung, Verwaltung und Polizei vorgerückt. Zudem hatte die VNV Mitglieder für die Waffen-SS angeworben. Der Rexisten-Chef Léon Degrelle hatte nach dem Überfall auf die Sowjetunion eine „Wallonische Legion" gebildet und war dafür von Hitler hoch dekoriert worden. Beide Parteien waren nunmehr diskreditiert und im Parlament nicht mehr zugelassen. Die Justizbehörden legten insgesamt 350 000 Dossiers an, bei einer Gesamtbevölkerung von etwa 8,5 Millionen. 53 000 Menschen wurden verurteilt, davon über 1000 zum Tode, wovon 242 tatsächlich hingerichtet wurden. Dazu kamen sog. *inciviques* (Nichtbürger): Personen, die sich nach Ansicht der Behörden als politisch unzuverlässig erwiesen hatten und deshalb mit dem Entzug ihrer bürgerlichen Rechte bestraft wurden. Sie durften zum Beispiel nicht mehr wählen.

Vor diesem Hintergrund musste auch Comic-Zeichner Hergé Schlimmes befürchten. Nicht, dass er sich selbst schuldig gefühlt hätte: „Ich arbeitete, genau wie ein Bergmann, ein Taxifahrer oder Bäcker! Aber während man es als normal betrachtete, dass ein Lokführer einen Zug steuerte, bekamen Angehörige der Presse das Etikett ‚Verräter'." Dass diese Argumentation kaum überzeugen konnte, hatte ihm schon 1940 ein Leser in einem anonymen Brief erklärt: „Erlauben Sie mir", begann das Schreiben, „als Vater einer großen Familie meinen Kummer und meine Enttäuschung darüber zum Ausdruck zu bringen, dass ich ‚Tim und Struppi' im ‚Soir' sehe. Haben Sie über die Verantwortung nachgedacht, die Sie damit übernehmen? Ohne Tim würde der neue ‚Soir-Jeunesse' binnen sechs Wochen eingehen. Mit Ihren Freunden wird er weiter erscheinen, denn wir kennen sie, wir mögen sie, und wir werden die Zeitung kaufen, um ihre Abenteuer zu verfolgen. Und dann, ganz allmählich, werden kleine Kinder unter den neuen Einfluss geraten. (…) Können Sie es mit Ihrem Gewissen vereinbaren, bei dieser schrecklichen Tat zu kollaborieren?"

Dass ihm ein Prozess letztlich erspart blieb, hatte Hergé nur den vielen Tim-und-Struppi-Fans im Widerstand zu verdanken. So setzte der ehemalige Widerstandskämpfer Raymond Leblanc alle Hebel in Bewegung, um Hergé eine neue Arbeitserlaubnis zu beschaffen, weil er mit ihm zusammen ein Magazin machen wollte. Pierre Ugeux, der Bruder eines der prominentesten Männer im Widerstand, rief mehrmals den zuständigen Staatsanwalt an: Hergé sei nur „ein Illustrator, dessen Lebensunterhalt darin bestand, Zeichnungen für Kinder in einer Zeitung anzufertigen", beschwor er ihn. Der Staatsanwalt wandte ein, dass er auch gegen Literaturkritiker und Sportkolumnisten ermittle, gab ihm aber letztlich recht, dass Hergé „ein harmloser Kinderbuchautor" sei. Derjenige, der am Ende über ihn entschied, war der Generalstaatsanwalt des Militärgerichts, Walter Ganshof van der Meersch, der alle Ermittlungen gegen Kriegsverbrecher und Kollaborateure leitete. Er war dadurch so mächtig, dass er als „Jupiter" und „Vizekönig von Belgien" bezeichnet, aber auch als „Bluthund" geschmäht wurde. Am 22. Dezember 1945 schloss Ganshof van der Meersch das Dossier „Georges Remi alias Hergé". Seine Begründung: „In Anbetracht des besonders unschuldigen Charakters der von Remi veröffentlichten Zeichnungen, wäre es unangemessen und riskant, ihn vor ein Kriegstribunal zu bringen." Hergés ehemaliger Chef Raymond De Becker und fünf andere Kollegen von „Le Soir" wurden dagegen 1946 zum Tode verurteilt, ein weiterer zu lebenslanger Haft, fünf zu 20 Jahren, zwei zu 15 Jahren. In der Urteilsbegründung hieß es, alle an der Zeitung Mitwirkenden hätten dem Feind und seiner Propaganda gedient.

Dieses harte Vorgehen gegen Kollaborateure erfolgte nicht auf der Grundlage eines gesellschaftlichen Konsenses, sondern war äußerst umstritten. Auf eine strenge Bestrafung pochten der Widerstand und die mit ihm verbundenen Parteien, in erster Linie Kommunisten und Sozialisten. Die Katholische Partei, die sich 1945 in Christliche Volkspartei (CVP) umbenannte, fand die Säuberung zu rigoros und kritisierte, dass viele Menschen zu Unrecht beschuldigt würden. Die Wählerbasis der CVP lag im katholischen Flandern, dessen Nationalisten durch die Kollaboration mit den Deutschen kompromittiert waren, ähnlich wie nach dem Ersten Weltkrieg. Die katholische Kirche selbst hatte eher vorsichtig agiert und einen offenen Konflikt mit den Deutschen vermieden. So wurde der Streit über die Bestrafung der Kollaborateure einmal mehr auf die Formel „Flandern gegen Wallonien" verkürzt. Dabei hatte es natürlich auch in Flandern Widerstandskämpfer und auch in Wallonien Kollaborateure gegeben.

Zum Kristallisationspunkt der Auseinandersetzung wurde König Leopold III., für die linken Parteien das Symbol der Kollaboration schlechthin. Dem

Monarchen wurde unter anderem ein Treffen mit Hitler am 19. November 1940 auf dem Obersalzberg angekreidet. Anders als vom König erhofft, hatte sich der Diktator dabei auf keinerlei Zugeständnisse gegenüber Belgien eingelassen. Dennoch soll der König anschließend über Hitler gesagt haben: „So jemand wird nur alle 1000 Jahre geboren."

Leopold war bei der belgischen Bevölkerung zunächst sehr beliebt. Man empfand es als solidarisch, dass er sich nicht wie die Regierung ins Ausland absetzte. Doch nach und nach kamen Zweifel auf, da er offensichtlich nichts für sein Volk erreichen konnte. Als 1941 auch noch bekannt wurde, dass er die junge Flämin Lilian Baels geheiratet hatte, schlug die Stimmung um. Leopolds beliebte Frau Astrid von Schweden war 1935 bei einem von ihm verursachten Autounfall ums Leben gekommen. Mit der neuerlichen Hochzeit zerbrach für die belgische Öffentlichkeit sowohl das Bild des trauernden Witwers als auch das des königlichen Kriegsgefangenen, der das Leid der Bevölkerung teilte. Sein Leben im Palast samt neuer Liebesbeziehung stand in scharfem Kontrast zum Schicksal der echten Kriegsgefangenen. Die flämischen Soldaten waren zwar bald wieder freigelassen worden, doch die Wallonen mussten in Deutschland Zwangsarbeit verrichten.

Nach der Landung der Alliierten in der Normandie wurde „der verdammte König", wie Hitler ihn nannte, zunächst nach Schloss Hirschstein in Sachsen gebracht und im März 1945 dann nach Strobl bei Salzburg. Am 7. Mai 1945 wurde der König dort von amerikanischen Truppen befreit und zog danach in die Schweiz.

Vor seinem erzwungenen Abschied aus Brüssel hatte Leopold die Grundzüge einer Nachkriegsordnung für Belgien entworfen. Darin sah er für sich selbst eine Schlüsselrolle vor: Bis auf Weiteres sollte eine von ihm ernannte Expertenregierung das Sagen haben. In seiner Denkschrift forderte er des Weiteren eine Entschuldigung von der Regierung Pierlot für den Bruch von 1940. Zudem warnte er vor einer neuen Besetzung Belgiens, diesmal durch alliierte Truppen, die er als *les autorités occupantes* bezeichnete. Zu einer Würdigung des Widerstands ließ er sich ebenso wenig herab wie zu einer Verurteilung der Nazi-Verbrechen. Er selbst hatte natürlich alles richtig gemacht. Als Kriegspremier Churchill dieses politische Testament gelesen hatte, reagierte er sehr kurz: „It stinks."

Da der König bei der Befreiung Belgiens im September 1944 noch in Deutschland gefangen saß, ernannte die Regierung zunächst seinen jüngeren Bruder Karl (1903-1983) zum Übergangsregenten. Nach seiner Befreiung forderte Leopold, darüber abstimmen zu lassen, ob er weiter König der Belgier bleiben sollte. Die Regierung lehnte das ab, da nach ihrem Dafürhalten nur das Parlament darüber entscheiden konnte; Volksbefragungen waren von der Verfassung nicht vorgesehen. Offiziell erklärte man, dass Leopold aus Gesundheitsgründen noch

Erzwungene Abdankung. Leopold III. und sein Sohn Baudouin, der nach massiven Protesten schon mit 20 Jahren seine Nachfolge antreten musste.

nicht heimkehren könne. Die erste Parlamentswahl nach dem Krieg brachte 1946 einen Linksruck mit Gewinnen für Kommunisten und Sozialisten, die danach zusammen mit den Liberalen regierten. Sie waren für Leopolds Abdankung. Die CVP schwang sich dagegen zum Fürsprecher des Monarchen auf, in dem sich all jene wiedererkennen konnten, die im Krieg eher eine abwartende Haltung eingenommen hatten. Ein treuer Anhänger Leopolds war zum Beispiel Hergé.

Die Königsfrage entwickelte sich immer mehr zum beherrschenden Thema der Nachkriegspolitik. Sie spiegelte alle Gegensätze der belgischen Gesellschaft: Rechts gegen Links, Katholiken gegen Nicht-Katholiken, Flandern gegen Wallonien. 1949 gewann die CVP die nächste Parlamentswahl – die erste, an der Frauen teilnehmen konnten – und setzte daraufhin das von Leopold geforderte Referendum durch, das allerdings offiziell nicht bindend war. Es wurde am 12. März 1950 abgehalten. Die Frage lautete: „Sind Sie der Meinung zugetan, daß König Leopold III. die Ausübung seiner verfassungsmäßigen Befugnisse wieder aufnehmen sollte?“ Knapp 58 % stimmten mit Ja. Doch das Land war gespalten: In Flandern votierten 72 % für die Rückkehr des Königs, in Brüssel dagegen nur 48 % und in Wallonien 42 %. Der Monarch war also nicht länger ein Bindemittel zwischen Flamen und Wallonen, sondern eine Quelle der Zwietracht.

Paul-Henri Spaak, ehemals Außenminister, nunmehr sozialistischer Oppositionsführer, schlug daraufhin vor, dass der König vorübergehend zugunsten seines Sohnes Baudouin abdanken solle. Schon fünf Jahre zuvor hatte Spaak im Parlament verkündet: „Sire, Ihr Sohn ist unser König!“ Die Regierung aus Christdemokraten und Liberalen konnte sich darüber aber nicht einig werden, so dass Neuwahlen abgehalten wurden. Dabei gewann die CVP die absolute Mehrheit: Die Flamen, die den Wallonen seit jeher zahlenmäßig überlegen waren, hatten der Pro-Leopold-Partei offenbar nahezu geschlossen ihre Stimme gegeben, um deutlich zu machen, dass sie das Ergebnis des Referendums nun auch unbedingt umgesetzt sehen wollten. Die wallonische Minderheit sollte der Mehrheit nicht ihren Willen aufzwingen können.

Die CVP holte Leopold also endlich zurück, was zur sofortigen Eskalation führte. Eine Welle von Streiks, Demonstrationen und Krawallen überrollte das Land. Kommunisten und Sozialisten kündigten einen „Marsch auf Brüssel" an, es drohte die Stilllegung der gesamten Kohle- und Stahlindustrie. Im Parlament erklärte Spaak in Anspielung auf die Französische Revolution: „Ich bin mit Danton gegen Ludwig XVI." Am 30. Juli 1950 eröffnete die Polizei in einem Vorort von Lüttich das Feuer auf Demonstranten – vier Menschen starben. Nun drohte Spaak der Regierung: „Wenn binnen 36 Stunden keine Lösung auf dem Tisch liegt, räumen wir auf mit diesem König von Ihnen, seiner Familie und dem ganzen alten Plunder!" Das zeigte Wirkung. Die CVP-Regierung fürchtete revolutionäre Zustände und machte dem König in einer Nachtsitzung deutlich, dass er abdanken müsse. Doch erst als sie ihm damit drohte, geschlossen zurückzutreten, lenkte er ein. Nachfolger wurde der erst 20 Jahre alte Baudouin, der bis zu seinem Tod 1993 im Amt bleiben sollte.

Stichwort: Comics

Der belgische Geniestrich

Auf Niederländisch beschleunigt ein Auto mit „Vrooaaaarr", auf Französisch mit „Vraooouum". Dennoch sind Comics ein verbindendes Element zwischen Flamen und Wallonen. Beide Bevölkerungsgruppen lesen tendenziell unterschiedliche Bücher, aber die gleichen Comic-Hefte. Kein anderes Land pflegt einen ähnlichen Comic-Kult wie Belgien. Das fällt schon beim ersten Rundgang durch Brüssel auf: Überall sieht man Fassaden, auf denen Comic-Helden mit der Stadtlandschaft verwachsen. In Deutschland ist es wenig bekannt, aber es waren Belgier, die Lucky Luke, Tim und Struppi und die Schlümpfe erfunden haben. Diese und noch viele andere Figuren sind in Belgien ebenso Teil des *patrimoine culturel* – des kulturellen Erbes – wie Gemälde von Magritte oder Rubens. Entstanden sind Comics Ende des 19. Jahrhunderts in amerikanischen Zeitungen. Es gab noch kein Radio, kein Kino – die Zeitung war das Medium schlechthin. Mit den Comics wurden farbige Bilder erstmals auch für Arbeiter erschwinglich. Der Comic war damals die Leitkultur im Entertainment-Bereich. Europa ignorierte die Entwicklung erstmal, denn was konnte schon Gutes aus Amerika kommen? Erst um 1930 tat sich etwas – in Belgien. Dort erschien Tintin auf der Bildfläche, auf Deutsch: Tim und Struppi. Die Serie von Hergé war mit ihren klaren Konturen („ligne claire") und der flächigen Kolorierung ohne Schatten und Schraffuren stilbildend. Aufgrund der zeichnerischen Brillanz und Vielschichtigkeit der virtuos erzählten Geschichten ist die Serie heute Gegenstand einer geradezu wissenschaftlich betriebenen „Tintinologie". Hergés Geniestrich hat sich mittlerweile auch international einen

Platz im Pantheon der großen Kunst erobert; 2016 wurde der Belgier mit einer Ausstellung in den heiligen Hallen des Grand Palais in Paris geehrt. Neben Hergés „Brüsseler Schule“ bildete sich noch eine zweite Richtung heraus, die „Schule von Marcinelle“, so benannt nach dem Verlagshaus Dupuis, das seinen Sitz in Marcinelle, einem Vorort von Charleroi, hatte. Dupois gab das erste eigene Comic-Wochenblatt heraus, das bis heute erscheinende „Spirou“. Dort veröffentlichten unter anderem der Lucky-Luke-Vater Morris (1923–2001), Schlumpf-Schöpfer Peyo (1928–1992) und André Franquin (1924–1997), der Erfinder des genial faulen Büroboten Gaston mit seinem grünen Rollkragenpulli. Der französische Asterix-Texter René Goscinny war zunächst für eine belgische Agentur tätig. Sein Durchbruch kam durch die Zusammenarbeit mit dem belgischen Zeichner Morris (Maurice de Bevere), den er kurz nach dem Krieg in New York kennen gelernt hatte. Nach Europa zurückgekehrt, kreierten sie den Cowboy Lucky Luke. Mit Morris arbeitete der geniale Goscinny mehr als 20 Jahre zusammen, von 1955 bis zu seinem frühen Tod 1977. Für die Geschichte des Comics hat Brüssel eines der schönsten Victor-Horta-Häuser reserviert: In einem ehemaligen Textilgroßhandel von 1906 ist seit 1989 das Comic-Museum untergebracht.

Das Königreich der Comics. Tim, Struppi und Kapitän Haddock auf einer Häuserwand in Brüssel.

Die Auseinandersetzung um den König zeigte bereits, in welche Richtung sich Belgien in der zweiten Hälfte des 20. Jahrhunderts entwickeln sollte: Da sich die beiden Bevölkerungsgruppen nicht nur in ihrer Sprache unterschieden, sondern auch in ihrer politischen Einstellung, war ein Dauerkonflikt vorprogrammiert. Es war deutlich geworden, dass zentrale Fragen nur noch mit einer Mehrheit in beiden Bevölkerungsgruppen entschieden werden konnten. In allen anderen bot es sich an, sie getrennt zu regeln – jede Gruppe für sich.

Immerhin hatte Belgien den schwierigen Neuanfang nun geschafft. Wenn Hergé später von der „Unterdrückung“, dem „Hass“ und der „absoluten Intoleranz“ der 40er-Jahre erzählte, dann meinte er damit nicht die Besatzungszeit, sondern das, was danach kam. „Es war schrecklich, schrecklich!“, seufzte er. Zum Glück war es nur noch eine ferne Erinnerung. 1954 erschien „Der geheimnisvolle Stern“ in einer Neuausgabe. Alles blieb wie gehabt, nur kam der Bösewicht jetzt nicht mehr aus Amerika, sondern aus dem Fantasie-Staat Sao Rico. Auch sein Name hatte sich geändert. Er hieß jetzt Bohlwinkel. Nicht mehr Blumenstein.

Porträt: Jacques Brel

Hassliebe mit „Les flamandes“

Jacques Brel (1929–1978) hatte seinen eigenen Lösungsvorschlag für den Sprachenstreit: „Ich bin nicht König, aber angenommen, ich wäre der König – den ich im übrigen einmal getroffen habe und der ein sehr anständiger Mensch ist –, dann würde ich den Wehrdienst auf sechs Monate beschränken und während der restlichen sechs Monate die jungen Männer Flanderns nach Wallonien und die jungen Männer Walloniens nach Flandern schicken. Das würde einiges wieder zurechtbiegen.“ Eine Idee mit viel Potenzial – nur pflegte der frankophone Brüsseler Brel selbst jede Menge Vorurteile gegenüber Flamen. Sie waren für ihn bestenfalls rechtskonservative katholische Frömmler und schlimmstenfalls Nazis. Damit bediente er genau die Klischees, die in Wallonien nach dem Krieg grassierten. Zahllose Drohanrufe aus Flandern soll er für sein Lied „Les flamandes“ (Die Fläminnen) erhalten haben, berühmt geworden durch das „Les fla-, les fla-, les flamandes ...“ Fläminnen stehen demnach zeitlebens unter der Knute von Familie und Kirche. In Löwen beschwor ihn 1960 ein Theaterdirektor: „Der Saal ist voll, und wenn Sie ‚Les flamandes‘ singen, werden die alles kurz und klein schlagen. Sie werden das Lied nicht singen.“ Er tat es aber doch – und der Saal blieb heil. Selbst sagte er über das Lied: „Niemals wollte ich einen feindseligen Ton anschlagen. Es ist eine Form von Humor, eine Karikatur. Ich bin doch selbst flandrischer Herkunft. (...) Ich mag auch eine falsche Vorstellung von den Fläminnen haben. Ich sehe sie mit den Augen Bruegels – mit üppigen Formen ausgestattet. Vielleicht weil alle flandrischen Frauen, die ich im Kreis meiner Familie kennengelernt habe, ziemlich kräftig gebaut waren." Das klang versöhnlich, doch Brel legte nach. 1966 folgte das schon ziemlich provozierende „La ... La ... La ..." mit der Zeile „Es leben die Belgier, scheiß auf die Flamingganten", und 1977 ein regelrechter Hassgesang, „Les flamingants". Die Flamen seien „Nazis in den Kriegen, dazwischen Katholiken" gewesen und erdreisteten sich nun, „unsere Kinder zu zwingen, auf Flämisch zu bellen", ereiferte er sich. Die Entrüstung über Brels Attacke war immens, das Lied kam sogar im Parlament zur Sprache. Als er im Jahr darauf starb, erschien auf einer Brücke zwischen Lüttich und Brüssel das Graffito „Hoera, Brel is dood". Dennoch war sein Verhältnis zu Flandern wohl eine Hassliebe, denn sonst hätte er nicht das wunderbare Lied „Le Plat Pays" schreiben können – auf Niederländisch: „Mijn vlakke land". Darin besingt er die Nordsee, die sich an den Dünen bricht, die Kirchtürme als die „einzigen Berge" des Landes, die Menschen, die unter dem weiten Himmel mit seinen Wolken wie Zwerge erscheinen, und das Glitzern der Schelde im Sonnenlicht. „Wenn der Südwind entlang des Weges frohlockt, dann jauchzt mein Land, mein flaches Land." In seinem Lied „Marieke" schaffte er mit teils französischen, teils niederländischen Textpassagen gar eine musikalische Versöhnung seines gespaltenen Heimatlandes. Der trübe Sommerhimmel Flanderns, der Sand, der über das flache Land treibt, die Türme, die sich von Brügge bis Gent in den Himmel recken ... es ist ein wunderschönes Lied, bei dem gerade einem Flamen die Tränen kommen können.

Der Turmbau zu Brüssel. Aufstieg zum Mittelpunkt der Europäischen Union

Der belgische Politiker Paul-Henri Spaak hat auf vielen Fotos eine gewisse Ähnlichkeit mit Winston Churchill. Er war ein bulliger Mann, der sehr energisch die Unterlippe vorschieben konnte und auch einiges auf die Waage brachte. Als er sich während eines Gesprächs mit Leopold III. einmal auf ein Bett setzte, brach es unter seinem Gewicht zusammen, was bei dem Monarchen große Heiterkeit auslöste. Klare Überzeugungen, persönlicher Mut und auch Härte kennzeichneten den Brüsseler Sozialisten aus großbürgerlichem Hause. Wenn man 1950 eine einzelne Person benennen wollte, die mehr als alle anderen zu der erzwungenen Abdankung Leopolds beigetragen hatte, dann war dies ohne Zweifel Spaak. Mit Unterbrechungen war er nach dem Krieg auch wieder Außenminister in wechselnden Regierungen. Was sagte dieser Mann nun dazu, wie man mit dem besiegten Deutschland verfahren sollte? Dem Land, das ihn dazu gezwungen hatte, im doppelten Boden eines Lastwagens nach Portugal zu fliehen? Trachtete er danach, es zu bestrafen oder zumindest unschädlich zu machen? Nein. Als sich US-Präsident Harry S. Truman 1949 am Vorabend der

Unterzeichnung des NATO-Gründungsvertrags mit den westeuropäischen Partnern über die künftige Rolle Deutschlands unterhielt, gab es einen Regierungsvertreter, der sich klar für dessen Integration aussprach: Spaak. Der belgische Außenminister war fest davon überzeugt, dass die europäischen Staaten künftig in einer politischen Union eng zusammenarbeiten mussten. Nur so konnten der gerade erst erkämpfte Frieden und die wiedergewonnene Freiheit gesichert werden. Dass beides bedroht war, darüber machte er sich keine Illusionen. 1948 warf er der sowjetischen Delegation bei den Vereinten Nationen in Paris an den Kopf: „Messieurs, nous avons peur de vous.“ – „Meine Herren, wir haben Angst vor Ihnen.“ Der Satz ging um die Welt, weil er die Essenz des Kalten Krieges zusammenfasste.

Dass er nur der Politiker eines kleinen Landes war, konnte Spaak nicht entmutigen, denn nach einem weiteren berühmten Ausspruch von ihm gibt es in Europa sowieso nur zwei Typen von Staaten: kleine Staaten und kleine Staaten, die noch nicht verstanden haben, dass sie klein sind. Angesichts der Tatsache, dass dies einige Länder bis heute nicht verstanden haben, ist Spaaks Weitblick erstaunlich. Im Übrigen hat er sich einfach an die Arbeit gemacht. Noch im Londoner Exil legte er Kontakte für die Gründung der Benelux-Zollunion. Er stand an der Wiege der Vereinten Nationen und wurde erster Präsident der UN-Generalversammlung. Vor allem aber war er neben den Franzosen Robert Schuman und Jean Monnet, dem Deutschen Konrad Adenauer, dem Italiener Alcide De Gasperi, dem Niederländer Wim Beyen und dem Luxemburger Joseph Bech der Architekt der europäischen Einigung. Sein „Spaak-Bericht“ zeigte 1956 den Weg zur Schaffung eines gemeinsamen europäischen Marktes auf. Ein Jahr später, am 25. März 1957, wurden die Römischen Verträge unterzeichnet, die als Gründungsdokument der heutigen EU gelten. Mit ihnen wurde die Europäische Wirtschaftsgemeinschaft (EWG) errichtet, Gründungsmitglieder waren Frankreich, Deutschland, Italien und die Benelux-Staaten. „Dass die Verträge zur Unterzeichnung vorgelegt werden konnten, dafür gebührt vor allem einem Manne Dank: Paul-Henri Spaak“, würdigte ihn Kanzler Adenauer. „Die Verhandlungen über die europäische Einigung trugen während ihrer ganzen Dauer den Stempel seiner dynamischen Persönlichkeit.“

Wie aber kam die EU nach Brüssel? Das ist eine Geschichte, die kaum jemand kennt. Die erste europäische Organisation war die Europäische Gemeinschaft für Kohle und Stahl (EGKS), die 1951 durch den Vertrag von Paris gegründet wurde. Mitte 1952 sollte sie aktiv werden. Die Frage war: Wo? Eine Mehrheit der sechs Mitgliedsstaaten war für Brüssel, denn diese Stadt war zentral gelegen, verkehrstechnisch gut angebunden, mehrsprachig, gleichzeitig aber nicht die Hauptstadt eines der großen Länder. Nur ein Land war absolut dagegen: Belgien! Die belgische Regierung wollte nicht Brüssel, sondern Lüttich zum Standort der Gemeinschaft machen. Einmal deshalb, weil Lüttich das Zentrum der wallonischen Kohle- und Stahlindustrie war. Vor allem aber, weil es in Lüttich die schwersten Unruhen rund um die Königsfrage gegeben hatte. Da die Atmosphäre auch 1952 noch angespannt war und die christdemokratische Regierung einen Denkzettel bei den nächsten Wahlen befürchtete, wollte sie die Lütticher besänftigen und ihnen den Sitz der prestigeträchtigen Organisation zum Geschenk machen. Die Regierungen in Paris, Bonn, Rom, Den Haag und Luxemburg hielten das für keine gute Idee. Sie wählten deshalb zunächst Luxemburg als Sitz der Gemeinschaft aus und Straßburg als Sitz der „Gemeinsamen Versammlung", des Vorläufers des Europaparlaments. Nur Straßburg besaß einen entsprechend großen halbkreisförmigen Abgeordnetensaal, das 1950 eröffnete Europahaus, in dem der 1949 gegründete Europarat tagte.

So blieb es zunächst bis zur Gründung der Europäischen Wirtschaftsgemeinschaft 1957. Nun kandidierten mehrere Städte für den Sitz der Organisation, darunter auch Brüssel. Aber es konnte keine Einigkeit erzielt werden, selbst nicht auf einer Dringlichkeitssitzung am 6. Januar 1958 in Paris. Wie jetzt weiter? Entschieden worden war zu diesem Zeitpunkt bereits, dass die neuen Institutionen im halbjährlichen Wechsel von jeder der sechs nationalen Regierungen geleitet werden sollten. Der Einfachheit halber ging man dabei nach alphabetischer Reihenfolge vor. Das hatte zur Folge, dass Belgien als erstes der sechs Länder den Vorsitz übernahm. Dadurch wurde der belgische Außenminister Victor Larock, frisch gekürter Nachfolger des zum NATO-Generalsekretär aufgestiegenen Spaak, erster Präsident des europäischen Ministerrates. In dieser Funktion mietete er das erste Gebäude für die Gemeinschaft an, ein gerade fertiggestelltes Bürohaus in der Avenue de la Joyeuse Entrée im Brüsseler Quartier Leopold. Etwas zugespitzt könnte man sagen, dass die EU in Brüssel sitzt, weil Belgien mit B anfängt.

Eine Einigung über den künftigen Sitz war unterdessen noch in weiter Ferne. 1959 wurde Charles de Gaulle erster Präsident der Fünften Republik, und für ihn stand fest, dass für die EWG nur ein Sitz infrage kam: die größte Stadt auf dem Gebiet der Gemeinschaft, Paris. Die anderen fünf Mitgliedsstaaten waren ebenso entschlossen, dies zu verhindern; sie befürchteten ein französisches Übergewicht. Das Ergebnis war eine Pattsituation. Die endgültige Entscheidung wurde verschoben, und vorerst blieb man in Brüssel.

Dort wurde unterdessen mehr Büroraum benötigt. Langfristig planen konnte man nicht – es wusste ja niemand, was letztlich werden würde. Da man nun aber schon mal im Quartier Leopold war, schaute man sich dort um. Das schachbrettartig angelegte Viertel, benannt nach König Leopold I., war kurz nach der belgischen Revolution angelegt worden und lange die vornehmste Gegend der Stadt. Auf der Suche nach einem geeigneten Grundstück für den Bau eines großen Bürokomplexes ließ die belgische Regierung ihr Auge auf das Nonnenkloster Berlaymont fallen. Es war im 17. Jahrhundert gegründet worden, sein ursprüngliches Konventgebäude war ihm von der Familie Berlaymont zur Verfügung gestellt worden. Deren bekanntester Spross Charles de Berlaymont war derjenige, der Margarete von Parma 1566 gefragt hatte, ob sie „Angst vor ein paar Bettlern" habe, womit er unfreiwillig die Bezeichnung Geusen geprägt hatte. Im 19. Jahrhundert hatten sich die Nonnen an der Rue de la Loi im Quartier Leopold angesiedelt. Sie besaßen dort ein repräsentatives Gebäude mitsamt Mädcheninternat und einem weitläufigen Garten. Die belgische Regierung glaubte anfangs, das Gartengrundstück sei so groß, dass man die angrenzenden Bauten überwiegend stehen lassen könne – eine Einschätzung, die sich als nicht ganz richtig herausstellen sollte. Jedenfalls kaufte die Regierung das Grundstück, und die Nonnen wurden nach Waterloo umgesiedelt. 1963 begannen die Bauarbeiten. Die Regierung wollte das Gebäude so konstruiert haben, dass es als Ministerium weitergenutzt werden konnte, falls die europäischen Institutionen doch noch in eine andere Stadt umziehen sollten. Als der sternförmige Riesenbau – inspiriert vom UNESCO-Hauptquartier in Paris – 1967 fertig wurde, war von dem Kloster nichts mehr übrig bis auf ein paar Steinhaufen im Keller. Der Name überdauert jedoch: Der Sitz der EU-Kommission mit den Büros des Präsidenten im obersten 13. Stock ist bis heute als das Berlaymont-Gebäude bekannt. Mitunter wird er auch als „Berlaymonster" geschmäht.

Noch während am Berlaymont gebaut wurde, kauften private Investoren in der Nachbarschaft Grundstücke auf, rissen die Häuser ab und errichteten Bürobauten – in der berechtigten Hoffnung, diese an weitere europäische Institutionen oder Lobbyisten vermieten zu können. So entstand das heutige Europaviertel, und das historische Quartier Leopold verschwand. Noch zur selben Zeit wie das Berlaymont wurde das Charlemagne-Gebäude errichtet, zunächst Sitz des Ministerrats (offiziell: Europäischer Rat). 1995 zog der Rat in das Justus-Lipsius-Gebäude um, benannt nach einer Straße, die sich zuvor dort befunden hatte und ihren Namen wiederum von dem südniederländischen Humanisten Justus Lipsius (1547–1606) bezog.

Immer noch war Brüssel nur provisorische Hauptstadt, doch im Jahr 2000 wurde beim Gipfel von Nizza ein wesentlicher Schritt in Richtung einer offiziellen Anerkennung getan: Die EU-Staats- und -Regierungschefs beschlossen, ihre Treffen künftig nicht mehr reihum in dem Land abzuhalten, das gerade die halbjährliche Ratspräsidentschaft inne hatte, sondern nur noch in Brüssel. Zudem beauftragte EU-Kommissionspräsident Romano Prodi zu dieser Zeit einige Intellektuelle wie den Schriftsteller Umberto Eco und den Architekten Rem Koolhaas, gemeinsam über Brüssel als Hauptstadt Europas nachzudenken. Das Ergebnis war ein Bericht mit dem Titel „Brüssel, Hauptstadt Europas". Für das Berlaymont-Gebäude wurde eine Ausstellung mit dem Titel „Wie Brüssel die Hauptstadt Europas wurde" entworfen. Die Treffen der Staats- und Regierungschefs finden seit 2017 in dem eigens dafür entworfenen Europagebäude statt. Es sieht vor allem in der Dämmerung wie ein in Glas eingefasstes leuchtendes Riesenei aus. Das liegt daran, dass der ovalförmige Bau in eine Hülle aus bombensicherem Glas eingepackt ist. Er wirkt transparent, aber er ist eine Festung.

Das Europäische Parlament hat seinen Hauptsitz zwar weiterhin in Straßburg, doch in Brüssel tagen die Ausschüsse und Fraktionen, einige Male im Jahr finden auch Plenarsitzungen statt. Sitz des Parlaments ist das Paul-Henri-Spaak-Gebäude, das wegen seines tonnenförmigen Glasüberbaus nach einem ähnlich geformten Weichkäse Le Caprice de Dieux genannt wird.

Durch die Entscheidung von Präsident Charles de Gaulle, sein Land aus der NATO herauszulösen, ist Brüssel seit 1967 auch Hauptquartier der Nordatlantischen Verteidigungsallianz – vorher war der Sitz in Paris. So ist die alte Hauptstadt von Brabant, die so viele Reiche hat kommen und gehen sehen, zum politischen Mittelpunkt eines ganzen Kontinents aufgestiegen, ohne dass dies je so geplant war. Brüssel hat davon enorm profitiert, es wurde so zu einer der reichsten Regionen Europas. An keinem anderen Ort der Welt soll es so viele Lobbyisten geben wie hier.

Allerdings hat die Stadt auch einen Preis dafür bezahlt. Das Stichwort heißt Brüsselisierung: Damit ist die gezielte Verwahrlosung historischer Bausubstanz mit dem Ziel des anschließenden Abrisses zugunsten gesichtsloser Büroriegel und Apartmentblöcke gemeint – urbanistischer Kahlschlag. Von Bombardierungen verschont, hat Brüssel viele seiner Schönheiten nach dem Krieg dem schnellen Geld geopfert. Nicht nur das Quartier Leopold, auch viele andere Viertel wurden vernichtet oder doch zumindest furchtbar entstellt. Mit dem Aufstieg zur internationalen Verwaltungs- und Regierungsmetropole gaben die Behörden ganze Straßenzüge voller schöner alter Häuser zum Abriss frei. Spekulanten, Baulöwen und Immobilien-Haie hatten freies Spiel, der Boom fraß die Schätze der Vergangenheit. So verschwand schätzungsweise die Hälfte aller Art-nouveau-Bauten, darunter die meisten Ladenfassaden von Victor Horta und fast alle seine Kaufhäuser. Der größte Skandal war 1965 der Abriss seines Hauptwerks, des Maison du Peuple, vor den Augen einer fassungslosen Weltöffentlichkeit. Selbst Proteste von Architekten wie Le Corbusier und Ludwig Mies van der Rohe konnten das Kronjuwel der belgischen Art nouveau nicht retten. Schrotthändler verscherbelten die schmiedeeisernen Dekorelemente zu Kilopreisen.

Genau genommen war dies schon das zweite Mal, dass in Brüssel die Abrissbirne triumphierte. Um die Jahrhundertwende hatte Leopold II. das kleinteilige, spitzgiebelig-flämische Bruegel-Brüssel abgeräumt. Der Kongo-Souverän wollte seine Hauptstadt zu einem zweiten Paris ausbauen und schnitt breite Boulevards und Avenuen in die Stadt. Auf den Galgenberg im alten Volksviertel Marollen setzte er das größte Bauwerk Europas – größer als der Petersdom in Rom: den gigantomanischen, labyrinthischen Justizpalast, in dem Orson Welles später Kafkas „Prozess“ verfilmen wollte. Ein Gebäude, bei dem Hitler geradezu ins Schwärmen geriet, als er es 1940 besichtigte. Auf dem Koekelberg ließ Leopold zum 75-jährigen Bestehen Belgiens die fünftgrößte Kirche der Welt errichten, die monströse Nationalbasilika des Heiligen Herzens. Den bescheidenen Nachfolgebau der burgundischen und habsburgischen Hofburg auf dem Coudenberg blies er zu einem Königlichen Palast von imperialen Ausmaßen auf. Schon seit diesen Zeiten war *schieven architek* (in etwa: Scheißarchitekt) im Dialekt der Marollen eines der härtesten Schimpfwörter. Immerhin kann man Leopold zugute halten: Seine Bauten, auch wenn man sie nicht schön finden mag, sind heute Sehenswürdigkeiten. Die Klötze, Blöcke und Betonwüsten aus der zweiten Hälfte des 20. Jahrhunderts hingegen sind einfach nur deprimierend.

Der Aufstieg Brüssels zur Hauptstadt Europas hatte jedoch nicht nur Einfluss auf das Stadtbild. Auch die Zusammensetzung seiner Bevölkerung veränderte sich dadurch tiefgreifend. Brüssel ist Belgien schon lange entwachsen. Es ist eine multilinguale Stadt mit vielen verschiedenen Identitäten – Spiegel eines ganzen Kontinents mit seinen Chancen und Problemen. Jeder dritte Brüsseler ist mittlerweile in einer Familie aufgewachsen, in der weder Französisch noch Niederländisch gesprochen wurde. Eine wichtige Umgangssprache in der Stadt ist Englisch. Die EU selbst beschäftigt 4000 Dolmetscher und Übersetzer. In der Stadt, in der Pieter Bruegel 1563 den „Turmbau zu Babel“ malte, herrscht 450 Jahre später tatsächlich eine babylonische Sprachverwirrung unter himmelstürmenden Glastürmen. Dabei sind es bei Weitem nicht nur Diplomaten und EU-Beamte, die den internationalen Charakter der Stadt prägen. Das Sprachbarometer des Brüsseler Forschungsinstituts BRIO ergab 2013, dass in der Stadt mittlerweile mehr als 100 Sprachen beheimatet sind. Die meistgesprochenen sind Französisch, Englisch, Niederländisch und – schnell zunehmend – Arabisch. Nach dem World Migration Report der Internationalen Organisation für Migration zählt Brüssel zu den kosmopolitischsten Städten der Welt: Die 1,2 Millionen Einwohner gehörten 2016 182 Nationalitäten an. 62 % der Brüsseler sind ent-

Brüsselisierung. Bürobauten überragen eine alte Häuserzeile im Europaviertel.

weder im Ausland geboren oder haben ausländische Wurzeln. Der Anteil der Nicht-Belgier beträgt 35 %. Mehr als jeder dritte Einwohner ist von nicht europäischer Herkunft. In Matongé, dem „schwarzen Herzen von Brüssel“, kann man sich zum Beispiel nach Kinshasa versetzt fühlen.

In Brüssel lebt auch ein Drittel aller belgischen Muslime – jeder fünfte Einwohner ist Muslim. Es gibt Schätzungen, nach denen der Islam in 20 Jahren die größte Religion in Brüssel sein wird. Diese Vorstellung macht vielen Belgiern Angst, denn sie befürchten ein weiteres Erstarken des islamistischen Terrorismus. Zweifelhafte Bekanntheit hat der Stadtteil Molenbeek erlangt, in dem die Terroranschläge von Paris geplant worden sind. Diese waren mit 130 Todesopfern die schwersten Anschläge in der Geschichte Frankreichs. Der Chefplaner war Abdelhamid Abaaoud (1987–2015), auch bekannt als Abu Omar al-Baldschiki („der Belgier“), ein gebürtiger Brüsseler mit belgischer und marokkanischer Staatsbürgerschaft, der in Molenbeek aufgewachsen war. Er war keineswegs durchgängig schlecht integriert, sondern besuchte zeitweise eine Brüsseler Eliteschule und war dort offenbar beliebt, bevor er straffällig wurde und sich radikalisierte. Zwei weitere Haupttäter, die Brüder Salah und Ibrahim

Abdeslam, stammten ebenfalls aus Molenbeek. Um 2013 schloss sich Abaaoud dem IS an und ging nach Syrien. Mindestens zweimal reiste er wieder nach Europa ein, einmal über Köln. Er gründete eine Terrorzelle, die Anfang 2015 offenbar kurz davorstand, Anschläge auszuführen. Die belgischen Sicherheitsbehörden kamen ihr jedoch auf die Spur. Im Januar 2015 stürmten Spezialeinheiten ihr Versteck in der ostbelgischen Stadt Verviers und töteten zwei der Terroristen. Abaaoud, der sich nicht in der Wohnung aufgehalten hatte, konnte entkommen und setzte sich erneut nach Syrien ab. Vermutet wird, dass er auch den Anschlag in einem Thalys-Zug von Belgien nach Frankreich im August 2015 initiierte. Das beherzte Eingreifen von Passagieren konnte dabei ein Massaker verhindern. Der Täter war in Brüssel zugestiegen.

Fünf Tage nach den Terroranschlägen von Paris im November 2015 wurde Abaaoud in einer Wohnung in Saint-Denis von der Polizei gestellt und kam in einer siebenstündigen Razzia um. Molenbeek ist seitdem als Zentrum des Dschihadismus international verrufen und gefürchtet. Der französische „Figaro"-Redakteur Eric Zemmour forderte gar, man solle nicht Rakka im fernen Syrien bombardieren, sondern Molenbeek.

Das etwa 100 000 Einwohner zählende Viertel war immer schon der Wohnort der Unterprivilegierten. Noch vor 60 Jahren lebten hier flämische Arbeiter. Heute ist der Stadtteil mit einer Arbeitslosenquote von 30 % als Marokkanerviertel bekannt. Das heißt, es gibt hier viele tausend marokkanischstämmige junge Männer ohne Job. Die Großväter dieser neuen Generation von Molenbeekern wurden in den 60er-Jahren von der wallonischen Kohle- und Stahlindustrie angeworben. Sie stammten zumeist aus den armen Regionen des Rif-Gebirges. Der belgische Staat interessierte sich nicht für sie. Am wenigsten kümmerte man sich um ihre Religion. König Baudouin hatte dem saudischen König Faisal 1967 während eines Besuchs in Belgien den orientalischen Pavillon überlassen, der 1879 in einem von Leopold II. angelegten Park errichtet worden war. Als Öllieferant war Saudi-Arabien für Belgien von großer Bedeutung. Die Saudis stellten ein Minarett neben den historischen Rundbau und machten daraus die „Große Moschee". Sie ist nur etwa 200 m Luftlinie vom Berlaymont-Gebäude entfernt. Von diesem Ort aus verbreitete sich fortan der Wahhabismus, die saudische Variante des Salafismus, im Land. Wie in anderen westlichen Ländern wurde das Extremismus-Problem auch in Belgien lange verkannt und verdrängt. Ein wirkliches Umdenken bewirkten erst die von Molenbeek aus organisierten Terroranschläge von Paris und die darauf folgenden Anschläge in Brüssel: Am 22. März 2016 rissen drei Selbstmordattentäter am Flughafen und in der U-Bahn-Station Maelbeek im Europaviertel

32 Menschen mit in den Tod und verletzten mehr als 300. Zwei der Täter waren ebenfalls gebürtige Brüsseler.

Ein koordiniertes Handeln der Behörden wird durch das byzantinische Zuständigkeitswirrwarr in der Hauptstadt erschwert. Die Metropole ist in 19 Gemeinden aufgeteilt, die alle ihren eigenen Bürgermeister haben. Dazu kommt die Region Brüssel mit eigenem Parlament und Regierung. Was die Polizeibehörden betrifft, so gibt es deren sechs.

Treffend formuliert der flämische Romanautor Stefan Hertmans: „Als ich vor ein paar Jahren im Büro eines befreundeten Schriftstellers arbeiten durfte und wegen des schönen Wetters das Fenster öffnete, hörte ich auf der Straße, soweit ich das unterscheiden konnte, Lingala, Swahili, Berberisch und Arabisch. Ein paar Stadtviertel weiter stritten unsere Politiker über die Probleme zwischen Flamen und Wallonen, für die sie aber nie eine Lösung finden. Derweil lautet der am häufigsten verwendete Jungenname in Brüssel schon seit einigen Jahren nicht Jan oder Jean, sondern Mohammed. Sagen wir mal so: Ähnlich wie der gesamten Europäischen Union ist den Belgiern nicht einmal halbwegs bewusst, in welchem Ausmaß Brüssel eine Zukunft vorwegnimmt, auf die sie kaum vorbereitet sind."

Trotz oftmals schlechter wirtschaftlicher Aussichten setzt die große Mehrheit der muslimischen Brüsseler – und Molenbeeker – alles daran, eine Existenz aufzubauen und eine Familie zu gründen. Sie verabscheuen die Vorstellung, dass man Gott erfreuen könnte, indem man seinen Nachbarn umbringt. Dennoch müssen sie mit ständigem Misstrauen leben. Wenige Tage nach den Terroranschlägen am 22. März 2016 las ein Poet, der sich als Belgier marokkanischer Herkunft bezeichnete, auf dem Place de la Bourse in der Innenstadt ein Gedicht vor – ein Gedicht, in dem sich nichts reimte:

Belgien ist Pommes, Schokolade und Freiheit
Belgien, das sind Polizisten, die uns schützen
Und Polizisten, die uns schlagen
Belgien, das sind unmenschliche Attentäter
Und Rassisten, die Attentäter machen
Belgien ist, wenn eine Belgierin fragt
Warum wir Marokkaner so etwas tun
Und sie nicht merkt, was eigentlich passiert.

Stichwort: Atomium

Der belgische Eiffelturm

So wie der Eiffelturm das Wahrzeichen Frankreichs ist, ist das Atomium das Wahrzeichen Belgiens. Beide Bauwerke haben gemeinsam, dass sie aus Weltausstellungen hervorgingen: Der Eiffelturm war das Prunkstück von 1889 und das Atomium der Hingucker von 1958. Während der Eiffelturm für die industrielle Macht Frankreichs stand, versinnbildlichte das Atomium den Fortschrittsglauben der Nachkriegszeit. In seiner Eröffnungsrede pries König Baudouin die Konstruktion als ein „Symbol für die Wissenschaft von morgen". Das gut 100 m hohe Bauwerk aus neun begehbaren Kugeln und 22 Verbindungsarmen stellt die 165-milliardenfache Vergrößerung eines Eisenkristallmoleküls dar. Es feiert die Verheißungen der Atomenergie – im Jahr seiner Erbauung ging der erste belgische Kernreaktor ans Netz –, ohne dabei die traditionelle Kohle- und Stahlindustrie Walloniens zu übergehen: deshalb ein Eisenmolekül. Die neun Kugeln standen für die damals neun Provinzen Belgiens. Die Brüsseler Weltausstellung „Expo 58" war ein großer Erfolg, sie zog 42 Millionen Besucher an. Viele Belgier aus der Provinz besuchten aus diesem Anlass zum ersten Mal die Hauptstadt und erlebten dort Softeis, Coca Cola und eben das Atomium. Sie vergaßen es nie mehr. Als die Expo nach einem halben Jahr schloss, sollte das Atomium eigentlich abgerissen werden. Weil es aber eine solche Bekanntheit erlangt hatte, wollte dafür niemand die Verantwortung übernehmen. Es blieb also stehen und gab fortan ein populäres Ziel für Klassenfahrten und Senioren-Ausflüge ab. Touristen kamen auch. In den Kugeln mit einem Durchmesser von 18 m fanden alle möglichen Veranstaltungen wie Ausstellungen oder Festessen statt. So ging die Zeit über das Atomium hinweg. Was einmal die Zukunft verkörpert hatte, sah irgendwann nur noch alt aus. Anfang der 90er-Jahre urteilte der Brüssel-Korrespondent Mathias Döpfner nach einem Besuch: „Die Ausstellungen über humanevolutorisch-biophysikalisch-medizinische Themen haben die didaktische Lebendigkeit eines Telefonbuchs mit Fußnoten, und das Restaurant wirkt wie ein ferngesteuertes Franchise-Unternehmen der ehemaligen volkseigenen DDR-Gastronomie." Als ein Minister der flämischen Regionalregierung im Jahr 2000 vorschlug, einzelne Kugeln anzumieten oder gar das ganze Atomium zu kaufen, um darin einen Teil der Ministerialbürokratie unterzubringen, erhob sich ein Sturm der Entrüstung. Das Atomium galt schließlich als Symbol des belgischen Zentralstaats, gerade weil es so abstrakt war, dass es weder Flandern noch Wallonien zugeordnet werden konnte. Von 2004 bis 2006 wurde das Atomium schließlich für fast 30 Millionen Euro saniert und erneuert. Seitdem hat es von außen seinen alten Glanz zurückgewonnen und besticht von innen durch ein spaciges Science-Fiction-Dekor irgendwo zwischen Flash Gordon und Raumschiff Orion. Es ist jetzt beliebter denn je. Und obwohl in Belgien durchaus noch Atomkraftwerke am Netz sind, gilt für das Atomium, dass es ausschließlich mit grünem Strom aus erneuerbaren Energien gespeist wird. Im Atomium ist das Atomzeitalter schon zuende.

Ein Staat unter Verdacht. Die Dutroux-Affäre

Am 28. Mai 1996 verschwand die zwölf Jahre alte Sabine Dardenne spurlos. Sie fuhr morgens wie immer von ihrem Elternhaus in dem zu Tournai gehörenden Dorf Kain mit dem Fahrrad los, aber an ihrer Schule kam sie nie an. Die Eltern glaubten zunächst, sie wäre ausgerissen. Ihre Schulnoten waren in letzter Zeit nicht so gut gewesen, häufig hatte es Streit gegeben. Die Polizei fahndete nach ihr, aber fand sie nicht. Sabines Mutter ließ fortan immer ein Licht im Haus brennen, und ihre Großmutter verriegelte nie mehr die Haustür. Sie klammerten sich an die Hoffnung, dass Sabine eines Tages wieder vor ihnen stehen könnte.

In Wahrheit war Folgendes passiert: An jenem Dienstagmorgen hatte Sabine wie stets das Fahrrad bestiegen, das ihr ihr Patenonkel zur Erstkommunion geschenkt hatte. Sie trug ihren Ranzen auf dem Rücken und transportierte einen kleinen roten Beutel mit Schwimmzeug auf dem Gepäckträger. Ihr Vater sah ihr noch nach, sie winkte ihm, dann bog sie in die Straße zum Gymnasium ein. Der Weg dauerte nur etwa 10 bis 15 Minuten. Meist fuhr sie mitten auf der Straße, weil es hier um diese Zeit kaum Verkehr gab. Ungefähr auf halber Strecke passierte sie das Haus ihrer Freundin, die dort oft auf sie wartete. Aber an diesem Morgen stand sie nicht vor dem Haus. Vermutlich wurde sie von ihrer Mutter mit dem Auto gebracht. Als Sabine noch etwa 50 m vom Grundstück ihrer Freundin entfernt war, hörte sie hinter sich ein Motorengeräusch und fuhr zur Seite, um Platz zu machen. Sie hörte, wie sich der Wagen näherte. Als er auf ihrer Höhe war, blickte sie zur Seite. Es war ein hässlicher alter Kastenwagen, der zu einer Art Wohnmobil umgebaut war. Es war jedoch sofort klar, dass mit diesem Fahrzeug etwas nicht stimmte, denn die Seitentür war aufgeschoben.

Ein Mann lehnte heraus. „Ich habe nicht genau verstanden, was vor sich ging“, erinnerte sich Sabine später. „Denn ich habe instinktiv die Augen geschlossen, noch bevor die Angst kam. Ich spürte, wie ich innerhalb von einer Sekunde – eine Hand auf den Mund gepresst, die andere auf die Augen – vom Fahrrad gerissen wurde. Mein Fuß verfing sich sogar kurz im Sattel, doch dann ist das Fahrrad einfach zur Seite gekippt. Schneller als ich denken konnte, befand ich mich im Inneren des Kastenwagens.“ Sie wurde in eine Decke gewickelt, eine Hand versuchte, ihr Pillen in den Mund zu schieben. „Dieser Augenblick ist vielleicht der schlimmste von allen, die ich durchgemacht habe – so plötzlich und so schrecklich war alles, dass ich wie vom Donner gerührt war. Innerhalb von einer Sekunde war ich von der Außenwelt verschwunden.“

Zweieinhalb Monate später, am 13. August 1996, nahm die Polizei in der viertgrößten belgischen Stadt Charleroi den 39 Jahre alten arbeitslosen Elektriker Marc Dutroux fest. Ein Student hatte sich einen Teil seines Autokennzeichens aufgeschrieben, als er mit seinem weißen Kastenwagen in der Nähe eines Schwimmbads in dem kleinen Ort Bertrix bei Neufchâteau in den Ardennen herumgefahren war. Eben dort verschwand zu dieser Zeit die 14 Jahre alte Laetitia Delhez auf dem Heimweg vom Schwimmbad. Die Polizei durchsuchte das Haus von Dutroux im Stadtteil Marcinelle, konnte dort aber nichts finden. Zwei Tage später brachte er sie jedoch selbst in den Keller des Hauses und zeigte ihnen ein verborgenes Verlies. Darin fanden die Polizisten Laetitia – und Sabine Dardenne. „Es war ein fast brutaler Wechsel: aus dem schrecklichen Rattenloch, in dem ich 80 Tage vegetiert hatte, ins Sonnenlicht!“, schilderte sie.

Weitere zwei Tage später führte Dutroux die Ermittler in den Garten eines anderen Grundstücks, das ihm gehörte, in dem Dorf Sars-la-Buissière. Hier gab es niemanden mehr zu befreien: Im Boden vergraben, fand die Polizei die Leichen der beiden wallonischen Freundinen Mélissa Russo und Julie Lejeune. Sie waren 1995 im Alter von acht Jahren verschwunden, nachdem sie zuletzt von einer Brücke aus vorbeifahrenden Autos zugewunken hatten. Ungefähr neun Monate später gingen sie an Hunger und Durst elend zugrunde. Auf dem Grundstück wurde außerdem die Leiche von Bernard Weinstein entdeckt, eines Komplizen von Dutroux, den dieser mit einem vergifteten Butterbrot betäubt und bei lebendigem Leib 6 m tief begraben hatte. Er war ihm lästig geworden, wollte vielleicht aussteigen. Am 3. September barg die Polizei auf einem dritten Grundstück in Jumet bei Charleroi zwei weitere tote Mädchen. Es waren die flämischen Freundinnen An Marchal und Eefje Lambrecks, die 1995 in Ostende im Anschluss an eine Hypnose-Show entführt worden waren, 17 und 19 Jahre alt. Wie und wann sie genau ums Leben kamen, konnte nie geklärt werden.

Die Entdeckungen versetzten Belgien in einen Schockzustand und machten weltweit Schlagzeilen. Vor dem Haus der Eltern von Julie und Mélissa und vor der Kapelle, in der die Särge mit den toten Kindern standen, wurden 40 000 Kränze und Blumensträuße niedergelegt. Der Tag des Begräbnisses der beiden Mädchen in ihrem Heimatort Grâce-Hollogne in der Provinz Lüttich war ein Tag nationaler Trauer.

In die Erschütterung über das Leid der Kinder und die Grausamkeit ihres Peinigers und Mörders Dutroux mischte sich eine beinahe täglich zunehmende Fassungslosigkeit über das Versagen von Polizei und Justiz. Schnell wurde bekannt, dass Dutroux nicht nur als notorischer Krimineller bekannt war, sondern 1989 auch wegen Entführung und sexuellen Missbrauchs fünf junger Frauen zu 13 Jahren und sechs Monaten Gefängnis verurteilt worden war. Seine Frau und Komplizin Michelle Martin hatte fünf Jahre Haft bekommen. Doch schon drei Jahre später war Dutroux begnadigt und freigelassen worden. Auch Martin war vorzeitig freigekommen. Mehreren Hinweisen, dass Dutroux in die Entführung und den Missbrauch von Mädchen verwickelt sein könne, ging die Polizei nicht nach. Nachdem er im Dezember 1995 wegen Autodiebstählen verhaftet worden war, durchsuchten Polizisten zwar sein Haus, wurden aber – obwohl sie Kinderstimmen hörten – nicht auf das Verlies von Julie und Mélissa aufmerksam.

Dies waren so unglaubliche Pannen, dass viele Belgier nicht an Zufall glauben wollten. Sie kamen zu der Überzeugung, dass Dutroux von höherer Hand geschützt worden war. Diese Komplott-Theorie schien durch eine Äußerung des ermittelnden Staatsanwalts Michel Bourlet bestätigt zu werden, der schwor, alle Hintergründe des Verbrechens bis ins Letzte aufdecken zu wollen, „si on me laisse faire" – „so man mich lässt". Bourlet und der Untersuchungsrichter Jean-Marc Connerotte erschienen der belgischen Öffentlichkeit zu diesem Zeitpunkt als die einzig Aufrechten in einem Sumpf von Inkompetenz und mutmaßlicher Komplizenschaft. Deshalb löste es eine nationale Krise aus, als ausgerechnet Connerotte Anfang Oktober abgelöst wurde. Der Grund dafür war, dass er bei einem Benefiz-Abend der Opferfamilien eine Portion Spaghetti verzehrt hatte. Nach dem Empfinden der meisten Bürger war dies eine absolute Lappalie und im übrigen Ausweis seiner Mitmenschlichkeit. Juristisch gesehen, hätte es der Verteidigung von Dutroux jedoch später erlaubt, den Untersuchungsrichter als befangen hinzustellen und den Prozess dadurch platzen zu lassen. Der berüchtigte „Spaghetti-Beschluss" zeigte letztlich, dass in Belgien auch ein Verbrecher wie Dutroux einen fairen Prozess bekam. Doch so sah es in der damaligen aufgeheizten Atmosphäre fast niemand. Die Kaltstellung des „weißen Ritters" Connerotte war für die Masse der belgischen Bevölkerung der endgültige Beweis dafür, dass es in ihrem Staat nicht mit rechten Dingen zuging. Sie wurden darin unterstützt durch Zeitungen und Zeitschriften, die über Sexorgien und sadistische Kindstötungen spekulierten, an denen „höchste Persönlichkeiten" aus der Politik, der katholischen Kirche und sogar der Monarchie beteiligt sein sollten. Dutroux sei in dem Kinderhändler-Ring nur ein ganz kleines Rädchen. Ein Teil der deutschen Medien übernahm diese Verschwörungstheorien und schwärzte damit das Bild der Belgier auf sehr lange Zeit.

Im Rückblick von mehr als 20 Jahren erscheint die damalige Stimmung geradezu als Massenpsychose. Man muss allerdings berücksichtigen, dass Belgien in den vorhergehenden Jahren tatsächlich eine Serie von Politskandalen erlebt hatte. So wurde 1996 der ehemalige Regionalminister Alain Van der Biest unter dem Verdacht festgenommen, für die Ermordung des sozialistischen Spitzenpolitikers André Cools verantwortlich zu sein. Cools, der wegen seiner Verstrickungen in Korruptionsaffären als „Pate von Lüttich“ bekannt war, war von zwei tunesischen Auftragskillern erschossen worden, als er 1991 eines Morgens in seinen Wagen steigen wollte. Kurz zuvor hatte er mächtigen Parteifreunden mit Enthüllungen gedroht. Im Zuge der Mordermittlungen deckte die junge Untersuchungsrichterin Véronique Ancia mehrere Korruptionsskandale auf. So kam heraus, dass der italienische Flugzeugfabrikant Agusta der Sozialistischen Partei Schmiergelder in Millionenhöhe für die Lieferung von Kampfhubschraubern gezahlt hatte. 1995 musste deshalb der belgische NATO-Generalsekretär Willy Claes zurücktreten; später wurde er zu drei Jahren Haft auf Bewährung verurteilt. Der Hauptverdächtige Van der Biest, ein politischer Rivale von Cools, beging 2002 Selbstmord. Sein Privatsekretär und sein Chauffeur kamen wegen Beteiligung an dem Mord ins Gefängnis.

Der Komplex Cools-Agusta offenbarte ein bis dahin nicht für möglich gehaltenes Ausmaß an Parteienfilz, Korruption und Mafia-Praktiken. Er zeigte allerdings auch, dass Belgien ein funktionierendes Rechtssystem besaß, das diese Skandale aufdeckte und die Schuldigen zur Verantwortung zog – und zwar bis hinauf zum NATO-Generalsekretär. Es ist deshalb kaum einleuchtend, wenn die Verschwörungstheoretiker im Fall Dutroux das ausbleibende Vorgehen gegen „hoch gestellte Persönlichkeiten“ damit zu erklären versuchten, dass die Justiz dies eben nicht zu tun wage.

Unmittelbar nach der Ablösung Connerottes breitete sich in Belgien eine Stimmung aus, wie das Land sie seit der Königsfrage von 1950 nicht mehr erlebt hatte. In vielen Städten legten Belegschaften aus Protest gegen die Entscheidung die Arbeit nieder. Das Parlament reagierte, indem es einen Untersuchungsausschuss zur Dutroux-Affäre einrichtete. König Albert II., der jüngere Bruder des kinderlos verstorbenen Baudouin, mahnte vollständige Aufklärung an: „Die Königin und ich sind der Überzeugung, dass diese Tragödie jetzt zu einem moralischen Umschwung und grundlegenden Veränderungen in unserem Land führen muss.“

Am 20. Oktober 1996 wurde Brüssel zum Schauplatz einer der größten Demonstration der belgischen Geschichte. Schätzungsweise 300 000 Flamen und Wallonen gingen an diesem wolkenverhangenen Sonntag vereint auf die Straße, mit einer weißen Blume in der Hand. Es gab auch weiße Ballons, Schals und Bänder. Das Weiß stand für die Unschuld der ermordeten Kinder, aber vielleicht auch für Hoffnung, so wie beim Begräbnis König Baudouins, als seine Witwe Fabiola ganz in Weiß erschienen war. Auf Wunsch der Familien gab es keine Sprechchöre, nur rhythmisches Klatschen. Der Weiße Marsch sollte in Stille und Würde ablaufen. Paul Marchal, der Vater der ermordeten An und wichtigste Initiator, musste im Gehen Blumenstrauß um Blumenstrauß in Empfang nehmen. Wachleute boten an, sie ihm abzunehmen. Aber er behielt sie. „Ich hatte das Gefühl, dass ich meine Tochter buchstäblich mittrug. So viel wogen die Blumensträuße mit der Zeit. Aber zugleich gaben sie mir Mut. Ich stand nicht allein."

Höhepunkt des Schweigemarschs war ein Auftritt der beiden geretteten Mädchen. „Ein großes Danke euch allen dafür, dass ihr so zahlreich erschienen seid. Merci.", sagte die 15-jährige Laetitia unter dem Applaus und dem Jubel der Menge. Dann reckte sich die zwei Jahre jüngere Sabine, um an das viel zu hohe Mikrofon heranzukommen: „Danke der ganzen Welt dafür, dass sie gekommen ist", sagte sie mit zitternder Stimme. „Ich bin sehr zufrieden." In Wahrheit empfand sie etwas ganz anderes: „Ich erstickte wegen der Menge, wegen der Leute, die, sobald sie mich sahen, sich an mir festklammerten, als wäre ich ein Zirkustier, oder sie starrten mich komisch an. Unsere Lage war schwierig gegenüber den Gefühlen der anderen Familien. Ich lebte, aber das hieß nicht, dass mich der Tod der anderen nicht schmerzte." Als sie während eines Besuchs bei Premierminister Jean-Luc Dehaene neben einer Frau stand, die seit sieben Jahren nach ihrer verschwundenen Tochter suchte, schämte sie sich dafür, noch am Leben zu sein.

Der Weiße Marsch war Ausdruck einer tiefen Vertrauenskrise. Seine Botschaft war die Forderung nach einer umfassenden Erneuerung von Polizei, Justiz und Politik. In diesem Sinne forderte der Untersuchungsausschuss des Parlaments 1997 in seinem ersten Bericht tiefgreifende Reformen wie die Zusammenlegung der unterschiedlichen Polizeidienste. Der 300 Seiten starke Bericht warf der Polizei Inkompetenz und Rivalität vor. Die Mädchen könnten noch leben, wenn besser ermittelt und kooperiert worden wäre, lautete das Fazit der Abgeordneten. In einem zweiten Bericht prangerten die Abgeordneten 1998 noch weitergehende Missstände an, so seien in Charleroi Polizeibeamte direkt in kriminelle Autoschiebereien verwickelt gewesen. „Das System muss von Grund auf neu erdacht und umgestaltet werden", urteilten die Parlamentarier. Dagegen fanden sie keinerlei Hinweise darauf, dass Dutroux von hochgestellten Persönlichkeiten gedeckt worden war. Geschützt wurde der Mörder höchstens indirekt – durch die Unfähigkeit der Behörden. Ein monströses Komplott war dafür gar nicht nötig.

Nur einen Tag nach der Vorlage des zweiten Berichts brachte die Regierung Dehaene eine umfassende Polizeireform auf den Weg. Die paramilitärische Gendarmerie (niederländisch: Rijkswacht) und die Kriminalpolizei wurden dabei zu einer einheitlichen Bundespolizei zusammengeschlossen, um den *guerre des flics* (Bullenkrieg) zwischen den unterschiedlichen Organisationen zu beenden. Die kommunale Polizei behielt ihre Unabhängigkeit, wurde aber zu einer stärkeren Zusammenarbeit mit der Bundespolizei verpflichtet. Im Justizbereich wurde eine föderale Staatsanwaltschaft geschaffen. Die schier endlosen Sitzungen und Befragungen des Untersuchungsausschusses waren ein zentrales Element im Prozess der Selbstreinigung.

Zwei Monate später, am 23. April 1998, ging dann erneut eine Hiobsnachricht aus Belgien um die Welt: Dutroux war geflohen! „God verdomme" (Verdammt nochmal), knurrte Dehaene, als ihm die unfassbare Neuigkeit am Telefon übermittelt wurde. „Das hat uns gerade noch gefehlt." Bei der Einsicht von Akten zur Vorbereitung seiner Verteidigung hatte Dutroux in Neufchâteau einem Polizisten die Dienstwaffe entrissen und war aus dem Gebäude gerannt. Draußen zwang er einen Autofahrer mit vorgehaltener Pistole dazu, ihm seinen Wagen zu überlassen. Nach vier Stunden wurde der flüchtige Verbrecher in einem Waldstück gefasst. Polizisten aus vier Ländern – außer Belgien auch Luxemburg, Frankreich und Deutschland – hatten sich an der Suche nach ihm beteiligt. Noch am Abend traten der belgische Innen- und der Justizminister zurück. „Tiefer können eine Justiz, eine Polizei, ein Land nicht mehr fallen", kommentierte die Zeitung „De Standaard". Bei der Parlamentswahl von 1999 erlitt Dehaenes christliche CVP die schwerste Niederlage ihrer Geschichte und wurde erstmals seit 1945 nicht mehr die stärkste Partei. Hauptursache dafür war neben der Dutroux-Affäre ein Dioxinskandal um verseuchte Futtermittel. Dehaene (1940–2014), der dominierende Politiker der 90er-Jahre, zog sich danach aus der Politik zurück, neuer Regierungschef wurde der Liberale Guy Verhofstadt. Wilfried Martens (1936–2013), der von 1979 bis 1992 mit einer kurzen Unterbrechung neun Regierungen als Premierminister geführt hatte und so etwas wie der *grand old man* der belgischen Politik war, sagte damals: „Es wird alles ein bisschen viel: Dutroux, die Dioxinkrise, der Vlaams Blok … Im Ausland sieht man so langsam eine logische Linie in all diesem Unheil, und das ist für Belgien ohne Zweifel fatal."

Etwa 70 % der Belgier glaubten nach Umfragen mittlerweile daran, dass Dutroux von mächtigen Hintermännern in Justiz und Politik gedeckt worden war. Immer wieder gab es Vorfälle, durch die sie sich bestätigt fühlten, so 1999 den Selbstmord eines der ermittelnden Staatsanwälte und eine auffällige Häufung von Todesfällen potenzieller Zeugen unter verdächtigen Umständen. Die Staatsanwaltschaft fand jedoch trotz jahrelanger Ermittlungen keine Anhaltspunkte für irgendeine Art von Verschwörung.

Am 1. März 2004 begann nach fast acht Jahren der Prozess gegen Dutroux. Mitangeklagt waren seine inzwischen von ihm geschiedene Frau Michelle Martin, sein drogenabhängiger Komplize Michel Lelièvre und ein Brüsseler Geschäftsmann, der als eventueller Verbindungsmann zu Kinderhändler-Ringen und

Pädophilen-Netzwerken gesehen wurde. Für den Prozess in Arlon, Hauptstadt der Provinz Luxemburg, hatten sich mehr als 1300 Journalisten und Kameraleute akkreditiert. „Die Augen der ganzen Welt sind auf unser Land gerichtet", schrieb die flämische Zeitung „De Standaard". Premierminister Verhofstadt sagte: „Die Dutroux-Affäre hat eine klaffende Wunde in unsere Gesellschaft gerissen. Die Wunde hat nie heilen können. Hoffentlich kann sie es nach diesem Prozess."

Dutroux und seine Verteidiger verfolgten die Strategie, nur das zuzugeben, was ihm eindeutig nachgewiesen werden konnte. Gleichzeitig versuchten sie, ihn als Helfershelfer eines großen Pädophilen-Netzes darzustellen. Dafür konnten sie allerdings keinerlei Belege vorlegen. Dutroux konnte auch nicht erklären, warum er zwei seiner Opfer verhungern ließ, wenn er sie doch angeblich einem Pädophilen-Ring ausliefern wollte. Die mittlerweile 20 Jahre alte Sabine Dardenne sagte aus, sie habe außer Dutroux nie jemanden im Keller gesehen.

Der Chefermittler, Untersuchungsrichter Jacques Langlois, wies den Verdacht politischer Einflussnahme zurück: „Ich war bei meiner Tätigkeit keinerlei Druck ausgesetzt – weder von Seiten der Gendarmerie noch von Seiten der Politik. (...) Es gibt hinter diesem Fall keine Staatsräson." Sein Vorgänger, der abgelöste Jean-Marc Connerotte, hatte dagegen von Drohungen während seiner Ermittlungsarbeit gesprochen. Langlois erläuterte vor Gericht, wie die Ermittler allen möglichen Spuren nachgegangen seien, so der Theorie, dass Kinder von einer Sekte bei „Schwarzen Messen" getötet worden sein könnten. All dies habe sich aber als falsch herausgestellt. Eine Gutachterin sagte aus, das gerade einmal 2 qm große Kellerverlies sei so gut getarnt gewesen, dass es nur von Fachleuten hätte entdeckt werden können. Psychiatrische Gutachter beschrieben Dutroux als vollkommen gewissenlosen Psychopathen, dabei aber äußerst durchtrieben und manipulativ. So redete er den Mädchen ein, ihre Eltern wollten das geforderte Lösegeld für sie nicht bezahlen. Ein böser Chef habe deshalb befohlen, sie umzubringen, doch er, Dutroux, habe aus Mitleid beschlossen, sie zu verstecken und dem Chef zu sagen, dass sie tot wären. Erst die zuletzt entführte Laetitia, dic Sabine von Fahndungsplakaten erkannte, erzählte ihr, dass ihre Eltern verzweifelt nach ihr suchten. „Ich habe ihr anfangs nicht geglaubt", sagte Sabine Dardenne im Zeugenstand. Erst nach ihrer Freilassung habe sie begriffen, dass die Geschichte mit dem Chef nur dazu gedient habe, ihr Angst zu machen und sie in ein totales Abhängigkeitsverhältnis zu bringen.

Was in dem Prozess durchaus zutage trat, war ein Netz krimineller Beziehungen rund um den Berufsverbrecher Dutroux. Zu diesem Milieu gehörten Autodiebstähle, Einbrüche und Drogenhandel. Dabei hielt die Polizei einzelnen Tätern den Rücken frei, weil sie sie als Informanten zu benötigen glaubte oder

Stichwort: Lüttich

Metamorphosen einer Stadt

In kaum einer Stadt wirken so viele verschiedene Einflüsse wie in Lüttich. *Liège* beziehungsweise *Luik* auf Niederländisch und *Lîdje* auf Wallonisch liegt im Dreiländereck Belgien/Niederlande/Deutschland im Tal der Maas. Teile der verwinkelten Altstadt erinnern an das 25 km weiter stromabwärts gelegene Maastricht in den Niederlanden, doch insgesamt entspricht Lüttich mit seinen Boulevards und Boulangerien dem Ruf als „nördlichster Stadt der französischen Welt". Es ist jedoch nicht nur dieser Mix aus verschiedenen Ländern, der den Reiz der 200 000 Einwohner-Stadt ausmacht, es sind auch ihre unterschiedlichen Inkarnationen im Laufe von mehr als 1300 Jahren. „Dies ist eine Stadt, die sich immer wieder auflöst und neu erfindet, ohne je zu ermüden", erkannte schon der französische Historiker Jules Michelet (1798–1874). Jedes Lüttich steht auf einem älteren Lüttich. Die Ursprünge in römischer Zeit blieben noch bescheiden, doch schon im frühen Mittelalter war die Stadt ein wichtiger Bischofssitz. Es begann die große Zeit der Fürstbischöfe, von der noch immer ihr gewaltiger Palast am Place Saint-Lambert zeugt. Als kleine Könige regierten sie ihr eigenes Reich, und während mächtigere Gebiete wie Flandern und Brabant unter die Knute fremder Fürsten gerieten, behauptete das Fürstbistum Lüttich über Jahrhunderte seine Unabhängigkeit. Zu Beginn des 19. Jahrhunderts dann die große Verwandlung: Lüttich mutierte zur *cité ardente*, zur feurigen Stadt Ruß spuckender Kokereien und flackernder Stichflammen. Die unheimliche Faszination, die davon ausging, erlebte 1839 der Schriftsteller Victor Hugo: „Am Beginn dieses Tals, welches im Schatten verborgen liegt, befindet sich ein Abgrund, voll mit Glut, der sich wie ein Schlund abrupt öffnet und schließt und wo von Zeit zu Zeit, wie aufgrund von schrecklichem Schluckauf, eine Flammenzunge entkommt. Das sind die Fabriken, die ans Tageslicht kommen. Das ganze Tal schien von Kratern durchbohrt zu sein, die ausbrechen. (...) Es ist ein schönes und wunderbares Schauspiel." Heute stehen die Hochöfen wie ausgebrannte Kathedralen am Maasufer. Die rußgeschwärzten Backsteinfassaden haben in Lüttich länger überdauert als anderswo. Nach dem Untergang der Schwerindustrie hatte die Stadt lange etwas Niederdrückendes. Doch währenddessen bereitete sich unter der Oberfläche die nächste Häutung vor. Heute können Besucher ein neues Lüttich erleben, eine quirlige, junge Stadt voller hipper Läden und Lokale in restaurierten Art-nouveau-Häusern. Neues Wahrzeichen ist ein grandioser ICE-Bahnhof, der nur aus einer einzigen raumgreifenden Dachkonstruktion besteht und ganz ohne Mauern auskommt. Treu geblieben sind sich die *Liégeois*, die Lütticher selbst. Sie gelten als rau, aber herzlich mit einem Hang zum Surrealismus. So feiert der Stadtteil Outremeuse jedes Jahr im August mit einer Art anarchischem Sommerkarneval die Ausrufung der „Freien Republik Outremeuse" durch einige Einwohner im Jahr 1927. Im Mittelpunkt des Treibens: *Tchantchès*, eine schnapsnasige Folklorefigur, die im wallonischen Dialekt ihre Kalauer reißt.

sich andere Vorteile versprach. Die Kriminellen agierten teilweise in einem rechtsfreien Raum.

Knapp vier Monate nach Beginn des Prozesses wurde Dutroux am 22. Juni 2004 zu lebenslanger Haft verurteilt. Seine Ex-Frau Martin bekam 30 Jahre (sie wurde 2012 unter Auflagen vorzeitig entlassen), sein Komplize Lelièvre 25 Jahre. Der vierte Angeklagte, der Brüsseler Geschäftsmann, wurde in den Hauptanklagepunkten, der Beteiligung an Entführungen mit Todesfolge, freigesprochen. Die Theorie eines großen Kinderfänger-Rings wurde verworfen. Am Ende war der Fall Dutroux keine Staatsaffäre mehr, wohl aber ein Beispiel für eklatantes Versagen von Polizei und Justiz.

Abschied von Papas Belgien. Die Föderalisierung

Eine Autofahrt entlang der belgischen Sprachgrenze hat wahrlich surrealen Charakter. Mitunter binnen Minuten wechseln die Schilder neben der Autobahn. Mal heißt es zum Beispiel: „De provincie Vlaams-Brabant heet u welkom“ Dann wieder: „Province du Brabant Wallon“. Wenig später ist man womöglich schon wieder auf flämischem Gebiet und wird erneut entsprechend willkommen geheißen. Manchmal werden sogar einzelne Ortschaften durch die Sprach- und Kulturgrenze in zwei verschiedene Zonen geteilt – dann stehen auf dieser Seite Schilder auf Französisch und gegenüber auf Niederländisch.

Seit 1962/63 ist die belgische Sprachgrenze unverrückbar. Das heißt: Selbst wenn – rein theoretisch – die Einwohner einer Ortschaft im flämischen Territorium durch Weg- und Zuzug alle französischsprachig werden sollten, würde es doch eine niederländischsprachige Gemeinde bleiben. Die Botschaft, die davon ausgeht, ist: Wer hierherzieht, muss sich anpassen.

Das war nicht immer so. Von 1921 bis 1962 gab es zunächst alle zehn Jahre eine Zählung, bei der jeder Bürger angeben musste, welche Sprache er am meisten benutzte. Wenn sich dabei herausstellte, dass ein bestimmter Anteil (zunächst 20, dann 30 %) der Bevölkerung die jeweils andere Sprache sprach, mussten auch Schulen und andere Einrichtungen und Dienste in dieser Sprache angeboten werden. Die Flamen hatten hier jedoch schnell das Gefühl, benachteiligt zu werden. So entwickelte sich die Hauptstadt Brüssel rasch zu einer überwiegend französischsprachigen Stadt, obwohl sie in Flandern liegt. Dies kam unter anderem dadurch, dass viele Niederländischsprachler das Französische übernahmen, weil es einen höheren Status hatte und weil man es brauchte, um Karriere zu machen. Noch bis in die 70er-Jahre wurde auch in den Vorstandsetagen großer Unternehmen in Flandern Französisch gesprochen. Zudem zogen viele reiche, französischsprachige Brüsseler in die ursprünglich rein niederländischsprachigen Vororte, so dass diese allmählich „französisierten“, wie es die Flamen nennen. Obendrein gab es bei den Zählungen Manipulationen. All dies verfestigte bei den Flamen den Eindruck, dass sich das französische Sprachgebiet wie ein Ölfleck nach Norden hin ausbreitete. Flandern schrumpfte. Um das zu verhindern und das niederländischsprachige Gebiet ein für allemal verbindlich festzulegen, wurde 1962/63 die starre Sprachgrenze eingezogen und gesetzlich verankert. Seitdem besteht Belgien aus vier Sprachgebieten: dem niederländischen Sprachgebiet, das heute die Provinzen Westflandern, Ostflandern, Antwerpen, Flämisch-Brabant und Limburg umfasst, dem französischen Sprachgebiet mit den Provinzen Hennegau, Luxemburg, Namur, Wallonisch-Brabant und einem Teil der Provinz Lüttich, dem deutschen Sprachgebiet, das neun Gemeinden in der Provinz Lüttich einschließt, und der zweisprachigen Hauptstadt Brüssel, die in 19 Gemeinden eingeteilt ist.

Brüssel ist also das einzige zweisprachige Gebiet in Belgien. Davon abgesehen gilt die Regel „ein Gebiet – eine Sprache“. Die einzigen Ausnahmen sind 25 sog. Fazilitäten-Gemeinden, die sich entlang der Sprachgrenze aneinanderreihen. Hier müssen bestimmte öffentliche Dienste auch in der Minderheitssprache angeboten werden, das heißt zum Beispiel, dass man in einer niederländischsprachigen Gemeinde die Geburt seines Kindes auch auf Französisch melden kann.

Geteilt wurden nicht nur Regionen und Gemeinden, sondern 1968 auch die größte Universität des Landes: In Löwen verblieb die niederländischsprachige Katholieke Universiteit Leuven, während südlich der Sprachgrenze ein komplett neuer Campus auf freiem Feld entstand, die französischsprachige Université Catholique Libre mit der dazugehörigen Planstadt Louvain-la-Neuve, zu Deutsch: Neu-Löwen. Sie hat heute mehr als 30 000 Einwohner. Die Bücher der Universitätsbibliothek wurden zwischen beiden Institutionen aufgeteilt: Solche mit gerader Signatur-Nummer gingen nach Louvain-la-Neuve, die ungeraden blieben in Löwen. Das Verfahren erinnert an die Aufteilung der Bibliotheksbestände zwischen Indien und Pakistan kurz vor der Unabhängigkeit 1947. Die Universität Brüssel wurde 1969 ebenfalls in zwei unterschiedliche Institutionen gesplittet. Es war mittlerweile offensichtlich geworden, dass Flamen und Wallonen nicht nur durch die Sprache getrennt wurden. Die Königsfrage um die Zukunft Leopolds III. hatte gezeigt, dass sie auch politisch unterschiedliche Auffassungen hatten. In Wallonien befanden sich die Hochburgen der Sozialisten und Liberalen, während Flandern traditionell die Bastion der Katholiken war. Jede der beiden Bevölkerungsgruppen bezog einen Gutteil ihrer Identität aus dem Gegensatz zur anderen. Zahllose Ärgernisse, Anekdoten und Mythen ranken sich um das Verhältnis. So erzählte man sich zeitweise in Flandern, es gebe dort 1400 Radarfallen, in Wallonien aber nur ganze 15. Da die Bußgelder aber in den gesamtbelgischen Steuertopf kämen, würden hier wieder einmal die fleißigen Flamen die schmarotzerischen Wallonen subventionieren.

Die Flamen, die seit der Gründung des Königreichs Belgien 1830 immer der *underdog* gewesen waren, kehrten dieses Verhältnis nach dem Zweiten Weltkrieg zu ihren Gunsten um. Das hatte zwei Gründe: Zum einen lag die Geburtenrate bei ihnen höher, so dass sie ihr auch zuvor schon bestehendes zahlenmäßiges Übergewicht noch ausbauen konnten. Lebten 1932 in Wallonien – ohne Brüssel – noch 37 % aller Belgier, so waren es 1970 nur noch 32 %. Der zweite Grund war, dass Flandern Wallonien wirtschaftlich überflügelte – in ähnlicher Weise, wie in der Bundesrepublik Bayern das Ruhrgebiet abgehängt hat. Die wallonische Kohle- und Stahlindustrie geriet in den 60er-Jahren in die Krise und wurde zunehmend abgewrackt, während in Flandern zahlreiche kleine und mittlere Unternehmen in Wachstumsbranchen und im Dienstleistungssektor entstanden. War kurz nach dem Zweiten Weltkrieg noch die Hälfte der flämischen Erwerbstätigen in der Landwirtschaft beschäftigt, so waren dies 50 Jahre später nur noch 3 %. Von Mitte der 60er- bis Mitte der 70er-Jahre wuchs die Wirtschaft in Flandern jedes Jahr um 5 %; in den späten 70er- und frühen 80er-Jahren war das Wachstum doppelt so hoch wie in Wallonien. Flandern mit Antwerpen als dem zweitgrößten Hafen Europas profitierte dabei unter anderem von seiner Lage innerhalb der „Blauen Banane“: Diese Kette besonders wirtschaftsstarker Ballungsräume erstreckt sich von Liverpool und Manchester über London, Flandern und die niederländische Randstad, das Rhein-Ruhr-Gebiet, Frankfurt, Stuttgart und die Schweiz bis nach Oberitalien.

Das demographische und wirtschaftliche Übergewicht Flanderns ließ bei den Wallonen die Befürchtung aufkommen, in Zukunft dauerhaft von den Flamen beherrscht zu werden. Um das zu verhindern, forderten sie eine größere Selbststandigkeit Walloniens. Eine Auflosung Belgiens strebten sie dagegen nicht an. In Flandern wiederum pochten die Nationalisten ebenfalls auf weitgehende Autonomie, um die niederländische Sprache zu schützen.

Die Antwort auf die Krise des belgischen Staates war also eine Föderalisierung. Flamen und Wallonen sollten ihre Angelegenheiten so weit wie möglich selbst regeln und nur noch dort zusammenarbeiten, wo dies unumgänglich schien, etwa in der Außen- und Verteidigungspolitik. Von 1970 bis 2012 wurde Belgien schrittweise zu einem Föderalstaat umgebaut. „La Belgique de papa a vécu“, erklärte Premierminister Gaston Eyskens 1970: „Papas Belgien hat sich überlebt.“ Mit „Papas Belgien“ meinte er den bis dahin existierenden Zentral-

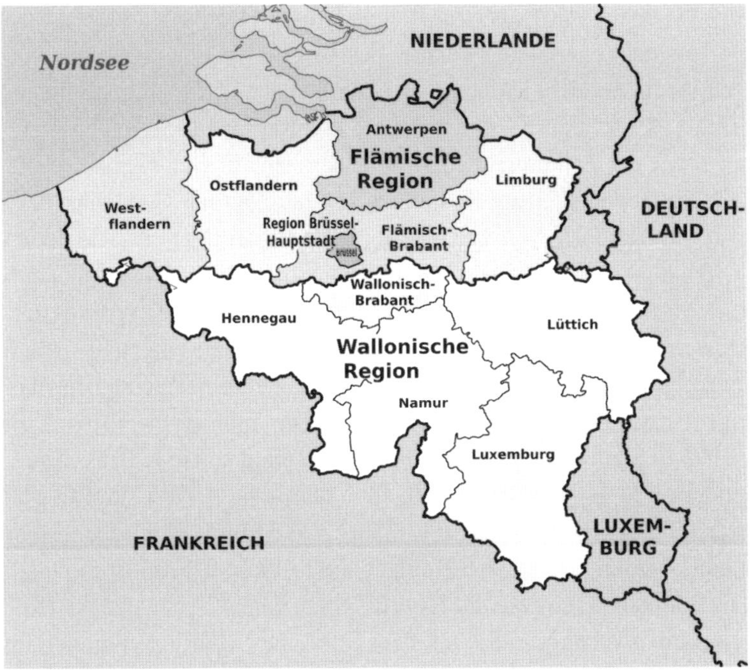

Die gespaltene Nation. Administrative Aufteilung Belgiens in Regionen und Provinzen.

staat, der von einer Französisch sprechenden Elite geführt wurde. Die Staatsreformen begannen 1970 mit der Einrichtung von drei Kulturgemeinschaften (später nur noch Gemeinschaften genannt): einer französischsprachigen, einer niederländischsprachigen und einer deutschsprachigen. Sie erhielten Kompetenzen auf den Gebieten Bildung, Sprache und Kultur. So legte die flämische Gemeinschaft 1973 in einem Dekret fest, dass die Verkehrssprache in allen Unternehmen in Flandern Niederländisch sein musste, auch in den Vorstandsetagen. In einer zweiten Staatsreform wurden 1980 zusätzlich Regionen geschaffen, die in etwa mit den deutschen Bundesländern vergleichbar sind. Ihre Befugnisse erstrecken sich auf die Gebiete Raumordnung, Umwelt, Landwirtschaft, Wirtschaft, Verkehr und Außenhandel. Es gibt drei belgische Regionen: Flandern, Wallonien und Brüssel. Die Gemeinschaften bestehen daneben weiter und wurden ebenso wie die Regionen mit Parlamenten und Regierungen ausgestattet. Im Fall von Flandern ist die Region mit der Gemeinschaft deckungsgleich, hier gibt es nur eine Regierung. In Wallonien ist das nicht der Fall, weil die deutschsprachigen Belgier zwar zur Region Wallonien gehören, aber eine eigene Gemeinschaft bilden. Zudem zählen die frankophonen Einwohner Brüssels zwar zur französischsprachigen Gemeinschaft, aber zur Region Brüssel. Der neue föderale Staat wurde 1994 in einer angepassten Version des belgischen Grundgesetzes von 1831 festgeschrieben. Seitdem lautet der erste Artikel der Verfassung: „Belgien ist ein Föderalstaat, der sich aus Gemeinschaften und Regionen zusammensetzt."

Im Laufe der Zeit erhielten sowohl Regionen als auch Gemeinschaften immer mehr Zuständigkeiten auf Kosten der Zentralregierung. So können die Regionen sogar internationale Verträge abschließen oder blockieren – wie der europäischen Öffentlichkeit spätestens seit 2016 bewusst ist, als das Parlament der Region Wallonien vorübergehend den Abschluss eines EU-Freihandelsvertrags mit Kanada verhinderte. Daneben ist Belgien in vier Sprachgebiete eingeteilt – das französischsprachige, das niederländischsprachige, das deutschsprachige und das zweisprachige Brüsseler – sowie in Provinzen. Die ruhmreiche Provinz Brabant wurde 1995 in Flämisch- und in Wallonisch-Brabant sowie in Brüssel zerschnitten. Seitdem gibt es zehn Provinzen: fünf flämische – West- und Ostflandern, Antwerpen, Flämisch-Brabant und Limburg – und fünf wallonische – Hennegau, Luxemburg, Namur, Wallonisch-Brabant und Lüttich. Brüssel ist provinzfrei.

Die Föderalisierung hat das Konfliktpotenzial zwischen den beiden Bevölkerungsgruppen verringert. Sie hat dem Streit die Schärfe genommen und den belgischen Staat dadurch letztlich gerettet. Dementsprechend muss man sie als Erfolg werten. Sie hat aber auch manchen Nachteil, in erster Linie die dadurch entstandene Kompliziertheit des belgischen Staatsgefüges. Die sich überlappenden Zuständigkeiten der vielen unterschiedlichen Regierungsgremien führen zwangsläufig zu Reibungsverlusten und Blockaden. Es kann sein, dass fünf, sechs oder sieben Minister für dieselbe Angelegenheit zuständig sind. Der Transparenz kommt dies kaum zugute. Zudem ist es außerordentlich kostspielig. Und schließlich ziehen die sog. Sprachschranken in der belgischen Verfassung ein Demokratiedefizit nach sich: Bestimmte Gesetze können nur dann erlassen werden, wenn ihnen die Mehrheit sowohl der flämischen als auch der wallonischen Abgeordneten zustimmt. Dies führt dazu, dass die Wallonen de facto ein Vetorecht ausüben, obwohl sie nur 40 % der Bevölkerung stellen.

Die Föderalisierung führte auch zu einer Spaltung der traditionellen Parteien. Seit 1978 gibt es keine gesamtbelgischen Parteien mehr, sondern nur noch flämische und wallonische. Christdemokraten, Liberale, Sozialisten und Grüne – sie alle existieren in zweifacher Ausfertigung. Dadurch dass man mit Ausnahme Brüssels nur noch Parteien der eigenen Region wählen kann, lohnt es sich für Politiker elektoral nicht mehr, die Interessen der jeweils anderen Bevölkerungsgruppe mit zu berücksichtigen. Die Wähler im anderen Landesteil können ihnen ja sowieso nicht ihre Stimme geben. Hingegen kann es sich auszahlen, einseitig die eigene Region zu vertreten. „Wir haben keine nationalen

Parteiführer mehr“, beklagte denn auch der langjährige Premierminister Wilfried Martens. So dauerte es nach der Parlamentswahl von 2010 eineinhalb Jahre, ehe eine Regierung gebildet werden konnte. Mit 541 Tagen war es laut Guinness-Buch der Rekorde die weltweit längste Regierungsbildung überhaupt – bis dahin hatte Kambodscha den Rekord mit 353 Tagen gehalten.

Gegen den Erfolg der Föderalisierung spricht auch, dass der flämische Separatismus während dieses Prozesses nicht ab-, sondern zunahm. Zudem radikalisierte er sich in Form des rechtsextremen Vlaams Blok, der die Forderung nach Unabhängigkeit mit Fremdenfeindlichkeit und Islamhass verband. 2004 wandelte sich die Partei nach einer Verurteilung wegen Rassismus in den Vlaams Belang um. In den darauffolgenden Jahren verlor sie jedoch zunehmend Wähler an die gemäßigte Neu-Flämische Allianz (N-VA) unter ihrem Chef Bart De Wever. Bei der belgischen Parlamentswahl von 2010 wurde die N-VA mit 17 % der Stimmen (28 % in Flandern) stärkste Partei. Ihr erklärtes Ziel nach den Worten De Wevers: „Wir wollen, dass Flandern langfristig ein souveräner Staat in der Europäischen Union wird.“ Der „sanfte Separatist“ will den belgischen Staat dabei nicht zerschlagen, sondern geräuschlos „verdunsten“ lassen, das heißt: von innen so weit aushöhlen, bis nichts mehr übrig bleibt. Dabei arbeitet er nach eigener Vorstellung Hand in Hand mit der EU: Während die flämische Regionalregierung immer mehr Aufgaben übernimmt, die Bürgernähe erfordern, greift die EU immer mehr Kompetenzen in der Finanz-, Währungs-, Wirtschafts-, Handels-, Agrar-, Außen- oder Sicherheitspolitik ab. Belgien wird also gleichzeitig von unten wie von oben abgetragen. De Wevers mittelfristiges Ziel ist die Umwandlung des jetzigen Föderalstaates Belgien in eine Konföderation, also einen Staatenbund der dann weitgehend souveränen Einzelstaaten Flandern und Wallonien. Bei der belgischen Parlamentswahl von 2019 vertiefte sich die Kluft zwischen Nord und Süd weiter: In Wallonien gewannen linke Parteien dazu, in Flandern rechte. Der rechtsextreme Vlaams Belang kam auf zwölf Prozent. Unter diesen Umständen erschien eine Regierungsbildung kaum mehr möglich.

Auf den ersten Blick ist es schwer zu verstehen, warum es in Flandern immer noch eine so starke separatistische Bewegung gibt, obwohl die niederländische Sprache doch nun nicht mehr benachteiligt wird. Die Antwort lautet: Es geht eben nicht nur um einen Sprachenstreit. Die lange Geschichte der Diskriminierung der Flamen ist nicht vergessen. Zudem sehen viele von ihnen nicht ein, warum sie sich auf einen offenbar dauerhaften Wohlstandstransfer in den Süden einlassen sollten. Die Flamen, so wirft ihnen der französischsprachige Brüsseler Schriftsteller Pierre Mertens vor, „treten als Reiche auf, die nicht mehr bereit sind, für die ärmeren Wallonen zu zahlen. Das ist hässlich und ungerecht. Es ist wie in Italien, wo die Lega Nord behauptet, im Süden seien die Menschen faul.

Dabei geht es um hartnäckige Ressentiments, eine Art Rache, die schon sehr lange dauert." Umgekehrt müssen sich die Wallonen vorwerfen lassen, die separatistischen flämischen Parteien N-VA und dem Vlaams Belang häufig in unzulässiger Weise mit ganz Flandern gleichzusetzen. Eine knappe Mehrheit der Flamen wählt nach wie vor keine separatistischen Parteien, was aber in der Wahrnehmung der Wallonen häufig ausgeblendet wird. Dies hat sehr viel damit zu tun, dass die Wallonen Flandern fast ausschließlich über wallonische Medien wahrnehmen. Ein eigenes Bild können sie sich nicht machen, weil nach wie vor nur sehr wenige Wallonen Niederländisch verstehen. Dies führte unter anderem dazu, dass viele Wallonen 2006 auf eine Fake-Reportage im französischsprachigen belgischen Fernsehen hereinfielen, derzufolge das flämische Regionalparlament die Unabhängigkeit Flanderns ausgerufen hatte. In der Sendung wurde unter anderem berichtet, dass König Albert das Land in einer Militärmaschine verlassen habe und entlang der Sprachgrenze Polizisten Stellung bezogen hätten. Zudem sah man flämische Nationalisten, die den Grand-Place in Brüssel in Besitz genommen hatten. Obwohl eigentlich hätte deutlich sein müssen, dass das Ganze eine Satire war – unter anderem hieß es, die belgische Regierung habe sich zu Krisenberatungen in die (nicht existierende) unterirdische zehnte Kugel des Atomiums zurückgezogen – hielten viele die Sondersendung für Realität. Nach einer Intervention der Medienministerin der französischsprachigen Gemeinschaft wurde nach einer halben Stunde der Vermerk „ceci est une fiction" eingeblendet.

Der britische Historiker Tony Judt (1948–2010), dessen Vater aus Antwerpen stammte, hielt die Kluft zwischen Flamen und Wallonen für tiefer als die zwischen Tschechen und Slowaken oder Serben und Kroaten. Warum aber existiert Belgien dann doch noch? In seiner monumentalen „Geschichte Europas" führt Judt dafür drei Gründe an: Erstens kann die jüngere Generation mit dem Sprachenstreit und den sektiererischen Bestrebungen deutlich weniger anfangen. Auch den vielen hunderttausend Neu-Belgiern aus Italien, dem ehemaligen Jugoslawien, der Türkei, Marokko und Algerien ist der Gegensatz zwischen Flamen und Wallonen zwangsläufig fremd. Als zweiten Grund nennt Judt den Reichtum Belgiens. Dieser führt zu einer Grundzufriedenheit, an der allzu radikale Forderungen abperlen. Der dritte Grund ist die feste Einbindung des Landes in die EU. Der entscheidende Unterschied zur Tschechoslowakei oder zu Jugoslawien war nach Judts Einschätzung der, „dass die Staaten Westeuropas keine vollkommen selbständigen staatlichen Entitäten mehr waren, die ein Monopol auf die Ausübung der Staatsgewalt gegenüber ihren Bürgern hatten. Sie waren auch, und zwar in zunehmenden Maße, Teil eines größeren Ganzen." Der Staatenverband hat insofern einen mäßigenden Einfluss, als die belgische Regierung nicht die höchste Autorität ist – über ihr kommt noch eine weitere Ebene.

Als vierter Grund ließe sich Brüssel anführen, für das sich beim besten Willen keine Lösung denken lässt, da es sowohl von Flamen als auch von Wallonen beansprucht wird. Da der Großraum Brüssel neben dem von Antwerpen die wirtschaftlich dynamischste Region des Landes ist, dürften sich weder Flamen noch Wallonen je davon loskoppeln wollen. So ist die Hauptstadt gleichzeitig Zankapfel, aber auch Bindeglied zwischen beiden Bevölkerungsgruppen.

Ausblick.
Knuffelen für Belgien

Wenn man deutsche Zeitungsartikel über die Zukunft Belgiens von vor zehn oder auch zwanzig Jahren durchliest, fällt auf, dass dabei stets der unmittelbar bevorstehende Zerfall des belgischen Staates angekündigt wird. Nicht selten wird dies mit der Prognose verbunden, die Flamen würden sich in Kürze den Niederlanden anschließen, die Wallonen Frankreich, und Brüssel als Hauptstadt der Europäischen Union werde man zu einer internationalen, exterritorialen Zone erklären. Von all dem ist bekanntlich nichts eingetreten, und es ist auch für die Zukunft nicht zu erwarten. Man wird in Flandern nur wenigen Menschen begegnen, die für einen Anschluss an den nördlichen Nachbarn plädieren, denn Flamen sind eben keine Niederländer. Es ist eine geradezu absurde Vorstellung, dass sie ihren König Philippe – wie frankophil auch immer – gegen den calvinistischen Oranierkönig Willem-Alexander eintauschen könnten. Die Wallonen wiederum sind klug genug zu erkennen, dass sie ihre zahlreichen Vorrechte und ihr hohes Maß an Autonomie im klassischen Zentralstaat Frankreich sofort einbüßen würden. Man könnte Belgien als ein Land definieren, in dem viele Menschen Niederländisch oder Französisch sprechen, ohne niederländisch oder französisch sein zu wollen. Warum? Weil sie eben doch Belgier sind.

Ein Ende Belgiens ist nicht in Sicht, und sei es nur aus folgendem Grund: Wenn es Flamen und Wallonen schon kaum noch gelingt, sich nach landesweiten Wahlen auf eine gesamtbelgische Regierung zu einigen, wie sollen sie es dann jemals schaffen, das Land unter sich aufzuteilen?

Wenn dieses Buch eines deutlich gemacht haben sollte, dann die unbestreitbare Tatsache, dass Flamen und Wallonen eine mehr als 1000-jährige Geschichte teilen. Ja, sie sprechen unterschiedliche Sprachen, aber in vielerlei anderer Hinsicht sind sie sich ähnlich. „Sie mögen die gleiche Art von Essen, dieselben Biersorten, dieselben Sportarten“, zählen die Autoren Benno Barnard und Geert van Istendael auf. „Sie denken ähnlich über den Zustand der Straßen („schlecht“), das Wetter („auch schlecht“), die Steuern („die höchsten von Eu-

Grand-Place oder Grote Markt? Barocke Gildehäuser und das gotische Rathaus am zentralen Platz in Brüssel. Das Ensemble zählt zum Weltkulturerbe.

ropa"), den König („er meint es gut") und sogar die Politik („streichen sich alle die Taschen voll"). Sie richten ihre Häuser auf ähnliche Art ein, bauen dahinter einen Schuppen für Gartenzubehör, zimmern daran noch einen zweiten für das eine oder andere Hobby und erweitern das Ganze um ein Vordach, um darunter Holz für den Kamin zu stapeln. Sie haben sehr oft ein kleines oder mittleres Unternehmen. Sie sind sehr oft Mitglied einer Gewerkschaft. Außerdem sind sie meist Mitglied eines Radler-Klubs, einer Theatergruppe oder eines Heimatkundevereins. Sie sind katholisch, aber meist nicht so wild auf den Papst. Oder sie sind nicht katholisch. Aber auf jeden Fall sind sie selten protestantisch."

Aus der Vergangenheit lässt sich nichts anderes ableiten, als dass Flamen und Wallonen zusammengehören. Künstlich ist nicht der belgische Staat, künstlich im Sinne von ahistorisch wäre ein unabhängiges, rein niederländischsprachiges Flandern. Das historische Flandern war immer zweisprachig und nie völlig unabhängig.

Belgien beweist, dass Menschen mit unterschiedlichen Sprachen in einem Land zusammenleben können. Es blickt auf eine Geschichte der Mehrsprachigkeit zurück, wie sie nur wenige Länder Europas vorweisen können. In der heutigen globalisierten Welt sollte das sicher kein Nachteil sein. In einer überschaubaren Stadt wie Löwen wird man in Geschäften und Restaurants ebenso selbstverständlich auf Niederländisch wie auf Französisch oder Englisch bedient (und vielleicht auch noch auf Deutsch) – wo gibt es Vergleichbares in Deutschland, Frankreich oder gar Großbritannien?

Als sich Belgien 2010/11 eineinhalb Jahre lang auf keine neue Regierung einigen konnte, sah man im Brüsseler Stadtbild nach einigen Monaten belgische Fahnen. Sie hingen vor Fensterscheiben und von Balkonen. Bürger machten auf diese Weise deutlich, dass bei ihnen noch ein Schwarz-Gelb-Rot-Gefühl vorhanden war. Auf andere Weise hatten dies drei Jahre zuvor bereits Studenten in Löwen gezeigt: „Een, twee, drie – Un, deux, trois … – knuffelen!", zählte eine Lautsprecherstimme, und schon stürmten auf dem Platz vor der Universitätsbibliothek flämische Studenten und Studentinnen auf wallonische Kommilitoninnen und Kommilitonen zu, umarmten und herzten sie. Die Knuddel-Aktion war als politisches Statement gemeint. „Ich würde es schrecklich vermissen, sagen zu können, dass ich Belgier bin", versicherte der Flame Bram einer Reporterin der „Zeit". Und die 21 Jahre alte Marie, die er gerade im Arm hielt, fügte hinzu: „Gerade die kulturelle Vielfalt ist es, die unser Land zu etwas ganz Besonderem macht."

Einen Moment nationaler Eintracht erlebte Belgien im Sommer 2018 während der Fußball-Weltmeisterschaft in Russland. Die Roten Teufel – die Bezeichnung datiert bereits von 1906 – besiegten England und Brasilien, bevor sie im Halbfinale gegen den späteren Weltmeister Frankreich unterlagen. Plötzlich war nicht mehr von Spaltung die Rede, sondern von Vielfalt. Das kleine, aber bunte Land sah sich gespiegelt in der goldenen Generation belgischer Nationalspieler. Zu den Ausnahme-Kickern zählten Flamen wie Taktgeber Kevin De Bruyne, Wallonen wie Kapitän Eden Hazard, Kongolesischstämmige wie Mittelstürmer Romelu Lukaku und Halbmarokkaner wie Offensivspieler Nacer Chadli. Nicht weniger als 13 der 23 Spieler im belgischen WM-Kader hatten einen Migrationshintergrund – ein Ergebnis gezielter Jugendsport-Förderung in Problemvierteln wie Molenbeek und Anderlecht. Und das Sprachenproblem? Existierte nicht. Denn der Trainer Roberto Martinez war Spanier – und redete Englisch mit den Spielern. „Eden Hazard, Kevin De Bruyne und Vincent Kompany zeigen der Welt, und vielleicht sogar mehr noch ihren Landsleuten, dass der Erfolg etwas Mögliches ist", schrieb die Brüsseler Zeitung „L'Echo". „Eine Ambition, die (...) auch ein kleines Land haben kann." Flamen und Wallonen jubelten gemeinsam, kongolesische und marokkanische Familien zogen mit der schwarz-rot-gelben Trikolore auf die Straße. Für einige magische Wochen waren sie alle nur noch – Belgier.

Anhang

Zeittafel

58–50 v. Chr.: Julius Cäsar erobert Gallien einschließlich des Gebiets des heutigen Belgien

406: Die Franken erobern Gallien

843: Im Vertrag von Verdun wird das fränkische Reich aufgeteilt. Das Gebiet des künftigen Belgien liegt später auf der Grenze zwischen West- und Ostfrankenreich

9. Jh.: Anfänge der Grafschaft Flandern

12. Jh.: Durch die Herstellung von Tuch wird Flandern die am stärksten verstädterte und neben Oberitalien reichste und fortschrittlichste Region Europas

1302: In der „Brügger Frühmette" schlachten Handwerker der Handelsstadt französische Besatzungssoldaten ab; in der Schlacht der Goldenen Sporen vernichten flämische Bürgermilizen ein französisches Ritterheer; Flandern verteidigt damit seine Selbstständigkeit gegenüber Frankreich, das sich die Grafschaft einverleiben will

1384: Philipp der Kühne, Herzog von Burgund aus dem französischen Herrscherhaus Valois, wird Graf von Flandern

1421–51: Philipps Enkel, Herzog Philipp der Gute, gliedert viele Gebiete des späteren Belgien und der späteren Niederlande Burgund an; große Blütezeit der burgundischen Niederlande

1432: Einweihung des Genter Altars von Jan van Eyck

1464: In Brügge treten erstmals die Generalstaaten zusammen

1467: Tod Philipps des Guten; sein Sohn Karl der Kühne wird neuer Herzog von Burgund

1474–77: Burgunderkriege Karls des Kühnen gegen die Schweiz; vernichtende Niederlagen Burgunds

1477: Karl der Kühne wird bei der Belagerung von Nancy getötet; seine Tochter Maria von Burgund heiratet den Habsburger Maximilian von Österreich

1477–93: Burgundischer Erbfolgekrieg zwischen Maximilian und Frankreich, begleitet von Aufständen der flandrischen Städte Brügge und Gent

1488: Maximilian als deutscher König 16 Wochen in Brügge gefangen gesetzt

1493: Maximilians Sohn Philipp der Schöne übernimmt die Regierung der Niederlande

1506: Tod Philipps des Schönen in Spanien

1515: Philipps 15 Jahre alter Sohn Karl V. übernimmt die Regierung; die Niederlande gehen im habsburgischen Länderkomplex auf

1. H. 16. Jh.: Aufstieg Antwerpens zur bedeutendsten Handelsstadt Europas

1523: In Brüssel werden erstmals zwei Anhänger Martin Luthers hingerichtet

1529:	Damenfrieden von Cambrai: Frankreich verzichtet auf seine Ansprüche auf Flandern
1540:	Strafaktion Karls V. gegen seine Geburtsstadt Gent
1548:	Im Burgundischen Vertrag werden die 17 niederländischen Provinzen weitgehend aus dem Heiligen Römischen Reich herausgelöst
1555:	Rücktritt Karls V. in Brüssel; neuer Landesherr wird sein Sohn, der spanische König Philipp II.
1566:	Calvinistischer Bildersturm verwüstet die Kirchen
1568:	Hinrichtung der Hochadeligen Egmont und Hoorn wegen Widerstands gegen Philipp II. Verfolgung von Aufständischen durch den Herzog von Alba
1572:	Aufstand gegen Alba unter Führung Wilhelms von Oranien
1576:	Meuternde spanische Truppen plündern Antwerpen; Pazifikation von Gent: Die gesamten Niederlande einigen sich auf die Bekämpfung der spanischen Soldaten; Protestanten werden nicht mehr verfolgt
1579:	Der Zusammenschluss der nördlichen Provinzen zur Union von Utrecht leitet die Teilung der Niederlande ein
1584:	Der Herzog von Parma erobert Brügge und Gent für Spanien zurück
1585:	Parma nimmt Brüssel und Antwerpen ein; daraufhin Massenexodus südniederländischer Calvinisten in die nördlichen Niederlande
1598:	Tod Philipps II.; seine Tochter Isabella wird Generalstatthalterin der südlichen Niederlande
1. H. 17 Jh.:	Blütezeit der flämischen Barockmalerei (Rubens, van Dyck)
1633:	Bei Isabellas Tod fallen die südlichen Niederlande an Spanien zurück
1648:	Im Westfälischen Frieden erkennt Spanien die Unabhängigkeit der nördlichen Niederlande an; die Teilung in Nord und Süd ist damit endgültig
1668:	Im Frieden von Aachen erhält Frankreich den südlichen Rand Flanderns mit Lille und Douai
1695:	Bombardierung Brüssels durch Ludwig XIV.
1713:	Im Frieden von Utrecht fallen die bis dahin spanischen Niederlande an Österreich
1781:	Kaiser Joseph II. besucht die österreichischen Niederlande und leitet tiefgreifende Reformen ein
1789:	Brabanter Revolution: Gegner der Reformen vertreiben die österreichischen Truppen; gleichzeitig Lütticher Revolution gegen die seit dem Mittelalter währende Herrschaft der Fürstbischöfe
1790:	Ausrufung der Vereinigten Belgischen Staaten; Rückeroberung durch die Österreicher
1791:	Österreichische Truppen beenden die Lütticher Revolution
1792:	Französische Revolutionstruppen besetzen die österreichischen Niederlande
1793:	Österreich erobert die Niederlande noch einmal zurück
1794:	Endgültige Niederlage der Österreicher in der Schlacht bei Fleurus
1795:	Die südlichen Niederlande einschließlich des ehemaligen Fürstbistums Lüttich werden Frankreich einverleibt; Französisch wird die einzige offizielle Sprache
1798:	„Bauernkrieg" gegen die französische Herrschaft; der Aufstand wird niedergeschlagen

1814: Zusammenbruch der Napoleonischen Herrschaft; der Wiener Kongress beschließt die Vereinigung der südlichen und nördlichen Niederlande zum Vereinigten Königreich der Niederlande unter dem Oranier Wilhelm I.

1815: Endgültige Niederlage Napoleons in der Schlacht von Waterloo

1. H 19 Jh.: Wallonien wird zur ersten industrialisierten Region Kontinentaleuropas

1825: Wilhelm I. verfügt staatliche Zwangsausbildung von katholischen Priesteramtskandidaten

1828: Katholiken und Liberale schließen sich im „Monster-Verbund" gegen Wilhelm I. zusammen

1830: Belgische Revolution gegen die Herrschaft von Wilhelm I.; treibende Kraft ist eine kleine Gruppe reicher Brüsseler Bürger; niederländische Truppen versuchen vergeblich, Brüssel wieder unter Kontrolle zu bringen; nach ihrem Abzug Ausrufung der belgischen Unabhängigkeit; Parlamentswahlen; Londoner Konferenz der Großmächte erkennt Belgien an

1831: Parlament verabschiedet belgisches Grundgesetz; Leopold von Sachsen-Coburg erster König der Belgier; Rückeroberungsversuch König Wilhelms scheitert an französischem Beistand für Belgien

1835: Erste kontinentaleuropäische Zugverbindung zwischen Brüssel und Mechelen

1839: Endgültige Anerkennung Belgiens durch Großbritannien, Frankreich, Russland, Österreich, den Deutschen Bund und die Niederlande im Vertrag von London. Die Großmächte garantieren seine Neutralität

1865: Tod Leopolds I.; Nachfolger wird sein Sohn Leopold II.

1873: Belgisches Parlament lässt Niederländisch als Gerichtssprache zu

1885: Gründung der belgischen Arbeiterpartei BWP; Berliner Kongo-Konferenz erkennt Leopold II. als Souverän des Kongo an

1886: Massive Streiks und Widerstandsaktionen belgischer Arbeiter

1890: Einsetzender Kautschuk-Boom führt zur Errichtung einer Sklavenwirtschaft im Kongo

1893: Ausweitung des Wahlrechts: Jeder Mann hat mindestens eine Stimme; die Fertigstellung des Hôtel Tassel von Victor Horta leitet die große Zeit der belgischen Art nouveau ein

1894: BWP zweitstärkste Kraft im Parlament

1898: Belgisches Parlament erlässt Gleichheitsgesetz: Niederländisch wird gleichberechtigte Amtssprache neben dem Französischen

1899: Einführung des Verhältniswahlrechts

1900: Um die Jahrhundertwende ist Belgien nach den USA, Deutschland, Großbritannien und Frankreich die größte Industrienation der Erde

1904: Britischer Konsul Roger Casement veröffentlicht vernichtenden Untersuchungsbericht über die Zustände im Kongo-Freistaat Leopolds II.

1908: Der belgische Staat übernimmt die Kontrolle über den Kongo

1909: Tod Leopolds II.; neuer König wird sein Neffe Albert

1914: Mit dem deutschen Überfall auf das neutrale Belgien beginnt der Erste Weltkrieg; Kriegsverbrechen deutscher Soldaten an belgischen Zivilisten, Verwüstung von Löwen; die belgische Regierung weicht nach Le Havre (Frankreich) aus, König Albert hält mit dem Rest seiner Streitkräfte einen

Zipfel belgischen Staatsgebiets hinter dem Fluss Yser; 1,5 Millionen Belgier fliehen ins Ausland; Beginn des Stellungskriegs in Flandern und Nordfrankreich mit Millionen Toten auf beiden Seiten

1916: Als Teil der Flamenpolitik des deutschen Reichskanzlers Theobald von Bethmann Hollweg wird die Universität Gent niederländischsprachig; Verschleppung von insgesamt 120 000 Belgiern zur Zwangsarbeit nach Deutschland; Ausplünderung und Lahmlegung der belgischen Industrie

1917: Administrative Teilung Belgiens in Flandern und Wallonien

1918: Nach der deutschen Niederlage flieht Kaiser Wilhelm II. von Spa aus in die Niederlande; König Albert setzt in der Übereinkunft von Loppem das allgemeine gleiche Wahlrecht für Männer durch; in seiner ersten Thronrede kündigt er weitgehende Sozialreformen wie die Einführung des Achtstundentags an; die deutsche Flamenpolitik wird zunächst rückgängig gemacht

1919: Versailler Vertrag spricht Belgien die bis dahin zu Deutschland gehörenden Kreise Eupen und Malmedy zu

1921: Sprachgesetz teilt das Land in einen französisch- und einen niederländischsprachigen Teil

1930: Universität Gent wird einsprachig niederländisch

1934: Unfalltod König Alberts in den Ardennen; Nachfolger wird sein Sohn Leopold III.

1940: Erneuter Angriff Deutschlands auf das neutrale Belgien; nach der Kapitulation der belgischen Streitkräfte Zerwürfnis zwischen Leopold III. und der Regierung; die Regierung geht ins Londoner Exil, der König bleibt als Kriegsgefangener in Brüssel; Hitler unterstellt Belgien einer Militärregierung

1942: Brüssel verweigert die Einführung des Judensterns; Beginnende Deportationen in die Vernichtungslager; insgesamt werden etwa 25 000 in Belgien lebende Juden ermordet; belgische Männer werden zur Zwangsarbeit in Deutschland verpflichtet

1943: Überfall dreier Widerstandskämpfer auf den 20. Deportationszug aus Belgien

1944: Befreiung Belgiens durch die Alliierten; strenges Vorgehen gegen Kollaborateure

1949: Erstmals dürfen Frauen an der Parlamentswahl teilnehmen

1950: In einem Referendum spricht sich eine knappe Mehrheit der Belgier dafür aus, dass Leopold seine Amtspflichten als König wiederaufnehmen soll, in Brüssel und Wallonien ist die Mehrheit jedoch dagegen; nach Streiks und Protesten zwingt die Regierung Leopold zum Rücktritt; Nachfolger wird sein Sohn Baudouin

1958: Die belgische Regierung mietet erstmals ein Bürogebäude für die gerade gegründete Europäische Wirtschaftsgemeinschaft in Brüssel an

1959: Unruhen in der kongolesischen Hauptstadt Léopoldville (Kinshasa)

1960: Belgien entlässt den Kongo in die Unabhängigkeit; weltweit beachtete Rede des gewählten Ministerpräsidenten Patrice Lumumba gegen Kolonialismus; nach zwei Monaten Militärputsch unter Führung von Joseph-Désiré Mobutu

1961: Ermordung Lumumbas unter Beteiligung belgischer Polizisten

1962: Festlegung der Sprachgrenze zwischen Flandern und Wallonien

1967: Fertigstellung des Berlaymont-Gebäudes als Verwaltungszentrale der Europäischen Wirtschaftsgemeinschaft (EWG)

1968: Universität Löwen wird niederländischsprachig; Neugründung einer französischsprachigen Universität in Louvain-la-Neuve

1970: Beginn der Umgestaltung Belgiens zu einem Föderalstaat

1993: Tod Baudouins; neuer König wird sein jüngerer Bruder Albert II.

1995: Rücktritt des belgischen NATO-Generalsekretärs Willy Claes wegen seiner Verwicklung in die Agusta-Korruptionsaffäre

1996: Nach der Festnahme des Kindermörders Marc Dutroux wird ein massives Polizei-Versagen bekannt; beim Weißen Marsch durch Brüssel demonstrieren 300 000 Menschen für eine umfassende Reform von Polizei, Justiz und Politik

2000: Die EU-Staats- und -Regierungschefs beschließen, ihre Treffen nur noch in Brüssel abzuhalten

2004: Dutroux wird zu lebenslanger Haft verurteilt; das Gericht findet keine Anhaltspunkte für einen im Hintergrund agierenden Pädophilen-Ring

2010: Die separatistische Neu-Flämische Allianz (N-VA) wird stärkste politische Kraft Belgiens

2011: Erst nach eineinhalbjährigen Verhandlungen kann eine neue Regierung gebildet werden

2013: Abdankung König Alberts II. zugunsten seines Sohns Philippe

2015: Schwerster Terroranschlag der französischen Geschichte in Paris; Chefplaner ist der im Brüsseler Stadtteil Molenbeek aufgewachsene Abdelhamid Abaaoud, genannt „der Belgier“

2016: Islamistische Terroranschläge auf den Flughafen von Brüssel und die Brüsseler U-Bahn: 32 Todesopfer, mehr als 300 Verletzte; Wallonien blockiert vorübergehend EU-Freihandelsvertrag mit Kanada

2018: Bei der Fußball-Weltmeisterschaft in Russland belegt Belgien den dritten Platz. Der Teamgeist der Multikulti-Elf macht weltweit Eindruck

2019: Bei der belgischen Parlamentswahl vertieft sich die Spaltung zwischen Nord und Süd: In Wallonien gewinnen linke Parteien dazu, in Flandern rechte. Der rechtsextreme Vlaams Belang kommt auf zwölf Prozent.

2020: Zum 60. Jahrestag der Unabhängigkeit des Kongo gesteht König Philippe erstmals belgische Kolonialverbrechen ein: „In der Zeit des Kongo-Freistaats wurden Akte der Gewalt und der Grausamkeit begangen, die heute immer noch auf unserer kollektiven Erinnerung lasten.“ In Brüssel werden Statuen von Leopold II. beschädigt und Straßenschilder mit seinem Namen übermalt.

2022: Die Polizei vereitelt eine Entführung von Justizminister Vincent Van Quickenborne, der den Kampf gegen die immer mächtiger werdende Drogenmafia verschärft hat. Der Politiker spricht von „Narco-Terrorismus“. Belgien ist neben den Niederlanden einer der wichtigsten Umschlagplätze für Kokain und andere Drogen.

Kommentiertes Literaturverzeichnis

An dieser Stelle kann nur ein Bruchteil der verwendeten Literatur aufgeführt werden. Bevorzugt genannt werden Werke, die dem deutschsprachigen Leser am ehesten weiterhelfen können. Bei Darstellungen aus Belgien liegen häufig eine niederländische und eine französische Ausgabe vor.

Übersichtswerke

Das vorliegende Buch ist die erste deutschsprachige Geschichte Belgiens. Kurze Abrisse der belgischen Geschichte finden sich in: Michael Erbe: Belgien und Luxemburg, München 2009, und Johannes Koll (Hg.): Belgien, Geschichte, Politik, Kultur, Wirtschaft, Münster 2007. In englischer Übersetzung erschien eine sehr empfehlenswerte Zusammenschau mit den Niederlanden von J. C. H. Blom, E. Lamberts (Hg.): History of the Low Countries, New York 2006. Übersichtswerke belgischer Autoren beginnen meist erst mit der belgischen Revolution von 1830. Das beste Einsteigerbuch, das auch einen kurzen Abriss über die vorhergehende Zeit gibt, ist Gita Deneckere, Tom De Paepe, Bruno De Wever, Guy Vanthemsche: Een geschiedenis van België, Gent 2017. Eine Sammlung von Bildern, Fotos und Grafiken liefert das Begleitbuch zum Museum Belvue in Brüssel, das die belgische Geschichte auf oft überraschende Weise vermittelt: Winne Gobyn, Marieke De Baerdemaeker: België, Het DNA van een land, Brüssel 2016. Einen ebenso analytischen wie gut geschriebenen Überblick bietet Marc Reynebeau: Een geschiedenis van België, Tielt 2003, französische Ausgabe: Histoire belge, 1830–2005. Detailliert zur politischen Geschichte informiert Els Witte, Alain Meynen, Dirk Luyten: Politieke geschiedenis van België van 1830 tot heden, Antwerpen 2016, französische Ausgabe: Histoire de la Belgique. Eines der inspirierendsten Bücher über die belgischen Geschichte wurde für Kinder geschrieben: Benno Barnard, Geert van Istendael: Een geschiedenis van België voor nieuwsgierige kinderen (en hun ouders), Amsterdam/Antwerpen 2012. Sehr empfehlenswert sind außerdem zwei Bände, die die belgische Geschichte und besonders die damit verbundenen Mythen anhand bestimmter Orte behandeln: Jo Tollebeek u. a.: België, een parcours van herinnering, Amsterdam 2008. Band 1: plaatsen van geschiedenis en expansie, Band 2: plaatsen van tweedracht, crisis en nostalgie.

Flandern im Mittelalter

Das maßgebliche Werk ist hier David Nicholas: Medieval Flanders, New York 1992. Zum Schlüsseljahr 1302 mit der Brügger Frühmette und Schlacht der Goldenen Sporen siehe J. F. Verbruggen, Rolf Falter: 1302, Opstand in Vlaanderen, Tielt 2002. Die Verstädterung in den mittelalterlichen Niederlanden unter vielen Aspekten wie Wirtschaft, Gesellschaft, Politik und Religion behandeln Anne-Laure Van Bruaene, Bruno Blondé, Marc Boone (Hg.): Gouden Eeuwen, Stad en samenleving in de lage landen, 1100–1600, Gent 2016.

Zu Brügge: James M. Murray: Bruges, Cradle of Capitalism, 1280–1390, Cambridge 2005. Zu Gent: Marc Boone u. a.: Gent, stad van alle tijden, Antwerpen 2010, französische Ausgabe: Gand, Ville de tous les temps. Zu Jacob van Artevelde: Patricia Carson: James van Artevelde, The man from Ghent, Gent 1980. Über Beginen: Walter Simons: Cities of Ladies, Beguine Communities in the Medieval Low Countries, 1200–1565, Philadelphia 2001.

Die burgundischen Niederlande

Hierzu gibt es reichhaltige Literatur, da die Kunst der burgundischen Niederlande (Jan van Eyck, Rogier van der Weyden) immer schon großes Interesse hervorgerufen hat. Ein Lesevergnügen besonderer Art ist Bart van Loo: Burgund. Das verschwundene Reich, München 2020. Dieser wunderbar erzählte Wälzer war in Flandern und den Niederlanden ein Bestseller. Nüchterner, aber auch kompakter ist Harm von Seggern: Geschichte der Burgundischen Niederlande, Stuttgart 2018. Eine ausführliche und reich bebilderte Kulturgeschichte wurde von Walter Prevenier und Wim Blockmans vorgelegt: Die burgundischen Niederlande, Antwerpen 1986. Den Kunstaspekt behandeln Birgit Franke, Barbara Welzel (Hg.): Die Kunst der burgundischen Niederlande, Berlin 1997. Was die beiden Herrscherpersönlichkeiten Philipp der Gute und Karl der Kühne betrifft, so sind die schon älteren Biografien des britischen Historikers Richard Vaughan nach wie vor unverzichtbar: Philip the Good, London/New York 1970, Nachdruck 2002, und Charles the Bold, 1973, Nachdruck 2002. Zu Karl dem Kühnen und der Blütezeit von Burgund siehe auch den prachtvollen Ausstellungskatalog Susan Marti u. a.: Karl der Kühne (1433–1477), Kunst, Krieg und Hofkultur, Stuttgart 2008. Der Burgundische Erbfolgekrieg bekommt breiten Raum in Manfred Hollegger: Maximilian I., 1459–1519, Herrscher und Mensch einer Zeitenwende, Stuttgart 2005.

Die südlichen Niederlande unter den Habsburgern

Das Schneeskulpturen-Festival beschreibt Herman Pleij: De sneeuwpoppen van 1511, Stadscultuur in de late Middeleeuwen, Amsterdam 1998. Von demselben Historiker stammt: Anna Bijns, van Antwerpen, Amsterdam 2011. Die beste Darstellung zum Konflikt der Niederlande mit Philipp II., der mit der Teilung endete, ist nach wie vor Geoffrey Parker: Der Aufstand der Niederlande, München 1979. Die jüngere Forschung wird berücksichtigt in S. Groenveld u. a.: De Tachtigjarige Oorlog, Opstand en consolidatie in de Nederlanden, ca. 1560–1650, Zutphen 2008, und Edward De Maesschalck: Oranje tegen Spanje, Eenheid en scheiding van de Nederlanden onder de Habsburgers, 1500–1648, Löwen 2015. Den zukunftsweisenden Antwerpener Kunstmarkt erläutert Filip Vermeylen: Painting for the Market, Commercialization of Art in Antwerp‘s Golden Age, Turnhout 2003. Die Bedeutung südniederländischer Flüchtlinge für Frankfurt stand im Fokus einer Ausstellung im Historischen Museum der Mainmetropole: Frank Berger (Hg.): Glaube, Macht, Kunst, Antwerpen – Frankfurt um 1600, Frankfurt am Main 2006. Die österreichischen Niederlande bilden den Schwerpunkt eines reich bebilderten Bandes von Sabine Weiss: Aufbruch nach Europa, Fünf Jahrhunderte Wien–Brüssel, Graz 2004. Die

Josephinischen Reformen und ihre Folgen beschreibt der englische Historiker Derek Beales in seiner monumentalen Biografie: Joseph II, Band II: Against the World, 1780–1790, Cambridge 2013. Johannes Koll zeichnet das Aufkommen eines belgischen Nationalbewusstseins nach: „Die belgische Nation", Patriotismus und Nationalbewusstsein in den Südlichen Niederlanden im späten 18. Jahrhundert, Münster 2009. Die Brabanter Revolution von 1789 untersucht die US-Historikerin Janet L. Polasky: Revolution in Brussels, 1797–1793, New Hampshire 1987. Der niederländische Schriftsteller Philip Dröge hat ein vergnügliches Buch über den kuriosen Mikrostaat Neutral-Moresnet geschrieben: Niemands Land, München 2017.

Belgien im 19. Jahrhundert

Zum Vereinigten Königreich der Niederlande gibt es eine erhellende Aufsatzsammlung, in der belgische und niederländische Historiker das kurzlebige Experiment aus unterschiedlichen Perspektiven beleuchten: Remieg Aerts, Gita Deneckere, Dirk Van Assche (Hg.): Het (on)Verenigd Koninkrijk, Een politiek experiment in de Lage Landen, 1815–1830, Den Haag 2015. Zu Wilhelm I.: Jeroen Koch: Koning Willem I, 1772–1843, Amsterdam 2013. Eine fesselnde Schilderung der belgischen Revolution stammt von Johan Op De Beeck: Het verlies van België, Antwerpen 2015. Analytischer ist Els Witte: De constructie van België, 1828–1857, Tielt 2006, französische Ausgabe: La Construction de la Belgique. Eine sehr gute und ausführliche Biografie liegt zum ersten König der Belgier vor: Gita Deneckere: Leopold I, De eerste koning van Europa, Antwerpen 2011. Die politischen Lager des 19. Jahrhunderts beschreibt Carl Strikwerda: A house divided, Catholics, socialists and Flemish nationalists in nineteenth-century Belgium, Lanham 1997. Die wallonische Industrie wird behandelt in dem reich bebilderten Band von Bruno Demoulin (Hg.): Geschichte von Lüttich, Stadt, Hauptstadt, Metropole, Brüssel 2017. Die große Zeit Belgiens um die Jahrhundertwende schildert Gita Deneckere in: 1900: België op het breukvlak van twee eeuwen, Tielt 2006, französische Ausgabe: Les Turbulences de la Belle Epoque, 1878–1905. Zur Flämischen Bewegung sei auf zwei Webangebote verwiesen: Einmal der Aufsatz „Niederländisch in Belgien" von der Freien Universität Berlin: http://neon.niederlandistik.fu-berlin.de/de/nedling/taalgeschiedenis/nederlands_in_vlaanderen/ Und dann die geschiedenislessen der flämischen Regierung: geschiedenislessen.wordpress.com/

Belgischer Kolonialismus

Das Interesse an diesem Thema wurde 1998 durch den Welterfolg von Adam Hochschild, King Leopold's Ghost, geweckt. Die deutsche Übersetzung heißt: Schatten über dem Kongo, Stuttgart 2012. Das Buch ist packend geschrieben, allerdings folgt es nahezu kritiklos der damaligen Anti-Leopold-Kampagne und bemüht sich um keine tiefer gehende Analyse des Königs, der belgischen Verhältnisse oder des Kongo-Freistaats. Dies im Unterschied zu dem vielfach preisgekrönten Werk von David Van Reybrouck, das die gesamte Geschichte des Kongo (auch nach der Unabhängigkeit) behandelt: Kongo, Eine Geschichte, Berlin 2013. Zu Leopold II. hat Johan Op De Beeck, einer der erfolgreichsten flämischen

Autoren historischer Bücher, einen mit Anekdoten gespickten 800-Seiten-Wälzer verfasst, der allerdings nicht ganz frei ist von westlich-kolonialen Denkmustern und teilweise auch als unwissenschaftlich kritisiert wurde (Leopold II, Het hele verhaal, Antwerpen 2020). Aus unterschiedlichen Blickwinkeln wird die umstrittenste Figur der belgischen Geschichte beleuchtet in: Vincent Dujardin und Valérie Rosoux: Léopold II – Entre génie et gêne: Politique étrangère et colonisation, Brüssel 2009.

Zum Kongo-Freistaat liegt auf Deutsch eine wertvolle Quellensammlung vor: Rolf Italiaander (Hg.): König Leopolds Kongo, Dokumente und Pamphlete von Mark Twain, Edmund D. Morel, Roger Casement, München 1964. Der britische Historiker Thomas Pakenham schildert die Inbesitznahme des Kongo im Kontext der Aufteilung des gesamten afrikanischen Kontinents unter den europäischen Kolonialmächten: The Scramble for Africa, White Man's Conquest of the Dark Continent From 1876 to 1912, New York 1991. Einen kompakten Überblick über die Geschichte des Kongo bieten Bernhard Chiari und Dieter H. Kollmer (Hg.) in der Reihe „Wegweiser zur Geschichte“: Demokratische Republik Kongo, Paderborn 2008. Die Verwicklung Belgiens in den Mord an Patrice Lumumba dokumentierte Ludo De Witte: Regierungsauftrag Mord, Der Tod Lumumbas und die Kongo-Krise, Leipzig 2001.

Erster Weltkrieg

Der Klassiker ist Sophie de Schaepdrijver: De Grote Oorlog, Het Koninkrijk België tijdens de Eerste Wereldoorlog, Neuauflage Antwerpen 2014, französische Ausgabe: La Belgique Et La Premiere Guerre Mondiale. Bis heute gibt es eine Historiker-Debatte darüber, inwieweit die deutschen Kriegsverbrechen im August 1914 durch bewaffnete belgische Zivilisten provoziert wurden. Gegensätzliche Sichtweisen vertreten dazu die beiden folgenden Untersuchungen: John Horne, Alan Kramer: Deutsche Kriegsgreuel 1914, Die umstrittene Wahrheit, Hamburg 2004, und Ulrich Keller: Schuldfragen, Belgischer Untergrundkrieg und deutsche Vergeltung im August 1914, Paderborn 2017. Das Schicksal der Löwener Universitätsbibliothek ist Thema eines eigenen Buches: Wolfgang Schivelbusch: Die Bibliothek von Löwen, Eine Episode aus der Zeit der Weltkriege, München 1988. Zur deutschen Flamenpolitik Frank Wende: Die belgische Frage in der deutschen Politik des Ersten Weltkrieges, Hamburg 1968. Zur Deutschsprachigen Gemeinschaft siehe Sam Wenselaers: De laatste Belgen, Een geschiedenis van de Oostkantons, Antwerpen 2008. Eine kompakte Biografie Alberts I. findet sich in Marc Van den Wijngaert: België en zijn koningen, Van macht naar invloed, Antwerpen 2014.

Zweiter Weltkrieg

Das beste Übersichtswerk ist Marc Van den Wijngaert u.a.: België tijdens de Tweede Wereldoorlog, Antwerpen 2015. Mit den deutschen Überlegungen zum Umgang mit Belgien, der Einrichtung der Militärverwaltung und der Rolle Leopolds III. beschäftigt sich eine schon ältere Studie von Wilfried Wagner: Belgien in der deutschen Politik des Zweiten Weltkrieges, Boppard am Rhein 1974. Zu Leopold III. erschien eine ausgezeichnete Biografie: Marc Van den Wijngaert, Michel Dumoulin, Vincent Dujardin: Een koningsdrama, De biografie van Leopold III, Antwerpen 2001, französische Ausgabe: Léopold III. Zur Rolle belgischer Behörden bei der Judenverfolgung ließ die belgische Regierung von 2004 bis 2007 eine umfangreiche Studie erstellen, die zu sehr kritischen und schmerzlichen Ergebnissen kam. Diese werden gut verständlich und kompakt zusammengefasst von Anne Roekens: Gewillig België, Belgische overheden en de Jodenvervolging, Antwerpen 2011, französische Ausgabe: La Belgique et la Persecution des Juifs. Zu teilweise anderen Ergebnissen kommt die deutsche Historikerin Insa Meinen in ihrer beeindruckenden Studie Die Shoah in Belgien, Darmstadt 2009. Demnach war die Verfolgung der Juden in erster Linie Sache der deutschen Polizei, die belgischen Behörden waren nur in begrenztem Umfang beteiligt. Die frühere Brüsseler „Spiegel"-Korrespondentin Marion Schreiber (1942–2005) verarbeitete den Überfall auf den 20. Deportationszug zu einem fesselnd erzählten Buch: Stille Rebellen, Berlin 2002. Das Schicksal von Simon Grosnowski behandelt Tanja von Fransecky in: Flucht von Juden aus Deportationszügen in Frankreich, Belgien und den Niederlanden, Berlin 2014. Das Verhalten des Tim-und-Struppi-Erfinders Hergé kommt ausführlich zur Sprache in der Biografie von Pierre Assouline: Hergé, The Man Who Created Tintin, Oxford 2009.

Belgien seit 1945

Das Standardwerk ist hier Els Witte, Alain Meynen: België na 1945, Antwerpen 2006. Das französischsprachige Gegenstück dazu ist: Xavier Mabille: La Belgique depuis la Seconde Guerre mondiale, Brüssel 2004. Eines der besten Bücher, die jemals über Belgien geschrieben worden sind, ist Geert van Istendael: Het Belgisch labyrint, Amsterdam/Antwerpen 1989; 2015 erschien die 20. Auflage. Zu Paul-Henri Spaak siehe die französischsprachige Biografie von Michel Dumoulin: Spaak, Brüssel 1999. Den eher zufälligen Aufstieg Brüssels zur EU-Hauptstadt hat Philippe Van Parijs in zwei englischsprachigen Artikeln in The Brussels Times beschrieben: Why did Brussels become the capital of Europe? Because Belgium starts with letter B!, 07/09/2014, und Brussels‘s European Quarter – Why in Brussels? Why in this neighbourhood?,18/09/2017. Die Debatte um Belgiens Zukunft zur Zeit seiner größten Krise analysiert unter verschiedenen Gesichtspunkten Geert Buelens, Jan Goossens, David Van Reybrouck: Waar België voor staat, een toekomst visie, Antwerpen 2007. Ein hervorragender Reader zu diesem Thema in englischer Sprache ist: How can one not be interested in Belgian History, War, Language and Consensus in Belgium since 1830, Gent 2005. Darin findet sich auch der viel beachtete Artikel Is there a Belgium? von Tony Judt, der 1999 in The New York Review of Books erschien. Eine unterhaltsame Länderkunde schrieb Bernd Müllender: Belgien, Berlin 2017. Zwei überaus informative und gut geschriebene Bücher über Belgien stammen aus der Feder des Publizisten und Übersetzers Gerd Busse: Pocket Belgien, erschienen bei der Bundeszentrale für politische Bildung, Bonn 2021, und Typisch belgisch, Belgien von A bis Z, Eupen 2022.

Bildnachweis

Akg-images: 41 links (Sammlungen Schloß Ambras, Innsbruck), 141 (TopFoto), 190
Amann, Hektor: 21 (Hessisches Jahrbuch für Landesgeschichte 8, 1958)
entnommen aus: Paul Van Damme, Stijn Van de Perre: Zonder woorden?, Een geschiedenis van *België* in spotprenten, Kalmthout 2011: 99 (Atlas van Stolk, Rotterdam), 106, 111, 132
Fotolia: 200 (Norbert Frommelt), 220 (TTstudio)
https://commons.wikimedia.org: 16 (by Johan Neven from Borgloon-Gotem, Belgium – Ambiorix, CC BY 2.0), 26 (von Jan van Eyck – Website of National Gallery, London), 35 (von Marco Zanoli (sidonius 13:01, 24 April 2008 (UTC) – eigenes Werk, CC BY-SA 4.0), 41 rechts, 48 (Wien, Bildarchiv der Österreichischen Nationalbibliothek), 72 (by Pieter Bruegel d. Ä. – Museum Mayer van den Bergh, Antwerpen), 121 (by Victor Horta – Horta Museum, CC0), 128 (by Eelbo (dessin), A. Weger (gravure) – Almanach de Gotha, 1886, Public Domain), 130, 143 (von Henry L. Chase – Hawaii State Archives Law), 150 (Ellsworth Young), 159 (Frank Hurley), 165, 169 (von self – eigenes Werk), 171 (Bundesarchiv, Bild 146-1976-134-27 / Pincornelly), 215 (von TUBS – eigenes Werk)
Pixelio: 80 (Jens Bredehorn)
Stadt Osnabrück: 179 (Felix-Nussbaum-Haus Osnabrück)
Tijdsbeeld & Pièce Monteè, Gent: 110
© visit.brussels: 134 (Jean-Paul Remy), 192 (Olivier Van de Kerchove)

Register

Orte

Personen

Stichworte